ESAÜ ET JACOB

DU MEME AUTEUR

CHEZ LE MEME EDITEUR

Dom Casmurro

L'Aliéniste

La Montre en or

Mémoires posthumes de Brás Cubas

Le Philosophe ou le chien (Quincas Borba)

Ce que les hommes appellent Amour

La Théorie du médaillon et autres contes

J.-M. MACHADO DE ASSIS

ESAÜ ET JACOB

Traduit du brésilien
par Françoise Duprat

Préface de Jean-Paul Bruyas

Publié avec le concours
du Centre National du Livre

SUITES
Éditions Métailié
5, rue de Savoie, 75006 Paris
www.editions-metailie.com
2005

Edition originale brésilienne : *Esaú et Jacó*, Rio, 1904

ISBN : 2-86424-540-X
ISSN : 1281-5667

A Rio de Janeiro, en 1879, naissent deux jumeaux qui, comme le raconte la Bible, se querellent dans le ventre de leur mère. Opposés par une haine farouche, Paulo l'admirateur de Robespierre et Pedro qui vante les vertus de Louis XVI tombent amoureux de la même femme, qui, incapable de choisir, en mourra.
Sur ce thème banal, l'auteur donne libre cours à sa maestria littéraire, ironie, humour, interpellation du lecteur, sur le thème de l'impossibilité d'échapper au destin.

J.-M. Machado de Assis (1839-1908), né et mort à Rio de Janeiro, est le maître incontesté de la prose brésilienne. Il est l'auteur de Dom Casmurro, Le Philosophe ou le chien (Quincas Borba), Mémoires posthumes de Brás Cubas *et de nombreuses nouvelles.*

Préface

Si jamais œuvre s'est adressée à ce qu'on appelait hier l'honnête homme (et donc pourrait se passer d'être présentée), c'est bien Esaü et Jacob. *Entendons par là que son domaine est l'universel, et qu'elle y conduit par les voies de la transparence. Mais attention : l'universel, l'essence, y sont captés au ras du quotidien, et la transparence — qui est de la pensée et du style — s'y ouvre sur le mystère. Rien de plus complexe que ce roman simple.*

Roman très brésilien, et daté, il ne verse au patrimoine commun de la culture rien qui soit l'analogue sociologique ou mental d'un exotisme, c'est-à-dire rien qui intéresse parce que particulier. Rio de Janeiro à la fin de l'Empire (donc du siècle dernier) ou le Paris de Henri II dans La Princesse de Clèves, *ou la petite cour allemande d'*Adolphe, *c'est tout un : c'est le lieu où se manifeste ce qui dans l'homme paraît éternel ; c'est le théâtre sur lequel il se produit.*

*Théâtre non point abstrait, toutefois, comme le « palais à volonté » de nos classiques. Nous sommes dans le roman, et l'auteur est passé par le réalisme. Les rues sont là, les calèches des riches, les métiers des petites gens ; la sibylle consultée par une mère inquiète, et qui fait entendre la voix du Destin, est une jeune mulâtresse, et vers son antre (une petite maison au flanc d'un morne) deux mondaines ne montent que dissimulées sous leur voilette. Le moment historique est là, avec l'avènement de la République. Le moment économique aussi, important en ces années de l'*Encilhamento, *où le mot d'ordre est l'« enrichissez-vous » de Guizot, et l'affairisme, celui de notre Second Empire. La nature enfin est là : palmes dans la nuit, clair de lune ou matin sur la baie.*

Mais en même temps tout cela — vif, vrai, délicat — est secondaire. Du passage à la République, on ne voit rien de plus que les angoisses naïves d'un pâtissier dont l'enseigne était « à l'Empire » ; les petites gens sont des comparses, et si les héros sont riches, ce n'est pas leur richesse que l'on peint. Le Conseiller Aires, ce personnage disert dont la voix relaie souvent celle du Narrateur, commenterait volontiers : qu'importent les lieux et les milieux ? Le monde est plein de Pyrrhus de boutique, de Phèdres lingères, et sous tous les climats ; va donc pour Botafogo (pour Passy), et pour deux héros fils de banquier : de se développer sans entraves matérielles, le jeu de la marionnette humaine, tout intérieur, en sera plus net.

Il l'est, dans ses grandes lignes, jusqu'à l'épure. Qu'on en juge par l'argument de la fable. Deux jumeaux sont nés, dans une famille à qui tout sourit ; ils sont pareils en tout, également beaux, également chargés de dons ; seule ombre au tableau : comme l'avait prédit la sibylle du morne, ils s'opposent, dans une hostilité feutrée mais viscérale. Une jeune fille paraît, dont tous deux évidemment s'éprennent et qui, ne pouvant choisir entre les deux incarnations de ce qui est devenu sa vie, s'efface : elle meurt, et l'on entrevoit qu'eux se consolent, le regard toujours rivé sur l'autre. C'est tout.

Simplicité donc, mais comme un chemin vers la profondeur. Ce qui intéresse l'auteur, ce ne sont pas les lieux et les visages, bien qu'il les peigne, ni les comportements bien qu'il les montre, ni même la psychologie, bien que soient démontés et remontés tous les rouages qui peuvent l'être. Ce qu'il veut, c'est faire entrevoir, comme les lignes mystérieuses d'un grand corps sous un flot de dentelles, les quelques arabesques roses et noires — très vite plus noires que roses — que le hasard, la fatalité (comme on voudra l'appeler) finit par dessiner sur l'écran de trois consciences, dans l'espace clos de trois vies, qui renvoient à toute vie. De ce qui pourrait être un fait-divers mondain est tirée la plus riche substance : une image de l'être en son passage, et la Sagesse qui commente ce passage — qui, de la diversité des apparences, dégage l'Idée. D'un certain point de vue, nous sommes chez Platon, qu'Aires cite plusieurs fois, de même qu'Eschyle, avec un très sapide grain de sel, certes, mais pas moins significativement : toute vie peut toujours devenir le matériau du Tragique et, dans l'écheveau des faits et gestes les plus futiles, un regard attentif peut toujours découvrir (ou poursuivre vainement) le fil d'or d'un Essentiel, voire d'une Essence.

Platon ? Pas celui des schémas scolaires, mais l'authentique : celui des longs bavardages malicieux, qui va — comme son cousin Montaigne, comme leur cousin Sterne — débusquer la forme entrevue du vrai au détour d'une longue déambulation à travers le foisonnement du quotidien. L'auteur d'Esaü aussi se promène dans les Jardins d'Académos qu'il s'est donnés : quelques chambres et salons, quelques rues, au bord de la baie. Sur le canevas dont nous avons signalé le dépouillement, il brode un récit complexe, cernant l'indicible avec prolixité, et d'une simplicité subtile. En fils du XVIIIe siècle (celui de Sterne, précisément, de Jacques le Fataliste), il installe un Narrateur étranger à la fable, faisant référence à *des faits dont il aurait eu connaissance, mais une connaissance ni tout à fait complète ni tout à fait sûre, et que lui-même, en fin de compte, révoque en doute, au long d'un récit plein de réticences et, surtout, d'un commentaire multipliant les clins d'yeux. Tours et détours, symétries discrètes, coquetteries rhétoriques, errance apparente : tous les artifices du genre sont mis en œuvre. Le résultat, techniquement, c'est un récit « à l'ancienne », mais dont les archaïsmes se retrouvent aujourd'hui* up to date (Jacques le Fataliste *n'est-il pas l'ancêtre reconnu du roman libéré des normes du réalisme ?) : il propose une histoire finalement problématique, et ramenée très visiblement à son support : un texte.*

L'essentiel, toutefois, est dans l'installation d'un certain ton, et dans la vision du monde que ce ton traduit. On croit entendre (à la ressemblance du Conseiller Aires, et de l'auteur) un homme revenu de tout et curieux de tout, ayant l'indulgence du scepticisme, le détachement de qui n'a plus d'illusions et sait le prix de l'illusion, avec, par-dessus tout, le goût de tout expliquer — et d'abord qu'on n'explique jamais rien. Dans son double registre et sa diction unique, sa voix (qui raconte et commente avec la même suavité critique) pose moins le monde qu'elle n'y fait allusion. Qu'il s'agisse d'un bal, des souplesses de conscience d'un carriériste, ou de la fenêtre qu'une mourante demande qu'on ouvre sur le soleil et le ciel, le quotidien est comme dématérialisé : présent et sans poids, pittoresque et dérisoire, significatif par son insignifiance. Rapportés par cette voix, les faits, même dans le drame, deviennent de « menus faits », le contraire (esthétiquement et bien au-delà de l'esthétique) des « petits faits vrais » du réalisme : non pas éclats de pierre dure piqués sur un tissu solide, mais points et motifs d'une dentelle. Tout est là, et tout est vain. Pourquoi ? Parce qu'un regard de moine tibétain transperce le monde, en fait le domaine de l' « accident », comme disent mystiques et philosophes, c'est-à-dire un tissu d'apparences invitant à aller au-delà d'elles — fût-ce pour déboucher sur le néant. Ainsi évoqué, le monde est une allégorie de la vanité du monde. Comme l'île du bal, au chapitre 48, est réduite à une « corbeille de lumières » suspendue sur l'eau nocturne, il finit par n'être plus que reflets, et les mots pour le dire, les notes en pluie de perles d'une musique debussyste : jeux de lumière sur la baie ; par instants, simplement, quelque chose déchire l'irisation des surfaces, et l'on entrevoit l'eau noire. Le monde est une transparence à la surface de ce qui l'engloutit.

Par la vertu d'un style lui-même transparent ? Oui, à condition de se rappeler le mot de Malraux, selon lequel le style n'est pas affaire de technique mais de vision. Ce qui n'exclut pas les particularités techniques, qu'une étude détaillée analyserait. Disons, pour abréger, qu'il y a des écritures de la densité, du relief saillant, du contour dur, de la sonorité intense — caractéristiques qui s'appliquent alors aussi bien au monde décrit qu'à ce qui le décrit. Et des écritures de la légèreté, de l'effacement.

Les premières sont de prise, de passion ; elles se jettent sur le réel, auquel elles croient, et nous poussent à nous jeter sur lui, en général par le mime des mouvements des protagonistes ; elles font voir puissamment, et se montrent autant qu'elles montrent (1). *Les autres — comme celle d'*Esaü et Jacob — *refusent de s'interposer aussi visiblement entre le lecteur et le monde, et même d'interposer aussi fortement l'image du monde entre le lecteur et ce je ne sais quoi au-delà des êtres et des choses dont tout grand roman fait lever le mirage. Elles ne sont pas de passion mais de détachement, pas de prise mais de* distance : *elles établissent, entre le lecteur et la fable, la distance de la contemplation.*

Grand mot ? Ce qui parle, dans Esaü, *c'est pourtant bien une Sagesse. (Claire, heureusement, comme toute vraie sagesse.) Dans plusieurs romans de notre auteur (notamment* Dom Casmurro (2) *et* Memorial de Aires*), un homme se penche sur son passé ; ici, un homme se penche sur la vie. A l'éclairage oblique du souvenir, marqué par la* saudade *(par le « désir regrettant », selon la formule de Stendhal qui rend assez bien le mot portugais), se substitue la clarté du regard serein. Non pas le constat glacé pratiqué par Benjamin Constant, ni un raid de hussard sur le passé pour lui arracher des éclats indubitables, comme dans* Henri Brulard, *mais — à la fois sensible et détaché, ludique et grave, saturé de culture et se moquant de la culture, ironique jusqu'à éteindre son ironie, profond et se repaissant de petits riens — le long regard du contemplateur.*

Un tel regard explique tout. La présence constante du commentaire à côté du récit ? Signe d'un art de l'interprétation, non de la représentation. Les tics du Narrateur, toujours occupé à jouer avec les images du « réel » au moins autant qu'à les poser ? Produit d'une attention qui peint les apparences mais les dénonce pour telles. Et si du sable du monde — de ces milliers de grains nets et brillants qu'on nous donne fort bien à voir — il n'est pas fait solidité mais pulvérulence, pas mortier mais mirage, ce n'est pas parce que nous serions chez Seurat et non chez Courbet, mais parce que la vie, pour qui s'installe en face d'elle dans l'attitude de la contemplation, n'est ni réalité brute ni pure impression, mais un matériau infiniment pris en charge, transpercé, bluté par l'esprit, quitte à ce que son image brillante ne soit plus (comme chez Platon les Ombres sur la paroi de la caverne) que le signe de son irréalité.

Et que dit, que suggère le Contemplateur ? Ce que disent, chacune à sa manière, diverses autres œuvres : que l'être est d'une insoutenable légèreté, qu'une existence, des existences qui se croisent, c'est beaucoup de bruit (et beaucoup de silence) pour rien, que la vie (cauchemar ou pas) est

(1) Un bon exemple en est fourni par le grand roman de Raul Pompeia. Voir *L'Athénée — Chronique d'une nostalgie.* Éditions Pandora, Aix-en-Provence, 1980.

(2) Voir *Dom Casmurro.* Éditions A. M. Métailié, Paris, 1983.

un songe, et l'homme (selon la formule qui clôt l'Être et le Néant*) une passion inutile. Et il le dit d'une manière qui allège et aggrave à la fois le pessimisme de ces affirmations. Parce que l'auteur a choisi une apparente légèreté (on voit un esclave, mais il danse de joie parce que sa maîtresse est devenue baronne) ; parce que le Narrateur, et Aires, sont de bonne compagnie ; parce que, tout de même, nous sommes sous le ciel de Rio et pas de Birmingham, les Ombres de la caverne sont lumineuses. Mais que cette lumière « suppose d'ombre une morne moitié » (et même beaucoup plus), que le sourire discrètement ironique d'Aires rejoigne l'amertume terrible de Brás Cubas établissant le bilan de sa vie, et trouvant comme unique solde positif de n'avoir pas eu d'enfants, de n'avoir « transmis à aucune créature le legs de notre misère »* (1), *cela est assez évident. La vision contemplative nous épargne, certes, les convulsions de la passion : Flora meurt comme passe une rose, et la force qui fait s'opposer les jumeaux, pourtant inscrite dans leurs gènes (le roman a failli s'intituler* Ab Ovo*), ne les fait pas sortir du bon ton. Mais précisément : dans la formule de Sartre, si l'on enlève « passion », que reste-t-il ? « Inutile ». Le Narrateur d'*Esaü *est un Ecclésiaste souriant.*

Et l'auteur ? On connaît assez généralement, même en dehors du monde luso-brésilien, la destinée de Machado de Assis. On sait que de terribles handicaps — couleur de peau, pauvreté, épilepsie — semblaient le condamner à être un vaincu de la vie ; et que le labeur acharné, un sourire du sort, et le génie, ont fait de lui un grand commis de l'État, l'époux d'une femme (blanche) aimante, et le Maître des lettres brésiliennes. Qu'il soit évoqué ici seulement à l'heure où il écrit Esaü.

1903-1904. Soixante-cinq ans, bientôt. Sa vie, pour l'essentiel, est derrière lui, et la compagne de sa vie va mourir. Le précédent roman, son chef-d'œuvre, Dom Casmurro, *avait la litote intense et corrosive ; deux ans plus tard, le* Memorial de Aires, *chant du cygne, n'évitera pas la fadeur. Entre les deux,* Esaü et Jacob *représente un ultime point d'équilibre. Le lutteur usé ne peut plus mimer la passion de vivre, mais il n'est pas réduit à la nostalgie passive. Son esprit est encore le « bon nageur » du poème de Baudelaire, et l'onde où il se meut avec agilité, c'est l'art. Si quelque chose peut masquer un instant au vieil homme l'approche de l'insoutenable, c'est le jeu supérieur par lequel il façonne quelques marionnettes — Flora, sa mère, les jumeaux, le quêteur pour les âmes devenu requin respecté, la sibylle du morne — et fait qu'elles nous donnent le spectacle de la vie. Comédie ? Tragédie ? Tout se fond dans la lumière de la contemplation comme les maisons de Botafogo, vues du large, dans la brume de la baie. « La sagesse, dit Joubert, est le repos dans la lumière. Heureux sont les esprits assez élevés pour se jouer dans ses*

(1) Machado de Assis, *Brás Cubas*, dernière phrase.

rayons. » Accordé à une telle sagesse — et la dépassant puisqu'il sait créer le monde qu'elle contemple — l'art, pour Machado, est cette lumière ; écrivant Esaü, *il se joue dans ses rayons.*

Toulouse, le 30 mai 1984
Jean-Paul Bruyas

Pour Esaü et Jacob, *comme précédemment pour* L'Athénée, *Luiz Dantas, Claudie Pouyfourcat et Denise Prévot m'ont apporté leur collaboration. Qu'ils en soient ici remerciés.*

F. DUPRAT

Dico, che quando l'anima mal nata...

DANTE

Avertissement

A la mort du Conseiller Aires, on trouva dans son secrétaire sept cahiers manuscrits recouverts de carton solide. Chacun des six premiers portait son numéro d'ordre, en chiffres romains, I, II, III, IV, V, VI, écrits à l'encre rouge. Le septième portait ce titre : *Dernier.*

On ne comprit la raison de cette dénomination spéciale ni sur le moment ni par la suite. Oui, c'était le dernier des sept cahiers, avec la particularité d'être le plus épais, mais il ne faisait pas partie du *Mémorial,* ce journal de souvenirs que le Conseiller écrivait depuis plusieurs années et qui composait la matière des six. Il ne portait pas le même ordre de dates, avec l'indication de l'heure et de la minute, comme c'était le cas dans les premiers. C'était un récit, et même si Aires lui-même y figurait, avec ses nom et titre de Conseiller, et si l'on y faisait allusion à quelques-unes de ses aventures, même ainsi le récit ne cessait d'être étranger à la matière des six cahiers. *Dernier,* pourquoi ?

L'hypothèse selon laquelle le désir du défunt avait été d'imprimer ce cahier à la suite des autres n'est pas naturelle, sauf s'il voulait obliger à lire les six — où il parlait de lui — avant de prendre connaissance de cette autre histoire, écrite avec une pensée intime et unique au long des autres pages. Dans ce cas, c'était la vanité de l'homme qui parlait, mais la vanité ne faisait pas partie de ses défauts. Était-ce alors la peine de la satisfaire ? Il ne joua pas un rôle éminent en ce monde ; il parcourut la Carrière et prit sa retraite. Durant les loisirs de ses fonctions, il écrivit le

Mémorial qui, élagué des pages mortes ou obscures, suffirait à peine (et peut-être est-ce le cas) à tuer le temps du voyage à Petréopolis.

Telle fut la raison de ne publier que le récit. Quant au titre, on en évoqua plusieurs, susceptibles de résumer le sujet. *Ab ovo*, par exemple, quoiqu'en latin ; l'emporta toutefois l'idée de lui donner ces deux noms, cités une fois par Aires lui-même :

ESAÜ ET JACOB

1

Choses à venir

C'était la première fois que l'une et l'autre allaient à la colline du Castelo. Elles commencèrent à monter du côté de la rue du Carmo. Bien des gens à Rio n'y sont jamais allés, beaucoup sont morts et bien d'autres encore naîtront et mourront sans y mettre les pieds. Personne ne peut prétendre connaître une ville en entier. Un vieil Anglais, qui par ailleurs avait couru terres et mers, me confiait il y a longtemps à Londres, que de Londres il ne connaissait bien que son club, et cela lui suffisait pour la métropole et le monde.

Outre Botafogo, Natividade et Perpétua connaissaient d'autres endroits, mais bien qu'elles aient entendu parler de la Colline du Castelo et de la métisse qui y régnait en 1871, elle leur était aussi étrangère et lointaine que le club. Pentu, inégal, mal pavé, le raidillon blessait les pieds des deux pauvres dames. Elles continuaient néanmoins à monter, comme en pénitence, très lentement, tête penchée et voile rabattu. Le matin apportait un certain mouvement ; femmes, hommes, enfants qui descendaient ou montaient, lavandières et soldats, un employé, un boutiquier ou un prêtre, tous les regardaient avec étonnement, bien qu'elles aient été très simplement vêtues ; mais il y a une allure qui ne trompe pas et qui était inhabituelle en ces lieux. La lenteur même de leur démarche, comparée à la rapidité des autres, laissait soupçonner qu'elles venaient là pour la première fois. Une mulâtresse demanda à un sergent : « Tu paries qu'elles vont chez la métisse ? » Et tous deux s'arrêtèrent à l'écart, saisis de cet invincible désir de connaître l'intimité d'autrui, qui fait souvent tout le sel de la vie des hommes.

En effet, les deux dames cherchèrent furtivement le numéro de la maison de la métisse, jusqu'à ce qu'elles le découvrissent. La maison était semblable aux autres, perchée sur la colline. On y montait par un petit escalier étroit et sombre, en accord avec l'aventure. Elles voulurent entrer rapidement, mais se heurtèrent à deux individus qui sortaient, et se collèrent contre la porte. L'un d'eux leur demanda familièrement si elles allaient consulter la voyante.

— Vous perdez votre temps, conclut-il furieux, et vous allez entendre beaucoup d'extravagances.

— Il ment, corrigea l'autre en riant ; la métisse est une fine mouche.

Elles hésitèrent un instant, mais réalisèrent aussitôt que les paroles du premier étaient une preuve certaine de la clairvoyance et de la franchise de la voyante : tout le monde ne peut avoir le même joyeux destin. Celui des enfants de Natividade pouvait être malheureux, et alors... Tandis qu'elles réfléchissaient, passa un facteur qui les fit monter plus vite, pour échapper à d'autres regards. Elles avaient la foi, mais elles avaient aussi la crainte du qu'en-dira-t-on, comme un dévot qui se signerait en cachette.

Un vieux métis, le père de la voyante, conduisit les dames au salon. Celui-ci était simple, les murs nus, rien qui rappelât le mystère ou qui inspirât la terreur, aucun attirail symbolique, aucune bête empaillée, squelette ou dessin de monstres. Tout au plus une image de Notre Dame de la Conception collée au mur, quoique salie et rongée, pouvait-elle évoquer un mystère, mais elle ne faisait pas peur. Sur une chaise, une guitare.

— Ma fille arrive, dit le vieux. Comment vous appelez-vous ?

Natividade donna seulement son premier prénom, Maria, comme un voile plus épais que celui qu'elle portait sur son visage, et reçut un carton — parce que la consultation n'était que pour une — avec le numéro 1012. Il ne faut pas s'étonner du chiffre ; la clientèle était nombreuse et datait de plusieurs mois. Rien à dire non plus de la coutume, qui est ancienne, ô combien. Relis Eschyle, cher ami, relis les Euménides, et tu y verras la Pythie appelant ceux qui venaient la consulter : « Si quelques pèlerins nous sont venus de Grèce, qu'ils s'approchent, ainsi qu'il est de règle, dans l'ordre indiqué par le sort »... (1) Jadis le sort, maintenant la numérotation, le tout est que la vérité s'ajuste à la priorité et que personne ne perde son tour d'audience. Natividade garda le billet et toutes deux s'approchèrent de la fenêtre.

A dire vrai, elles éprouvaient une certaine crainte, Perpétua moins que Natividade. L'aventure semblait hardie, et quelque danger possible. Je ne parle pas ici de leurs gestes ; imaginez-les agités et embarrassés. Aucune des deux ne parlait. Natividade avoua ensuite qu'elle avait la gorge nouée. Heureusement, la métisse ne tarda pas trop : au bout de trois ou quatre minutes, son père, soulevant le rideau du fond l'amena en la tenant par la main.

— Entre, Barbara.

Barbara entra, tandis que son père prenait sa guitare et passait sur le palier de pierre, devant la porte de gauche. C'était un petit être, léger et ailé, en jupe brodée et chaussé de mules. On ne pouvait lui dénier un corps gracieux. Ses cheveux, ramassés sur le haut de la tête par un morceau de vieux ruban, lui faisaient une calotte naturelle à laquelle un brin de fleur jaune tenait lieu de houppe. Il y a là déjà quelque chose d'une prêtresse. Le mystère était dans les yeux. Ils étaient opaques, mais pas toujours et pas au point de n'être jamais également pénétrants et perçants — et dans ce dernier cas, ils étaient aussi fixes, si fixes et si perçants qu'ils entraient au plus profond de vous, fouillaient votre cœur et ressortaient, prêts à une nouvelle entrée et à une nouvelle exploration. Je ne te mens pas en disant que toutes deux ressentirent comme une fascination. Barbara les interrogea : Natividade dit pourquoi elle venait et lui remit les portraits de ses enfants et des mèches de leurs cheveux ; on lui avait dit que c'était suffisant.

— C'est suffisant, confirma Barbara. Ces garçons sont à vous ?

— Oui.

— Visage de l'un égale visage de l'autre.

— Ils sont jumeaux, ils sont nés il y a un peu plus d'un an.

(1) Traduction de Paul Mazon.

— Vous pouvez vous asseoir.

Natividade dit tout bas à Perpétua que « la métisse était sympathique », pas assez bas cependant pour que celle-ci ne pût l'entendre aussi ; et cela, peut-être volontairement, par crainte de la prédiction et dans l'espoir d'obtenir un heureux destin pour ses fils. La métisse alla s'asseoir à la table ronde qui se trouvait au centre du salon, tournée vers elles. Elle plaça les cheveux et les portraits devant elle. Elle les regarda, regarda la mère, alternativement, posa à celle-ci quelques questions, et contempla un moment portraits et cheveux, bouche ouverte et sourcils froncés. Il m'est pénible de dire qu'elle alluma une cigarette, mais je le dis parce que c'est la vérité, et que la fumée sied à la fonction. Dehors, le père effleurait la guitare de ses doigts, en murmurant une chanson du sertão du Nord :

Menina da saia branca
Saltadeira de riacho...

Tandis que montait la fumée de la cigarette, le visage de la voyante changeait d'expression, radieux ou sombre, interrogatif ou assuré. Barbara se penchait sur les portraits, serrait dans chaque main une mèche de cheveux, et les fixait, les sentait, les écoutait, sans l'affectation que tu vois peut-être dans ces lignes. De tels gestes ne peuvent être décrits naturellement. Natividade ne la quittait pas des yeux, comme si elle voulait lire à l'intérieur d'elle. Et ce ne fut pas sans grand étonnement qu'elle l'entendit demander si les garçons s'étaient disputés avant de naître.

— Disputés ?

— Disputés, oui, Madame.

— Avant de naître ?

— Oui, Madame, je vous demande s'il ne leur serait pas arrivé de se disputer dans le ventre de leur mère ; vous ne vous souvenez pas ?

Natividade, qui n'avait pas eu une gestation paisible, répondit qu'elle avait effectivement ressenti des mouvements extraordinaires, répétés, et des douleurs, et des insomnies... Mais alors, de quoi s'agissait-il ? Pourquoi se seraient-ils disputés ? La métisse ne répondit pas. Peu de temps après, elle se leva et tourna autour de la table, lentement, comme somnambule, les yeux ouverts et fixes ; puis elle posa de nouveau son regard tantôt sur la mère, tantôt sur les portraits. Maintenant elle s'agitait davantage, en respirant fort. Tout entière, visage et bras, épaules et jambes, tout entière, et cela ne suffisait pas pour arracher la parole au Destin. Enfin, elle s'arrêta, s'assit épuisée, jusqu'à ce qu'elle se lève d'un bond et s'adresse aux deux dames, si radieuse, les yeux si vifs et chaleureux que la mère s'y accrocha et ne put s'empêcher de lui prendre les mains et de lui demander anxieusement :

— Alors ? Parlez, je peux tout entendre.

Barbara, pleine de flamme et de rire, eut un soupir de plaisir. Le premier mot parut lui monter à la bouche, mais se retira dans son cœur, sans avoir franchi ses lèvres ni les oreilles d'autrui. Natividade réclama la réponse, qu'elle lui dise tout, absolument tout...

— Choses à venir ! murmura finalement la métisse.

— Mais, de mauvaises choses ?

— Oh, non, non ! De bonnes choses, des choses à venir !

— Mais cela ne suffit pas ; dites-moi le reste. Cette dame est ma sœur et sait garder le secret, mais s'il faut qu'elle sorte, elle sort ; moi, je reste, dites-moi, à moi seule... Seront-ils heureux ?

— Oui.

— Seront-ils de grands hommes ?

— Ils seront grands, ô combien grands ! Dieu leur accordera beaucoup de faveurs. Ils monteront, monteront, monteront... Ils se sont disputés dans le ventre de leur mère, quelle importance ? Ici dehors on se dispute aussi. Vos fils seront glorieux. C'est tout ce que je peux vous dire. Quant à la qualité de la gloire, choses à venir !

De l'intérieur, la voix du vieux métis répétait encore une fois la chanson du sertão :

Trepa-me neste coqueiro
Bota-me os côcos abaixo

Et sa fille, n'ayant plus rien à dire ou ne sachant quelles explications donner, suivait de ses hanches le mouvement de la mélodie que répétait le vieux, à l'intérieur :

Menina de saia branca
Saltadeira de riacho,
Trepa-me neste coqueiro,
Bota-me os côcos abaixo
Quebra côco, sinhá,
Lá no cocá,
Se te dá na cabeça,
Há de rachá ;
Muito hei de me ri,
Muito hei de gostá,
Lelé, côco, naiá.

2

Mieux vaut descendre que monter

Tous les oracles ont un double langage, mais on les comprend. Natividade finit par comprendre la métisse, bien que ce fût là tout ce qu'elle eût entendu d'elle ; il lui suffit de savoir que les choses à venir seraient bonnes et ses fils grands et glorieux pour être contente et sortir de sa bourse un billet de cinquante mil-réis. C'était cinq fois le prix habituel, et cela valait autant ou plus que les riches dons de Crésus à la Pythie. Elle ramassa les portraits et les cheveux, et toutes deux sortirent tandis que la métisse se retirait, dans l'attente d'autres clients. Il y en avait déjà quelques-uns à la porte, avec les numéros d'ordre, et elles descendirent rapidement, dissimulant leur visage.

Perpétua partageait la joie de sa sœur, tout comme les pierres, le mur du côté de la mer, les chemises pendues aux fenêtres, et les épluchures de banane sur le sol. Même les chaussures d'un *frère des âmes* qui allait tourner au coin de la rue de la Misericórdia vers la rue São José semblaient rire de joie, alors qu'en réalité elles gémissaient de fatigue. Natividade était tellement transportée qu'en l'entendant demander : « Pour la messe des âmes ! » elle sortit de sa bourse un billet de deux mil-réis, tout neuf, et le posa dans le plateau. Sa sœur attira son attention sur l'erreur, mais ce n'était pas une erreur, c'était pour les âmes du purgatoire.

Et elles s'en allèrent, légères, vers le coupé qui les attendait entre l'Église de S. José et la Chambre des Députés. Elles n'avaient pas voulu que la voiture les emmenât jusqu'au début de la montée, pour empêcher le cocher et le laquais de se douter de la consultation. Tout le monde parlait alors de la métisse du Castelo, c'était le sujet de conversation de la ville, on lui attribuait un pouvoir infini, une série de miracles, des sorts, des choses retrouvées, des mariages. S'ils avaient découvert la vérité, elles étaient perdues, même si beaucoup de personnes de qualité s'y rendaient.

3

L'aumône du bonheur

— Dieu vous le compte, ma sainte dame ! s'écria le frère des âmes en voyant tomber le billet sur deux pièces d'un sou et quelques vieilles pataques. Que Dieu vous donne tous les bonheurs du ciel et de la terre, et que les âmes du purgatoire demandent à la Très Sainte Vierge de vous recommander à son fils béni !

Quand le destin sourit, la nature tout entière sourit aussi, et le cœur sourit comme tout le reste. Telle fut l'explication que donna — avec des mots moins spéculatifs — le frère des âmes aux deux mil-réis. Le soupçon que le billet soit faux ne parvint pas à s'ancrer dans son cerveau : ce ne fut qu'une hallucination rapide. Il comprit que les dames étaient heureuses, et habitué à penser tout haut, il dit en clignant de l'œil, tandis qu'elles entraient dans la voiture :

— Ces deux-là m'ont l'air gaies comme un pinson !

Sans détours, il supposa que les deux dames venaient de quelque aventure amoureuse, et cela, il le déduisit de trois faits que je me vois dans l'obligation d'aligner ici pour ne pas laisser suspecter cet homme d'être un calomniateur gratuit. Le premier étant leur joie, le second la valeur de l'aumône, le troisième la voiture qui les attendait dans un coin, comme si elles avaient voulu dissimuler au cocher le lieu de rendez-vous des amants. N'en conclus pas qu'il avait dû être cocher jadis et qu'il avait conduit des jeunes filles avant d'être au service des âmes. Ne crois pas non plus qu'il avait été autrefois riche et adultère, la main ouverte lorsqu'il venait de quitter ses amies. *Ni cet excès d'honneur, ni cette indignité* (1). C'était un pauvre diable sans autre fonction que la dévotion. De plus, il n'en aurait pas eu le temps : il avait seulement vingt-sept ans.

Il salua les dames, lorsque la voiture passa. Ensuite il se mit à regarder le billet si frais, si précieux, un billet que jamais les âmes n'avaient vu sortir de ses mains. Il remonta la rue de S. José. Il n'avait plus le courage de quémander ; le billet devenait de l'or, et l'idée qu'il soit faux lui revint à l'esprit, avec plus de fréquence maintenant, et finit par s'y fixer quelques instants. S'il était faux... « Pour la messe des âmes ! » gémit-il à la porte d'un marchand des quatre saisons, et on lui donna un sou — un sou sale et triste, à côté du billet tout neuf, si neuf qu'il semblait sortir des presses. Venait ensuite le couloir d'une maison. Il entra, monta, demanda, on lui donna deux sous — le double de l'autre pièce en valeur et en vert-de-gris.

Et le billet toujours propre, deux mil-réis qui en paraissaient vingt. Non, il n'était pas faux. Dans le couloir, il le saisit, le regarda attentivement ; il était vrai. Soudain, il entendit s'ouvrir la grille en haut, et des pas rapides. Lui, plus rapide encore, chiffonna le billet et le mit dans la poche de son pantalon ; il ne resta que les sous vert-de-grisés et tristes, l'obole de la veuve. Il sortit, alla vers le premier atelier, le premier magasin, le premier couloir, en demandant d'une voix lente et plaintive :

— Pour la messe des âmes !

A l'église, en enlevant sa robe après avoir remis le plateau au sacristain, il entendit une voix faible comme celle d'âmes lointaines qui lui demandaient si les deux mil-réis... Les deux mil-réis, disait une autre voix moins faible, étaient naturellement à lui, qui, primo, avait également une âme, et secundo, n'avait jamais reçu une aussi grande aumône. Qui veut donner autant va à l'église ou achète un cierge, mais ne met pas ainsi un billet dans le plateau des petites aumônes.

Si je mens, c'est involontaire. En vérité, les paroles ne sortirent pas articulées et claires, pas plus les faibles que les moins faibles ;

(1) En français dans le texte.

elles faisaient toutes un bourdonnement aux oreilles de la conscience. Je les ai traduites en langage parlé afin d'être compris des personnes qui me lisent ; j'ignore comment on pourrait transcrire sur le papier une rumeur sourde et une autre moins sourde, l'une à la suite de l'autre et les deux confuses à la fin, jusqu'à ce que demeure seulement la seconde : « il n'avait pris le billet à personne... c'était la dame qui, de sa main, l'avait mis dans le plateau... lui aussi était une âme »... A la porte de la sacristie qui donnait sur la rue, en laissant retomber la portière bleu foncé bordée de jaune, il n'entendit plus rien. Il vit un mendiant qui lui tendait son chapeau fripé et sale ; il mit lentement la main dans la poche de son gilet, lui aussi fripé, et avança une petite pièce de cuivre qu'il mit dans le chapeau du mendiant, rapidement, à la dérobée, comme le veut l'Évangile. C'étaient deux sous ; il lui restait mille neuf cent soixante réis. Et le mendiant, comme il s'en allait très vite, lui envoya ces mots de remerciements, semblables aux siens :

— Dieu vous le compte, monsieur, et vous donne...

4

La messe du coupé (1)

Natividade pensait à la métisse du Castelo, à la prédiction de la grandeur et à la révélation de la dispute. Elle se souvenait à nouveau qu'en fait la gestation n'avait pas été paisible ; mais ne demeurait que l'augure de la gloire et de la grandeur. La dispute s'effaçait, s'il y avait eu dispute ; le futur, oui, voilà le principal ou même l'essentiel. Elle ne vit pas la plage de Santa Luzia. Place de Lapa, elle interrogea sa sœur sur ce qu'elle pensait de la voyante. Du bien, répondit Perpétua, et qu'elle y croyait, et toutes deux s'accordèrent à dire qu'elle semblait parler de ses propres enfants, si grand était son enthousiasme. Perpétua la sermonna encore pour les cinquante mil-réis donné en paiement ; vingt auraient suffi.

— Cela n'a pas d'importance. Choses à venir !

— Quelle sorte de choses ?

— Je ne sais pas ; à venir.

Elles s'enfoncèrent à nouveau dans le silence. En arrivant au Catete, Natividade se souvint du matin où elle y était passée, dans ce même *coupé,* et avait confié sa grossesse à son mari. Ils revenaient d'une messe pour l'âme d'un défunt, en l'Église de S. Domingos...

« En l'Église de S. Domingos sera dite aujourd'hui une messe pour l'âme de João de Melo, décédé à Maricá. » Telle était l'annonce que tu peux lire encore maintenant dans quelques

(1) En français dans le texte.

journaux de 1869. Je n'ai pas retenu le jour, le mois, c'était août. L'annonce est exacte, elle était telle quelle, sans rien d'autre, ni le nom de la personne — ou des personnes — qui firent dire la messe, ni heure, ni invitation. On n'avait même pas dit que le défunt était greffier, fonction qu'il n'abandonna qu'avec la mort. Enfin, on lui avait même enlevé, semble-t-il, un nom : il s'appelait, si je suis bien informé, João de Melo e Barros.

Personne ne sachant qui faisait dire la messe, personne n'y alla. L'église choisie donna encore moins de relief à l'acte ; elle n'était ni voyante, ni recherchée, mais vieillotte, sans pompe ni foule, enfouie au coin d'une petite place, parfaite pour une messe cachée et anonyme.

A huit heures, un *coupé* s'arrêta à la porte ; le laquais descendit, ouvrit la portière, se découvrit et se redressa. Sortit un monsieur qui tendit la main à une dame, la dame sortit et prit le bras du monsieur, ils traversèrent le bout de place et entrèrent dans l'église. Dans la sacristie, c'était l'étonnement. L'âme qui avait conduit en de tels lieux une voiture de luxe, des chevaux de race et deux personnes de qualité ne pouvait être semblable aux autres âmes pour lesquelles on priait ici... La messe fut dite sans condoléances ni larmes. Quand elle fut finie, le monsieur alla à la sacristie donner son offrande. Le sacristain, mettant à l'abri de sa poche le billet de dix mil-réis qu'il avait reçu, jugea qu'il prouvait l'excellence du défunt ; mais quelle sorte de défunt était-ce ? Le tronc des âmes — s'il pensait — dut penser la même chose lorsque le gant de la dame y laissa tomber une piécette d'argent. Il y avait alors déjà dans l'église une demi-douzaine d'enfants en guenilles et maintenant, quelques personnes attendant aux portes et à l'extérieur. Le monsieur, en arrivant à la porte, parcourut la place des yeux, encore que vaguement, et vit qu'il était un objet de curiosité. La dame baissait les siens. Et tous deux entrèrent dans la voiture, du même geste le laquais ferma la portière, et ils partirent.

Ce jour-là et les suivants, les gens de l'endroit ne parlèrent de rien d'autre. Sacristain et voisins évoquaient le *coupé* avec fierté. C'était la messe du *coupé*. Revinrent les autres messes, toutes à pied, en vieux fichus et toiles usées, messes en indienne, le dimanche, messes en sabots. Tout reprit sa place, mais la messe du *coupé* survécut dans les mémoires pendant de longs mois. Finalement, on n'en parla plus : on l'oublia comme un bal.

Eh bien, le *coupé* était celui-là même. C'était cet homme, dont le nom est Santos, qui avait fait dire la messe, et le défunt, quoique pauvre, était un parent. Pauvre, Santos l'avait été aussi ; et lui aussi était né à Maricá. Venu à Rio de Janeiro, au moment de la *fièvre des actions* (1855), on dit qu'il révéla de grandes qualités pour gagner de l'argent très vite. Il en gagna beaucoup tout de suite en le faisant perdre à d'autres. En 1859, il épousa cette Natividade, qui allait sur ses vingt ans et n'avait pas d'argent, mais qui était belle et aimait avec passion. La fortune les bénit par la richesse. Quelques années plus tard, ils avaient une belle demeure, voiture, chevaux et relations nouvelles et distinguées. Des deux personnes sans le sou qui composaient la famille de Natividade, il ne lui restait qu'une sœur : le père mourut en 1866. Santos avait quelques parents à Maricá, à qui il n'envoya jamais d'argent, soit par avarice, soit par habileté. Avarice, je ne crois pas ; il dépensait sans compter et donnait beaucoup d'aumônes. Habileté plutôt ; il leur enlevait l'envie de venir lui demander davantage. Cela fut sans effet avec João de Melo, qui apparut un jour chez lui pour lui demander un emploi. Il voulait être, comme lui, directeur de banque. Santos lui trouva aussitôt une place de greffier au tribunal civil de Maricá et l'expédia avec les meilleurs conseils du monde.

João de Melo s'en alla avec le greffe et, avec aussi, semble-t-il, une grande passion. Natividade était la plus belle femme de ce temps. A la fin de sa vie, avec les cheveux de ses soixante ans, elle ne démentait pas sa légende. Quand il la vit, João de Melo fut fasciné, elle s'en rendit compte et se conduisit fort bien. Elle ne lui ferma pas son visage, c'est vrai, et elle était plus belle ainsi que fâchée ; elle ne lui ferma pas non plus ses yeux, qui étaient noirs et chauds. Elle ne lui ferma que son cœur, un cœur qui devait aimer comme nul autre, telle fut la conclusion de João de Melo, un soir où il la vit partir décolletée pour un bal. Il eut un élan : la prendre, descendre, s'envoler, se perdre ensemble...

Au lieu de cela, un greffe et Maricá; c'était un abîme. Il y tomba ; trois jours après, il quitta Rio de Janeiro pour ne jamais y revenir. Au début, il écrivit de nombreuses lettres à son parent, espérant qu'elle les lirait aussi et qu'elle comprendrait que quelques mots lui étaient destinés. Mais Santos ne répondit pas, et le temps et l'absence finirent par faire de João de Melo un excellent greffier. Il mourut d'une pneumonie.

La piécette d'argent avait-elle été mise dans le tronc des âmes pour payer l'adoration du défunt, je ne peux dire ni oui ni non ; il me manque des détails. Mais il est possible que oui, car cette dame n'était pas moins reconnaissante qu'honnête. Pour ce qui est des largesses du mari, n'oublie pas que son parent était défunt, et que le défunt faisait un parent de moins.

5

Il est des contradictions qui s'expliquent

Ne me demande pas la cause de tant de discrétion dans le faire-part et la messe, et tant de publicité dans la voiture, le laquais et la livrée. Il est des contradictions qui s'expliquent. Un bon auteur qui inventerait son histoire ou s'attacherait à la logique des événements, amènerait le couple Santos à pied, ou en calèche de place ou de louage ; mais moi, cher ami, je sais comment les choses se sont passées, et je les rapporte telles quelles. A la rigueur je les explique, à condition que cela ne devienne pas une habitude. Les explications mangent du temps et du papier, retardent l'action et finissent par ennuyer. Le mieux est de lire avec attention.

Quant à la contradiction dont je parle ici, c'est que dans ce coin de modeste petite place ils ne rencontreraient aucune personne connue, tout en jouissant de l'ébahissement local ; telle fut la réflexion de Santos, si l'on peut appeler ainsi un mouvement intérieur qui nous conduit à faire une chose plutôt qu'une autre. Reste la messe ; la messe en elle-même, il suffisait qu'elle fût connue au ciel et à Maricá. A dire vrai, ils s'étaient habillés pour le ciel. Le luxe du couple tempérait la pauvreté de la prière ; c'était une espèce d'hommage au défunt. Si l'âme de João de Melo les voyait de là-haut, elle devait se réjouir de la recherche avec laquelle ils étaient allés prier pour un pauvre greffier. Ce n'est pas moi qui le dis ; c'est Santos qui l'a pensé.

6

Maternité

Au début, ils rentrèrent en silence. Tout au plus Natividade se plaignit-elle de l'église où elle avait sali sa robe.

— Je rentre pleine de puces, continua-t-elle ; pourquoi ne sommes-nous pas allés à S. Francisco de Paulo ou à la Glória, qui sont plus près et qui sont propres ?

Santos fit dévier la conversation et parla des rues mal pavées qui faisaient cahoter la voiture. Cela allait sûrement casser les ressorts.

Natividade ne répondit pas, s'enfonça dans le silence, comme dans cet autre chapitre, vingt mois plus tard, lorsqu'elle rentrait du Catete avec sa sœur. Ses yeux n'avaient pas la touche d'éblouissement qu'ils porteraient alors ; ils étaient fixes et sombres, comme le matin et la veille. Santos, qui l'avait déjà remarqué, lui demanda ce qu'elle avait ; je ne sais pas si elle répondit avec des mots ; si elle en dit un, il fut si bref et si sourd qu'il se perdit complètement. Peut-être cela ne dépassait-il pas un simple geste des yeux, un soupir ou quelque chose de ce genre. Quoi qu'il en soit, lorsque le *coupé* arriva en plein Catete, ils se tenaient tous deux les mains et ils avaient sur le visage une expression de béatitude. Ils oubliaient les gens dans la rue ; peut-être s'oubliaient-ils eux-mêmes.

Lecteur, il ne te sera pas difficile de comprendre la cause de cette expression et de ces doigts enlacés. Elle a déjà été dite, alors qu'il eût mieux valu te la laisser deviner ; mais tu ne l'aurais probablement pas devinée, non que tu aies l'entendement faible ou troublé, mais parce que tout homme de son voisin varie, et que toi, tu aurais peut-être eu une telle expression simplement parce que tu savais que tu allais danser le samedi. Santos ne dansait pas ; comme distraction, il préférait l'hombre. La cause était vertueuse, comme tu sais ; Natividade était enceinte, et venait de le dire à son mari.

A trente ans, ce n'était ni tôt ni tard, c'était imprévu. Santos ressentit plus qu'elle le plaisir de cette nouvelle vie. Voilà qu'allait se réaliser un rêve de dix ans, une créature tirée de la cuisse d'Abraham, comme disaient ces bons juifs, que l'on a brûlés plus tard et qui maintenant prêtent généreusement leur argent aux compagnies et aux nations. Ils le placent avec intérêts, mais les hébraïsmes sont gratuits. Celui-ci en était un exemple. Santos qui ne connaissait que le prêt, sentait inconsciemment l'hébraïsme et s'en délectait. L'émotion lui paralysait la langue ; les yeux qu'il baissait sur son épouse et qui la couvraient étaient ceux d'un patriarche ; son sourire semblait répandre la lumière sur la personne aimée, bénie et belle entre toutes les belles.

Natividade ne fut pas tout de suite ainsi ; c'est peu à peu qu'elle fut vaincue, avant d'avoir cette expression d'espérance et de maternité. Les premiers jours, les symptômes dérangèrent notre amie. C'est dur à dire, mais c'est vrai. Adieu bals et fêtes, adieu liberté et insouciance. Natividade faisait déjà partie du grand monde de l'époque ; elle avait fini par y entrer, avec un art tel qu'elle semblait y être née. Elle entretenait une correspondance avec de grandes dames, elle en fréquentait beaucoup et en tutoyait quelques-unes. Elle avait non seulement cette maison à Botafogo, mais aussi une autre à Petrópolis ; non seulement une voiture, mais aussi une loge au Teatro Lírico, sans compter les bals au Casino Fluminense, ceux de ses amies et les siens ; en somme, le répertoire complet de la vie élégante. Elle était citée dans les gazettes, et appartenait à cette douzaine de noms planétaires qui figurent au milieu de la foule des étoiles. Son mari était capitaliste et directeur de banque.

Au milieu de tout cela, que venait faire maintenant un enfant qui allait la déformer pendant des mois, l'obliger à rester chez elle, voler ses nuits, avoir mal aux dents et tout le reste ? Telle fut la première sensation de la mère, et son premier élan fut d'écraser le germe. Elle en voulut à son mari. La seconde sensation fut meilleure. La maternité, arrivant à midi, était comme une aurore nouvelle et fraîche. Natividade vit l'image de son fils ou de sa fille, à trois ans, en train de jouer sur l'herbe du jardin ou sur les genoux de sa gouvernante, et ce tableau rendrait aux trente-quatre ans qu'elle aurait alors l'aspect de ses vingt ans...

Ce fut ce qui la réconcilia avec son mari. Je n'exagère pas ; d'autant plus que je n'en veux pas à cette dame. Quelques-unes éprouvent de la peur, la plupart de l'amour. En conclusion, quelle que soit la porte, amour ou vanité, ce que veut l'embryon c'est entrer dans la vie. César ou rien, le tout est de vivre, d'assurer la dynastie et de quitter le monde le plus tard possible.

Le couple était silencieux. Quand ils débouchèrent sur la plage de Botafogo, la baie leur apporta le plaisir habituel. On découvrait la maison de loin, magnifique ; Santos se délecta de la voir, s'y contempla, grandit avec elle, s'éleva à travers elle. La statue de Narcisse, au milieu du jardin, sourit quand ils entrèrent, le sable se fit pelouse, deux hirondelles passèrent au-dessus du jet d'eau, incarnation aérienne de leur joie. Même cérémonie lorsqu'ils descendirent de voiture. Santos s'arrêta encore quelques instants pour voir le *coupé* faire le tour, s'éloigner et gagner la remise ; ensuite il suivit sa femme qui entrait dans le vestibule.

7

Gestation

En haut les attendait Perpétua, cette sœur de Natividade qui l'avait accompagnée au Castelo et que nous avons laissée dans la voiture, quand je les ai abandonnées pour raconter les antécédents des enfants.

— Alors ? Il y avait beaucoup de monde ?

— Personne ; rien que des puces.

Perpétua non plus n'avait pas compris le choix de l'église. Quant à l'affluence, elle avait toujours pensé qu'elle serait peu de chose ou nulle ; mais son beau-frère entrait et elle garda pour elle ses pensées. C'était une personne circonspecte qui ne se compromettait ni par une parole ni par un geste irréfléchi. Il lui fut cependant impossible de taire son étonnement lorsqu'elle vit son beau-frère entrer et enlacer sa femme dans une longue et tendre étreinte, scellée d'un baiser.

— Que se passe-t-il ? s'exclama-t-elle, surprise.

Sans se rendre compte de la gêne de sa belle-sœur, Santos l'étreignit et lui aurai aussi donné un baiser, si elle n'avait reculé à temps et avec force.

— Mais que se passe-t-il ? Vous avez gagné le gros lot ?

— Non, mieux que ça, une nouvelle tête.

Santos avait gardé quelques gestes et façons de parler des premières années, que le lecteur appellera improprement familiers ; mais inutile de leur donner un nom. Perpétua, qui y était habituée, finit par sourire et le féliciter. Natividade les avait alors déjà quittés pour aller se dévêtir. Santos, regrettant à demi ses effusions, devint sérieux et parla de la messe et de l'église. Il reconnut qu'elle était décrépite et enfouie dans un recoin, mais allégua des raisons spirituelles. Que la prière était toujours prière, en quelque endroit que l'âme parlât à Dieu. Que la messe, à la rigueur, n'avait pas expressément besoin d'un autel, le rite et le prêtre suffisaient au sacrifice. Ces raisons n'étaient peut-être pas à proprement parler les siennes, mais entendues de quelqu'un, apprises par cœur sans effort et répétées avec conviction. Sa belle-sœur opina de la tête. Ensuite ils parlèrent du parent mort et convinrent pieusement que c'était un âne ; — ils ne prononcèrent pas ce nom, mais l'ensemble des appréciations valait un synonyme, complété par honnête, très honnête.

— C'était une perle, conclut Santos.

Ce fut le dernier mot de la nécrologie ; paix aux morts. Dès lors régna la souveraineté de l'enfant qui bourgeonnait. Dans les premiers temps, ils ne changèrent pas leurs habitudes, et visites et bals se poursuivirent comme auparavant, jusqu'à ce que, peu à peu, Natividade s'enfermât chez elle. Ses amies venaient la voir. Leurs amis venaient leur rendre visite ou jouer aux cartes avec son mari. Natividade voulait un fils, Santos une fille, et chacun plaidait pour son choix avec de si bons arguments qu'ils finissaient par changer d'avis. Elle s'arrêtait alors à la fille et l'habillait des plus belles dentelles et batistes, tandis que son mari passait une robe au jeune avocat, lui donnait une place au parlement, une autre au ministère. Il lui apprenait aussi à s'enrichir très vite ; et il allait l'aider en commençant par un livret à la Caisse d'Épargne, du jour de sa naissance à ses vingt et un ans. Parfois le soir, s'ils étaient seuls, Santos prenait un crayon et dessinait le portrait de son fils avec moustaches — ou bien esquissait une fillette vaporeuse.

— Arrête, Agostinho, lui dit un soir sa femme ; tu seras toujours un enfant.

Et peu après, elle se surprit à dessiner en paroles le portrait du fils ou de la fille, et ils choisissaient tous deux la couleur des yeux, les cheveux, le teint, la taille. Tu vois qu'elle aussi était une enfant. La maternité a de ces incohérences, le bonheur pareillement, et finalement l'espérance, qui est l'enfance du monde.

L'idéal serait que naisse un couple. Ainsi seraient satisfaits les désirs du père et de la mère. Santos pensa faire à ce sujet une consultation spirite. Il commençait à être initié dans cette religion et avait une foi novice et solide. Mais sa femme s'y opposa ; à consulter quelqu'un, que ce soit plutôt la métisse du Castelo, la voyante célèbre de ce temps-là, qui trouvait les choses perdues et prédisait les futures. Elle s'y refusait cependant, jugeant cela inutile. A quoi rimait de demander une consultation pour un doute qui d'ici quelques mois serait éclairci ? Santos fut d'avis, à propos de la métisse, que ce serait imiter les superstitions du bas peuple ; mais sa belle-sœur protesta et cita le cas récent d'une personne distinguée, un juge municipal, dont la nomination avait été annoncée par la métisse.

— Le ministre de la Justice a peut-être un faible pour la métisse, expliqua Santos.

Elles rirent toutes deux de la plaisanterie, et ainsi se referma une fois le chapitre de la voyante, pour se rouvrir plus tard. Pour l'instant, laissons l'embryon se développer, et l'enfant s'agiter et s'élancer, comme impatient de naître. En vérité, la mère souffrit beaucoup pendant la gestation, et principalement pendant les dernières semaines. Elle pensait porter un général qui entamait la campagne de la vie, à moins que ce ne fût un couple qui apprenait à se haïr avant l'heure.

8

Ni couple ni général

Ni couple ni général. Le sept avril 1870, vint au monde une paire d'enfants mâles, si semblables qu'ils paraissaient plutôt l'ombre l'un de l'autre, à moins que ce ne fût simplement l'impression de l'œil, qui voyait double.

Ils s'attendaient à tout, sauf à des jumeaux, et ce n'est pas parce que l'étonnement fut grand que l'amour fut moindre. On le comprend sans qu'il soit besoin d'insister, de même que l'on comprend que la mère ait donné à ses deux fils ce pain entier et partagé dont parle le poète ; j'ajoute que le père faisait de même. Au début, il passa son temps à contempler les petits, à les comparer, les mesurer, les peser. Ils avaient le même poids et grandissaient de la même taille. Le changement se faisait d'une seule façon. Visage allongé, cheveux châtains, doigts fins et tels que, lorsque ceux de la main droite de l'un étaient croisés avec ceux de la main gauche de l'autre, il était impossible de savoir qu'ils appartenaient à deux personnes. Ils allaient avoir un caractère différent, mais pour le moment ils étaient pareillement farouches. Ils commencèrent à sourire le même jour, le même jour les vit baptiser.

Avant l'accouchement, ils avaient décidé de donner le prénom du père ou de la mère, selon le sexe de l'enfant. Puisque c'était une paire de garçons et qu'il n'existait pas de forme masculine du nom de la mère, le père ne voulut point voir figurer uniquement le sien, et ils se mirent à en chercher d'autres. La mère en proposait des français ou des anglais, suivant les romans qu'elle lisait. Quelques romans russes à la mode suggérèrent des prénoms slaves. Le père acceptait les uns et les autres, mais consultait des tiers et n'arrivait pas à se faire une opinion définitive. En général, les gens consultés donnaient un autre prénom qui n'était pas accepté à la maison. On eut recours aussi à la vieille onomastique lusitanienne, mais sans meilleure fortune. Un jour où Perpétua était à la messe et disait le Credo, elle fut frappée par les paroles : « ... les saints apôtres saint Pierre et saint Paul », et put à peine terminer la prière. Elle avait découvert les prénoms ; ils étaient simples et jumeaux. Les parents furent d'accord avec elle, et l'affaire fut classée.

La joie de Perpétua fut presque égale à celle du père et de la mère, sinon plus grande. Plus grande, non, ni aussi profonde, mais elle fut grande, encore que rapide. La trouvaille des prénoms valait presque la fabrication des petits. Veuve, sans enfants, elle ne se jugeait pas incapable de les avoir, et c'était quelque chose de leur avoir trouvé un nom. Elle avait cinq ou six ans de plus que sa sœur. Elle avait épousé un lieutenant d'artillerie, qui mourut capitaine à la guerre du Paraguay. Elle était plutôt petite et elle était grosse, au contraire de Natividade qui sans être maigre était moins en chair, grande et droite. Toutes deux respiraient la santé.

— Pedro et Paulo, dit Perpétua à sa sœur et à son beau-frère, quand j'ai dit ces deux noms en priant, j'ai senti quelque chose dans mon cœur...

— Tu seras la marraine de l'un, dit sa sœur.

Les petits, que l'on distinguait par un ruban de couleur, reçurent des médailles d'or, l'une avec l'effigie de saint Pierre, l'autre de saint Paul. La confusion ne disparut pas aussitôt, mais plus tard, lentement et à peine, la ressemblance étant toujours telle que les plus avertis se trompaient souvent ou toujours. La mère, elle, n'eut pas besoin de beaucoup de signes extérieurs pour savoir qui étaient ces deux morceaux d'elle-même. Les nourrices, bien que les distinguant entre eux, ne cessaient de s'en vouloir, à cause de la ressemblance de « leurs enfants adoptifs », chacune affirmant que le sien était le plus beau. Natividade était d'accord avec les deux.

Pedro serait médecin, Paulo avocat ; tel fut le premier choix des professions. Mais aussitôt après, ils changèrent de carrière. On pensa aussi à en diriger un vers le Génie. La Marine souriait à la mère, à cause de la distinction particulière de l'école. Il n'y avait qu'un inconvénient : le premier voyage lointain ; mais Natividade pensa à se faire appuyer par le ministre. Santos parlait de faire un banquier de l'un, ou des deux. Ainsi passaient les heures oisives. Des intimes de la maison se mettaient à faire des prévisions. Il y en eut qui les firent ministres, conseillers à la cour, évêques, cardinaux...

— Je n'en demande pas tant, disait le père.

Natividade ne disait rien en présence des étrangers, elle se contentait de sourire comme s'il s'agissait d'un jeu de la Saint-Jean, jeter les dés et lire sur le livre des prédictions la case correspondant au numéro. Peu importe ; au fond d'elle-même, elle ambitionnait pour ses fils quelque brillant destin. Elle croyait vraiment, elle espérait, priait chaque nuit, et demandait au ciel d'en faire de grands hommes.

L'une des nourrices, celle de Pedro je crois, étant au courant de ces angoisses et conversations, demanda à Natividade pourquoi elle n'allait pas consulter la métisse du Castelo. Elle affirma qu'elle devinait tout, ce qui était et ce qui devait être ; elle connaissait le numéro du gros lot, elle ne le révélait pas et n'achetait pas de billet pour ne pas voler les personnes que Notre Seigneur avait choisies. On la disait envoyée de Dieu.

L'autre nourrice confirma les renseignements et en ajouta de nouveaux. Elle connaissait des gens qui avaient perdu et retrouvé bijoux et esclaves. La police elle-même, lorsqu'elle n'arrivait pas à mettre la main sur un criminel, allait parler à la métisse au Castelo, et en redescendait renseignée ; c'est pour cela qu'on ne la chassait pas comme le demandaient les jaloux. Beaucoup de gens ne prenaient pas le bateau sans monter d'abord à la colline. La métisse expliquait rêves et pensées, brisait les mauvais sorts...

Au dîner, Natividade répéta à son mari la suggestion des nourrices. Santos haussa les épaules. Puis il examina en riant la science de la métisse ; en particulier le gros lot : incroyable que connaissant le numéro, elle n'achetât pas de billet ! Natividade reconnut que c'était le plus difficile à expliquer, mais ce pouvait être une invention du peuple. *On ne prête qu'aux riches* (1), ajouta-t-elle en riant. Son mari, qui avait rencontré la veille un conseiller, répéta ses paroles selon lesquelles « tant que la police ne mettrait pas un terme au scandale... » Le conseiller n'avait pas conclu. Santos conclut d'un geste vague.

— Mais tu es spirite, observa sa femme.

— Pardon, ne confondons pas, répondit-il avec gravité.

Oui, il pouvait accepter une consultation spirite ; il y avait déjà pensé.

Un quelconque esprit pouvait lui dire la vérité à la place d'une voyante de comédie... Natividade défendit la métisse. Des gens de la bonne société parlaient d'elle sérieusement. Elle ne voulait pas avouer encore qu'elle y croyait, mais elle croyait ; quand elle s'était refusée à y aller autrefois, c'était évidemment l'insuffisance du motif qui lui avait donné la force de dire non. Qu'importait de savoir le sexe de l'enfant ? Connaître le destin des deux était plus impérieux et plus utile. De vieilles idées inculquées quand elle était petite se mettaient à émerger de son cerveau et descendaient jusqu'à son cœur. Elle pensait aller avec les petits à la colline du Castelo, à titre de promenade... Pourquoi ? Pour la confirmer dans l'espoir que ce seraient de grands hommes. La prédiction contraire ne lui venait pas à l'esprit. Peut-être que vous, lectrice, dans le même cas, vous auriez attendu le destin ; mais il se peut que, outre le fait de ne pas croire (tout le monde ne croit pas) vous n'ayez pas plus de vingt à vingt-deux ans et que vous n'ayez pas la patience d'attendre. Natividade, au fond d'elle-même, avouait ses trente et un ans et craignait de ne pas voir la grandeur de ses fils. Il se pouvait qu'elle la vît, car on peut aussi mourir vieille, et parfois de vieillesse, mais cela aurait-il la même saveur ? Après dîner, le sujet de la causerie fut la métisse du Castelo, à l'initiative de Santos qui répétait les opinions de la veille et du dîner. Parmi les visiteurs, certains racontaient ce qu'ils savaient d'elle. Natividade ne s'endormit pas cette nuit-là avant d'avoir obtenu de son mari qu'il la laissât aller voir la métisse avec sa sœur. On ne risquait rien : il suffisait d'emporter

(1) En français dans le texte.

les portraits des enfants et quelques mèches de cheveux. Les nourrices ne sauraient rien de l'aventure.

Le jour fixé, elles montèrent toutes deux dans la voiture entre sept et huit heures, sous prétexte de promenade, et s'en allèrent vers la rue de la Misericórdia. Tu sais déjà que c'est là qu'elles descendirent, entre l'Église S. José et la Chambre des Députés, et qu'elles la remontèrent jusqu'à la rue du Carmo, à l'endroit où celle-ci coupe la montée du Castelo. Au moment de monter, elles hésitèrent, mais la mère était mère et il s'en fallait de peu maintenant pour entendre le destin.

Tu as vu qu'elles montèrent, redescendirent, donnèrent les deux mil-réis pour les âmes, entrèrent dans la voiture et retournèrent à Botafogo.

9

Vue de palais

Au Catete, le *coupé* et une victoria se croisèrent et s'arrêtèrent en même temps. Un homme sauta de la victoria et se dirigea vers le *coupé*. C'était le mari de Natividade, qui allait maintenant à son bureau, un peu plus tard que de coutume pour avoir attendu le retour de sa femme. Il pensait à elle et aux affaires de la place, aux enfants et à la Loi Rio Branco que l'on discutait alors à la Chambre des Députés ; la banque était créancier de l'agriculture. Il pensait aussi à la métisse du Castelo et à ce qu'elle pouvait avoir dit à sa femme...

En passant devant le Palais Nova Friburgo, il leva les yeux vers lui avec le désir habituel, une envie de le posséder, sans prévoir les hautes destinées qui seraient celles du palais sous la République ; mais qui prévoyait alors quoi que ce soit ? Qui prévoit quelque chose ? Pour Santos, il n'était question que de le posséder, d'y donner de grandes fêtes uniques, célébrées dans les gazettes, racontées en ville chez les amis et les ennemis pleins d'admiration, de rancœur ou d'envie. Il ne pensait pas aux souvenirs que les futures matrones raconteraient à leurs petites-filles, et moins encore aux livres de chroniques, écrits et imprimés en cet autre siècle. Santos n'avait pas l'imagination de la postérité. Il voyait le présent et ses merveilles.

Ce qu'il était ne lui suffisait déjà plus. La maison de Botafogo, quoique belle, n'était pas un palais, et de plus elle n'était pas aussi en vue qu'ici au Catete, passage obligatoire pour tous, qui regarderaient les grandes fenêtres, les grandes portes, les grands aigles en haut, ailes déployées. Si on arrivait du côté de la mer, on voyait le dos du palais, les jardins et les lacs... Oh ! Jouissance infinie ! Santos imaginait bronzes, marbres, lumières, fleurs, danses, voitures, musiques et soupers... Tout cela fut pensé rapidement ; car la victoria, quoique sans aller très vite (les chevaux avaient ordre de modérer l'allure), allait cependant assez bon train pour permettre aux rêves de Santos de s'achever. Ce fut ainsi qu'avant d'arriver à la place de la Glória, la victoria aperçut le *coupé* familial et les deux voitures s'arrêtèrent, à courte distance l'une de l'autre, comme il a déjà été dit.

10

Le serment

Il a déjà été dit aussi que le mari sortit de la victoria et se dirigea vers le *coupé,* où sa femme et sa belle-sœur, devinant qu'il venait à leur rencontre, souriaient à l'avance.

— Ne lui dis rien, conseilla Perpétua.

La tête de Santos apparut aussitôt, favoris courts, cheveux ras, moustache rasée. C'était un homme sympathique. Calme, il n'était pas mal. L'agitation avec laquelle il arriva, s'arrêta et parla, lui ôta la gravité qu'il possédait dans la voiture, les mains posées sur le pommeau d'or de sa canne, et la canne entre les genoux.

— Alors ? Alors ? demanda-t-il.

— Je raconterai tout à l'heure.

— Mais quoi ?

— Tout à l'heure.

— Bon ou mauvais ? Dis-moi seulement si c'est bon.

— Bon. Choses à venir.

— C'est quelqu'un de sérieux ?

— Très sérieux ; à tout à l'heure, répéta Natividade en lui tendant ses doigts.

Mais son mari ne pouvait se détacher du *coupé ;* il voulait tout savoir, là, tout de suite, les questions et les réponses, les gens qui attendaient, et si le destin était le même pour tous les deux, ou si chacun avait le sien. Rien de tout cela ne fut écrit comme cela coule ici, lentement, afin que la méchante écriture de l'auteur ne gâte pas sa prose. Non, monsieur, les paroles de Santos se bousculaient en sortant, les unes sur les autres, bredouillantes, sans queue ni tête. Sa belle épouse avait déjà l'oreille tellement faite à la façon de parler de son mari, principalement dans les moments d'émotion ou de curiosité, qu'elle comprenait tout, et elle continuait à dire non. La tête et le doigt soulignaient la négation. Santos n'eut d'autre solution que de prendre congé.

En chemin, il réalisa que puisqu'il ne croyait pas à la métisse, il était vain de réclamer la prédiction. Plus encore : c'était donner raison à sa femme. Il se promit de ne rien demander en rentrant. Il ne se promit pas d'oublier, d'où l'obstination avec laquelle il pensa à l'oracle. Du reste, elles lui diraient tout sans qu'il eût à demander quoi que ce soit, et cette certitude lui rendit la paix.

N'en conclus pas que les clients de la banque aient souffert quelque négligence dans leurs affaires. Tout se passa bien, comme s'il n'avait ni femme ni enfants, ou comme s'il n'existait ni Castelo ni métisse. Sa main n'était pas seule à faire son travail, en signant ; sa bouche parlait, ordonnait, appelait et riait s'il le fallait. Cependant l'anxiété était présente et les silhouettes passaient et repassaient devant lui ; entre deux traites, Santos résolvait une chose ou une autre, quand ce n'était pas deux à la fois. En montant dans la voiture, le soir, il se raccrocha totalement à l'oracle. Il avait les mains sur le pommeau, la canne entre les genoux, comme le matin, mais il pensait au destin de ses fils.

Lorsqu'il arriva à la maison, il vit Natividade qui contemplait les petits, chacun dans son berceau et les nourrices à leur pied, quelque peu étonné de l'insistance avec laquelle elle les poursuivait depuis le matin. Et elle ne faisait pas que les regarder ou laisser errer son regard dans l'espace et dans le temps ; elle les embrassait aussi et les serrait sur son cœur. J'ai oublié de dire que le matin, Perpétua s'était changée avant sa sœur et l'avait trouvée devant les berceaux, habillée comme elle l'était en revenant du Castelo.

— J'ai tout de suite compris que tu étais avec les grands hommes, dit-elle.

— J'y suis, mais je ne sais pas en quoi ils seront grands.

— En quoi que ce soit, allons déjeuner.

Pendant le déjeuner et la journée, elles parlèrent beaucoup de la métisse et de la prédiction. Maintenant, en voyant entrer son mari, Natividade lut dans ses yeux la dissimulation. Elle voulut se taire et attendre, mais elle était si anxieuse de tout lui dire, et elle était si bonne, qu'elle décida le contraire. Seulement, elle n'eut pas le temps de mettre la chose à exécution ; avant même qu'elle n'ait commencé, il finissait de lui demander de quoi il s'agissait ; Natividade rapporta la montée, la consultation, la réponse et le reste ; elle décrivit la métisse et son père.

— Mais alors, de grands destins ?

— Choses à venir, répéta-t-elle.

— Évidemment à venir. Il n'y a que la question de la dispute que je ne comprends pas. Se disputer pourquoi ? Et se disputer comment ? Et se sont-ils vraiment disputés ?

Natividade évoqua ses souffrances du temps de la gestation, et avoua qu'elle n'en avait pas parlé davantage pour ne pas l'inquiéter ; c'était naturellement cela que l'autre avait deviné comme dispute.

— Mais dispute pourquoi ?

— Je n'en sais rien, et je ne crois pas que ç'ait été bien méchant.

— Je vais consulter...

— Consulter qui ?

— Quelqu'un.

— Je sais, ton ami Placido.

— Si ce n'était qu'un ami, je ne le consulterais pas, mais il est mon chef et maître, il a une vue claire et pénétrante, don du ciel... Je le consulte en ne parlant que d'une hypothèse, je ne donne pas nos noms...

— Non, non et non !

— En ne parlant que d'une hypothèse.

— Non, Agostinho, n'en parle pas. N'interroge personne à mon sujet, tu entends ? Va, promets que tu n'en parleras à personne, spirite ou ami. Il vaut mieux se taire. Il suffit de savoir qu'ils auront un destin heureux. Grands hommes, choses à venir... Jure, Agostinho.

— Mais n'es-tu pas allée toi-même voir la métisse ?

— Elle ne me connaît pas, elle ne sait pas mon nom ; elle m'a vue une seule fois et ne me reverra plus. Va, jure !

— Tu es étrange. Bon, je promets. Quel mal y aurait-il à parler, ainsi, par hasard ?

— Je ne veux pas. Jure !
— Tu crois que cela mérite de jurer ?
— Sinon, je n'ai pas confiance, dit-elle en souriant.
— Je jure.
— Jure sur Notre Seigneur !
— Je jure sur Notre Seigneur.

11

Un cas unique

Santos avait la conviction qu'un serment était sacré, c'est pourquoi il résista, mais finit par céder et jura. Cependant, ne devait plus le quitter la pensée de la dispute utérine de ses fils. Il voulut l'oublier. Ce soir-là, il joua comme d'habitude ; le lendemain, il alla au théâtre, ensuite il rendit une visite ; et enfin revint à l'hombre habituel, toujours en compagnie de la dispute. C'était un mystère. Peut-être était-ce un cas unique... Unique ! Un cas unique ! La singularité du cas le fit se cramponner encore plus à l'idée, ou l'idée à lui ; il m'est impossible de donner une meilleure explication à ce phénomène intime qui se passa là où ne pénètre point le regard de l'homme et où ne suffisent ni réflexions ni conjectures. Grâce à quoi, cela ne dura pas longtemps. Le premier dimanche, Santos se prit en main et se rendit à la maison du Docteur Placido, rue du Senador Vergueiro, maison basse à trois fenêtres, avec beaucoup de terrain du côté de la mer. Je crois qu'elle n'existe plus ; elle datait du temps où la rue s'appelait encore le Chemin Vieux, pour le distinguer du Chemin Neuf.

Pardonne-moi ces détails. L'action pourrait couler sans eux, mais je veux que tu saches de quelle maison il s'agissait, et de quelle rue, et de plus j'ajoute qu'il y avait une espèce de club, temple ou quoi que ce soit de spirite. Placido en était en même temps le prêtre et le président. C'était un vieillard à grande barbe, à l'œil bleu et brillant, glissé dans une longue chemise de soie. Mets-lui un bâton à la main, et il a tout d'un magicien, mais en vérité, ce n'était pas pour avoir cet aspect qu'il portait la barbe et la chemise. Au contraire de Santos, qui aurait changé dix fois de tête s'il n'y avait eu opposition de sa femme, Placido portait la barbe depuis sa jeunesse et la chemise depuis dix ans.

— Venez, venez, dit-il, aidez-moi à convertir notre ami Aires ; il y a une demi-heure que j'essaie de lui inculquer les vérités éternelles, mais il résiste.

— Non, non, je ne résiste pas, répliqua un homme de près de quarante ans, en tendant la main au nouveau venu.

12

Cet Aires

Cet Aires qui apparaît maintenant conserve encore quelques-unes des vertus de cette époque, et presque aucun de ses vices. N'attribue point un tel état de choses à un quelconque dessein. Ne crois pas qu'il y va un brin d'hommage à la modestie de l'individu. Non, Monsieur, c'est la pure vérité et un effet naturel. En dépit de ses quarante ans, ou quarante-deux, et peut-être même à cause d'eux, c'était un beau type d'homme. Diplomate de carrière, il était arrivé quelques jours auparavant du Pacifique, pour un congé de six mois.

Je ne m'attarde pas à le décrire. Imagine seulement qu'il avait le cal du métier, le sourire approbateur, la voix douce et caressante, l'air de circonstance, l'expression adéquate, le tout si bien réparti que c'était un plaisir de l'entendre et de le voir. Peut-être la peau de son visage rasé était-elle prête à montrer les premières marques du temps. Même ainsi, la moustache juvénile par sa couleur et la recherche avec laquelle elle se terminait en pointes fines et rigides donnerait un air de fraîcheur au visage lorsqu'arriverait le demi-siècle. De même pour ses cheveux, vaguement grisonnants, séparés au milieu. En haut de la tête, un début de calvitie. A la boutonnière, une fleur éternelle.

Il fut un temps — à l'occasion de son précédent congé, alors qu'il n'était que secrétaire de légation, — il fut un temps où lui aussi aima Natividade. Ce ne fut pas à proprement parler une passion ; il n'était pas homme à cela. Il l'aima, comme on aime d'autres bijoux et raretés, mais à peine vit-il qu'il n'était pas accepté qu'il changea de conversation. Ce n'était ni de la faiblesse ni de la froideur. Il aimait assez les femmes, et plus encore si elles étaient belles. La question pour lui était qu'il ne les voulait pas par force et ne prenait pas la peine de les persuader. Il n'était pas le général des assauts à vue ou des sièges prolongés ; il se contentait de simples promenades militaires — longues ou brèves, selon que le temps était clair ou sombre. Extrêmement conciliant, en somme.

Coïncidence intéressante : ce fut alors que Santos pensa à le marier à sa belle-sœur, veuve depuis peu. Il semble qu'elle ait été d'accord. Natividade s'y opposa, on ne sut jamais pourquoi. Ce n'était pas de la jalousie ; de l'envie, je ne crois pas. Le simple désir de ne pas le voir entrer dans la famille par la porte latérale n'est qu'une image, qui vaut n'importe laquelle des premières hypothèses repoussées. La contrariété de le céder à une autre, ou de les voir heureux près d'elle, c'était improbable, bien que le cœur soit l'abîme des abîmes. Supposons que c'était dans le but de le punir de l'avoir aimée. C'est possible ; en tout cas, le plus grand obstacle serait venu de lui-même. Bien que veuf, Aires n'avait pas été exactement marié. Il n'aimait pas le mariage. Il se maria pour les nécessités du métier ; il pensa qu'il valait mieux être diplomate marié que célibataire et demanda en mariage la première jeune fille qui lui parut convenir à son destin. Il se trompa ; la différence de tempérament et d'esprit était telle que pour lui, vivre avec sa femme était comme vivre seul. La perdre ne l'affligea point ; il avait la carrure du célibataire endurci.

Il était conciliant, je le répète, quoique ce mot n'exprime pas exactement ce que je veux dire. Il avait le cœur prêt à tout accepter, non par penchant à l'harmonie, mais par ennui de la controverse. Pour connaître cette aversion, il suffisait de l'avoir vu arriver auparavant en visite chez le couple Santos. Des gens de l'extérieur et des membres de la famille parlaient de la métisse du Castelo.

— Vous arrivez à propos, conseiller, dit Perpétua. Que pensez-vous de la métisse du Castelo ?

Aires ne pensait rien, mais comprit que les autres pensaient quelque chose, et il eut un geste hybride. Comme on insistait, il ne choisit aucune des deux opinions, en trouva une autre, intermédiaire, qui contenta les deux partis, chose rare en matière d'opinions intermédiaires. Tu sais que leur destin est d'être dédaignées. Mais cet Aires — José da Costa Marcondes Aires — estimait que dans les controverses une opinion dubitative ou intermédiaire peut avoir l'effet d'une pilule, et composait les siennes de telle sorte que le malade, s'il ne guérissait pas, ne mourait pas non plus, et c'est là le mieux que puissent faire les pilules. Ne lui en veuille pas pour autant, un remède amer s'avale avec du sucre. Aires opina avec lenteur, délicatesse et circonlocutions, nettoyant son monocle de son mouchoir de soie, laissant tomber goutte à goutte des paroles graves et obscures, les yeux fixés en l'air comme qui cherche un souvenir, le trouve, et en complète son opinion. L'un des auditeurs l'accepta aussitôt, un autre divergea un peu et finit par être d'accord, puis un troisième, et un quatrième, et le salon tout entier.

Ne crois pas qu'il n'était pas sincère, il l'était. Quand il lui arrivait d'avoir une opinion différente de celle des autres et qui méritait d'être écrite, il l'écrivait. Il avait aussi l'habitude de conserver par écrit ses découvertes, observations, réflexions, critiques et anecdotes, ce pour quoi il avait une série de cahiers auxquels il donnait le nom de *Mémorial*. Ce soir-là, il écrivit ces lignes :

« Soirée chez les Santos, sans hombre. On a parlé de la métisse du Castelo. Je soupçonne Natividade ou sa sœur de vouloir la consulter, et sûrement pas à mon sujet.

« Natividade et un gros homme mûr qui était là, un certain Père Guedes, étaient les seules personnes intéressantes de la soirée. Le reste, insipide, mais insipide par nécessité, car ne pouvant être autre chose qu'insipide. Quand le Père et Natividade m'abandonnaient à l'insipidité des autres, je tentais de la fuir par la mémoire, en évoquant des sensations, en faisant revivre des scènes, des voyages, des personnes. C'est ainsi que je pensai à la Capponi, que j'ai vue de dos aujourd'hui rue de la Quitanda. Je l'ai connue ici dans le défunt Hôtel S. Pedro, il y a des années. Elle était danseuse ; je l'avais moi-même déjà vue danser à Venise. Pauvre Capponi ! En marchant, son pied gauche sortait de la chaussure et laissait voir au talon de son bas un petit trou de nostalgie.

« Je suis finalement revenu à l'éternelle insipidité des autres. Je n'arrive pas à saisir comment cette femme, par ailleurs si fine, peut organiser des soirées comme celle d'aujourd'hui. Ce n'est pas que les autres n'aient pas essayé d'être intéressants, et si les intentions comptaient, aucun livre ne les vaudrait ; mais ils ne l'étaient pas, pour autant qu'ils aient essayé. Enfin, ils sont ainsi ; espérons d'autres soirées qui puissent apporter de meilleurs sujets sans aucun effort. Ce que l'on reçoit au berceau, on le garde jusqu'au tombeau, dit un de nos vieux adages. En tronquant un vers de mon Dante, je peux écrire de ces insipides :

Dico, che quando l'anima mal nata...

13

L'épigraphe

Eh bien, voilà justement l'épigraphe du livre, si je voulais lui en donner une et qu'il ne m'en vienne pas d'autre. Ce n'est pas seulement un moyen de compléter les personnages du récit par les idées qu'ils pourront laisser, c'est aussi une paire de lunettes pour permettre au lecteur du livre de percer ce qui serait moins clair ou totalement obscur.

D'un autre côté, il est profitable que les personnages de mon histoire y collaborent, en aidant l'auteur, par une loi de solidarité, une espèce d'échange de services entre le joueur d'échecs et ses pièces.

Si tu acceptes la comparaison, tu distingueras le roi et la dame, le fou et le cavalier, sans que le cavalier puisse prendre la place de la tour et la tour celle du pion. Il y a encore la différence de couleur, blanche et noire, mais ce n'est pas elle qui empêche chaque pièce d'avancer, et en fin de compte les unes ou les autres peuvent gagner la partie, et ainsi va le monde. Peut-être serait-il bon de donner ici de temps à autre, comme dans les comptes rendus du jeu, un diagramme des positions brillantes ou difficiles. Comme il n'y a pas d'échiquier, ce procédé est d'une grande aide pour suivre les coups, mais il se peut aussi que tu aies assez bon œil pour retrouver dans ta mémoire les diverses situations. Je crois que oui. Foin de diagrammes ! Tout se passera comme si tu avais réellement vu se jouer la partie entre un personnage et l'autre, ou plus clairement entre Dieu et le Diable.

14

La leçon du disciple

— Restez, restez, conseiller, dit Santos, en serrant la main du diplomate. Apprenez les vérités éternelles.

— Les vérités éternelles demandent des heures éternelles, observa ce dernier, en regardant sa montre.

Cet Aires n'était pas facile à vaincre. Placido lui parla de lois scientifiques pour exclure toute tache de secte et Santos le suivit. Toute la terminologie spirite y passa, plus les cas, phénomènes, mystères, témoignages, attestations verbales et écrites. Santos apporta sa contribution par un exemple : deux esprits pouvaient revenir ensemble en ce monde ; et s'ils se disputaient avant de naître ?

— Avant de naître, des enfants ne se disputent pas, répliqua Aires, modérant le sens affirmatif par l'intonation dubitative.

— Alors, vous niez que deux esprits ?... Là, je ne suis pas d'accord, conseiller ! Qu'est-ce donc qui empêche que deux esprits ?...

Aires vit l'abîme de la controverse et échappa au vertige par une concession, en disant :

— Esaü et Jacob se sont disputés dans le sein maternel, c'est vrai. On connaît la cause du conflit. Quant à d'autres, s'il arrive qu'ils se disputent aussi, le tout est d'en connaître le pourquoi, et comme on ne le connaît pas, parce que la Providence le dérobe à la connaissance humaine... S'il s'agissait d'une cause spirituelle, par exemple...

— Par exemple ?

— Par exemple si les deux enfants voulaient s'agenouiller en même temps pour adorer le Créateur. Voilà un cas de conflit, mais de conflit spirituel, dont les processus échappent à la perspicacité humaine. Il pourrait s'agir aussi d'un motif temporel. Supposons qu'il leur faille se bousculer pour être mieux installés. C'est une hypothèse que la science accepterait, c'est-à-dire, je ne sais... Il y a aussi le cas où tous deux voudraient la primogéniture.

— Pourquoi, demanda Placido.

— Bien que ce privilège soit aujourd'hui réduit aux familles royales, à la Chambre des Lords, et à je ne sais qui d'autre, il a toutefois une valeur symbolique. Le simple plaisir de naître le premier, sans autre avantage social ou politique, peut venir par instinct, surtout si les enfants sont destinés à gravir les hauteurs de ce monde.

Santos tendit l'oreille à ces mots en se rappelant les « choses à venir ». Aires dit encore quelques belles paroles, et en ajouta de moins belles, admettant que la dispute pouvait présager de graves conflits sur terre ; mais il tempéra aussitôt cette opinion par cette autre :

— Peu importe ; n'oublions pas ce que disait un ancien, que « la guerre est mère de toutes choses ». A mon avis, Empédocle en se référant à la guerre, ne l'a pas fait seulement au sens technique. On peut dire aussi de l'amour, qui est le premier des arts de la paix, qu'il est un duel, non de mort, mais de vie, — conclut Aires avec un sourire retenu, comme l'était le ton de sa voix, et il prit congé.

15

« *Teste David cum Sibylla* »

— Et alors ? dit Santos. Ne croyez-vous pas qu'au lieu d'apprendre, c'est à nous que le conseiller fait une leçon ? Je trouve qu'il a donné de bonnes raisons.

— Tout au moins plausibles, compléta Maître Placido.

— Dommage qu'il soit parti, continua Santos, mais heureusement mon cas est de votre ressort. Je viens vous consulter, et vos lumières sont les plus vraies de ce monde.

Placido remercia en souriant. L'éloge n'était pas nouveau, loin de là ; mais il était tellement habitué à l'entendre que le sourire était déjà antique. Il ne pouvait s'empêcher de payer ses disciples de cette monnaie.

— Il s'agit...

— Il s'agit de ceci. Cette hypothèse que j'ai formulée est un fait réel ; c'est arrivé à mes fils.

— Comment ?

— C'est du moins ce que je crois, et je suis venu justement pour que vous m'expliquiez. Je ne vous en ai jamais parlé de peur que vous trouviez cela absurde, mais j'ai réfléchi, et je soupçonne qu'une telle dispute a eu lieu et que c'est un cas extraordinaire.

Santos exposa alors le sujet de la consultation, gravement, avec une façon particulière qu'il avait de rouler de grands yeux pour rendre plus grande la nouvelle. Il n'oublia et ne cacha rien ; il raconta même la visite de sa femme au Castelo, avec dédain, il est vrai, mais point par point. Placido écoutait attentivement, posant des questions, revenant en arrière, et finit par méditer quelques minutes. Enfin, il déclara que le phénomène, s'il s'était produit, était rare, sinon unique, mais possible. Déjà le fait de s'appeler Pedro et Paulo indiquait quelque rivalité, puisque ces deux apôtres aussi s'étaient disputés.

— Pardon, mais le baptême...

— A été postérieur, je le sais, mais les prénoms peuvent avoir été prédestinés, d'autant plus que leur choix, vous me l'avez dit, est venu d'une inspiration de la tante des enfants.

— Justement.

— Dona Perpétua est très dévote.

— Très.

— Je crois que les esprits de S. Pedro et S. Paulo eux-mêmes ont choisi cette dame pour inspirer les prénoms qui sont dans le Credo ; notez qu'elle dit souvent le Credo, mais que ce fut seulement cette fois-là qu'ils la frappèrent.

— Exact, exact !

Le docteur alla à sa bibliothèque et prit une Bible, reliée de cuir avec de grands fermoirs de métal. Il ouvrit l'Épître de saint Paul « aux Galates » et lut le passage du Chapitre II verset 11, où l'apôtre raconte qu'allant à Antioche, où se trouvait saint Pierre, il « lui tint tête ».

Santos lut et eut une idée. Les idées demandent à être fêtées lorsqu'elles sont belles, et examinées lorsqu'elles sont neuves ; la sienne était à la fois neuve et belle. Ébloui, il leva le bras et frappa la feuille de sa main en criant :

— Sans compter que ce chiffre *onze* du verset, composé de deux chiffres égaux, 1 et 1, est un nombre jumeau, ne croyez-vous pas ?

— Justement. Et plus encore : le chapitre est le second, c'est-à-dire, deux, qui est le chiffre même des frères jumeaux.

Le mystère engendre le mystère. Il y avait plus d'un lien intime, essentiel, caché, qui reliait tout. Dispute, Pierre et Paul, frères jumeaux, chiffres jumeaux, le tout formant les eaux de mystère qu'ils fendaient maintenant en nageant et en agitant les bras avec force. Santos plongea plus profondément : les deux enfants ne seraient-ils pas les esprits mêmes de saint Pierre et saint Paul, qui renaissaient maintenant, et lui, le père des deux apôtres ?... La foi transfigure ; Santos avait un air presque divin, il se hissa à l'intérieur de lui-même, et ses yeux, d'ordinaire sans expression, semblaient répandre la flamme de vie. Père d'apôtres et quels apôtres ! Placido fut presque, presque, sur le point de croire aussi, il se trouvait plongé dans une mer trouble et sombre, où se perdaient les voix de l'infini, mais il réalisa aussitôt que les esprits de saint Pierre et saint Paul avaient atteint la perfection et ne reviendraient pas. Peu importe, c'en seraient d'autres, grands et nobles. Leur destin pouvait être brillant ; la métisse avait raison, sans savoir ce qu'elle disait.

— Laissez ces dames à leurs croyances d'enfant, conclut-il ; si elles ont foi en cette femme du Castelo, et si elles trouvent qu'elle véhicule la vérité, ne les démentez pas pour le moment. Dites-leur que je suis d'accord avec son oracle. *Teste David cum Sibylla.*

— Je vais le leur dire ! Écrivez la phrase.

Placido alla jusqu'à son bureau, écrivit le vers et lui donna le papier, mais Santos venait de réaliser que le montrer à sa femme était avouer la consultation spirite, et naturellement le parjure. Il rapporta à son ami les scrupules de Natividade et lui demanda de tout taire.

— Si vous la rencontrez, ne lui dites rien de ce qui s'est passé entre nous.

Il partit aussitôt, contrit de l'indiscrétion, mais ébloui par la révélation. Il était empli de chiffres des Écritures, de Pierre et Paul, d'Esaü et Jacob. L'air de la rue ne put épousseter la poussière du mystère, au contraire, le ciel bleu, la plage tranquille, les montagnes vertes semblaient l'entourer et le couvrir d'un voile plus transparent et infini. Le combat des enfants, fait rare ou unique, était une distinction divine. Contrairement à son épouse, qui ne s'occupait que de la grandeur future de ses fils, Santos pensait au conflit passé.

Il rentra à la maison, se précipita sur les enfants et les caressa avec une expression si étrange que leur mère se douta de quelque chose et voulut savoir ce qui se passait.

— Ce n'est rien, répondit-il en riant.

— Il y a quelque chose, va, dis-le.

— Que veux-tu qu'il y ait ?

— Quoi que ce soit, Agostinho, dis-le.

Santos lui demanda de ne pas se fâcher et raconta tout, le destin, le combat, les Écritures, les Apôtres, le symbole, le tout si confusément qu'elle put difficilement comprendre mais comprit finalement, et répliqua les dents serrées :

— Ah ! toi, toi !

— Pardon, ma très chère ; j'étais si anxieux de savoir la vérité... Et remarque que je crois à la métisse, et le docteur également ; il m'a même écrit cela en latin, conclut-il en sortant le bout de papier qu'il lut : *Teste David cum Sibylla.*

16

Paternalisme

Peu après, Santos prit la main de sa femme, qui la lui abandonna sans serrer la sienne ; tous deux fixaient les enfants, ayant oublié la fâcherie pour n'être plus que parents.

Ce n'était déjà plus du spiritisme, ou quelque autre religion nouvelle, c'était la plus vieille de toutes, fondée par Adam et Eve, que tu appelleras, si tu veux, paternalisme. Ils priaient sans paroles, se signaient sans doigts, espèce de cérémonie immobile et muette qui embrassait le passé et le futur. Qui en était le prêtre, qui le sacristain, je ne sais, et cela importe peu. La messe, elle, était la même, et l'évangile commençait comme celui de saint Jean (corrigé) : « Au commencement était l'amour, et l'amour s'est fait chair. » Mais venons-en à nos jumeaux.

17

Tout ce que je gomme

Les jumeaux n'ayant rien d'autre à faire, tétaient. Dans cette fonction, ils se conduisaient sans rivalité, excepté lorsque leurs nourrices étaient en bon terme, et qu'ils tétaient tout près l'un de l'autre : chacun semblait alors vouloir montrer qu'il tétait plus et mieux, promenant ses doigts sur le sein ami et suçant avec ardeur. Elles, de leur côté, étaient fières de leur poitrine et la comparaient ; les petits, repus, finissaient par abandonner le sein et leur souriaient.

N'eût été l'obligation de présenter les enfants debout, grandis et devenus des hommes, j'aurais laissé couler ce chapitre. En vérité, le spectacle, bien que commun, était beau. Ces polissons se nourrissaient à l'inverse de leurs parents, sans l'art du cuisinier, et sans la vue des nourritures et des boissons, les unes et les autres placées dans le cristal et la porcelaine pour adoucir ou embellir la dure nécessité de manger. Leur nourriture, on ne la voyait pas ; la bouche attachée au sein ne laissait pas apparaître le lait. La nature exprimait sa satisfaction par le rire ou par le sommeil. Quand c'était le sommeil, chacune mettait son petit dans le berceau, et allait s'occuper d'autre chose. Cette comparaison m'aurait donné trois ou quatre pages solides.

Une page aurait suffi pour les hochets qui ravissaient les enfants, comme une musique céleste. Ils souriaient, tendaient les mains, se fâchaient parfois sous les agaceries, mais du moment qu'on les leur donnait, se taisaient, et s'ils ne pouvaient jouer, ne s'en fâchaient pas pour autant. A propos de hochets, je dirais que ces instruments ne laissent aucun souvenir ; quelqu'un qui les voit dans les mains des petits enfants et croit qu'ils lui rappellent les siens, tombe aussitôt dans l'erreur, et réalise que le souvenir doit être plus récent, quelque querelle de l'an passé, à moins que ce ne soit la vache porteuse de lait entendue la veille.

L'opération de sevrage pourrait être faite en une demi-ligne, mais les lamentations des nourrices, les adieux, les pendentifs en or que la mère donna à chacune en cadeau final, tout cela demanderait une bonne page ou plus... Peu de lignes suffiraient pour les gouvernantes, car je ne dirais pas si elles étaient grandes ou petites, laides ou jolies. Elles étaient calmes, zélées dans leur travail, amies des petits et bientôt l'une de l'autre. Chevaux de bois, petits drapeaux, théâtre de marionnettes, bonnets et tambours, toute la quincaillerie de l'enfance occuperait beaucoup plus de place que leur nom.

Tout cela, je le gomme seulement pour ne pas ennuyer la lectrice curieuse de voir mes petits faits hommes. Nous allons les voir, ma chère. Encore un peu et ils seront grands et forts. Ensuite, je les livre à eux-mêmes : à eux d'ouvrir par l'épée ou par la parole, ou simplement du coude, le chemin de la vie et du monde.

18

De la façon dont ils grandirent

Les voilà qui grandissent. La ressemblance, bien qu'on ne les confondît plus, continuait à être grande. Les mêmes yeux clairs et attentifs, la même bouche pleine de grâce, les mains fines, et une couleur vive sur les joues qui les faisait paraître teintées de sang. Ils avaient une bonne santé ; excepté la crise des dents, ils n'eurent aucune maladie ; je tais quelques indigestions de gâteaux que leurs parents leur donnaient ou qu'ils prenaient en cachette. Tous deux étaient gourmands, Pedro plus que Paulo, et Paulo plus que quiconque.

A sept ans, ils étaient deux chefs-d'œuvre, ou plutôt un seul en deux volumes, si tu préfères. En vérité, il n'y avait dans toute cette plage, pas plus qu'à Flamengo ou Glória, Cajus et autres alentours, il n'y avait pas un enfant — et encore moins deux — aussi gracieux. Remarque qu'ils étaient également robustes. Pedro d'un coup de poing renversait Paulo ; en contrepartie, Paulo étendait Pedro sur le sol d'un coup de pied. Au jardin, ils s'affrontaient souvent à la course. Ils eurent quelques velléités de grimper aux arbres, mais leur mère l'interdisait : ce n'était pas convenable. Ils se contentaient de surveiller les fruits d'en bas.

Paulo était plus agressif, Pedro plus sournois, et comme tous deux finissaient par manger les fruits des arbres, c'était un négrillon qui grimpait les chercher, avec la chiquenaude de l'un ou une promesse de l'autre. La promesse n'était jamais tenue, la chiquenaude — étant donnée par anticipation — l'était toujours, et parfois répétée après le service. Je ne veux pas dire par là que l'un et l'autre des jumeaux n'étaient pas capables d'attaquer et de dissimuler ; la différence est que chacun connaissait mieux son goût, chose si évidente qu'il coûte de l'écrire.

Ils obéissaient sans grand effort à leurs parents, bien que têtus. Ils ne mentaient pas plus que d'autres enfants de la ville. En fin de compte, le mensonge est parfois une demi-vertu. Ainsi, lorsqu'ils avaient dit ne pas avoir vu voler une montre de leur mère, cadeau du père au temps de leurs fiançailles, ils avaient menti consciemment, parce qu'ils avaient surpris en pleine action de vol l'employée qui la déroba. Mais elle était tellement leur amie, et elle leur demanda avec de telles larmes de ne rien dire à personne, que les jumeaux nièrent absolument avoir vu quoi que ce soit. Ils avaient sept ans. A neuf ans, alors que la fille était loin, ils avouèrent, je ne sais à quel propos, l'affaire cachée. Leur mère voulut savoir pourquoi ils s'étaient tus autrefois ; ils ne surent pas s'expliquer, mais il est clair que le silence de 1878 fut l'œuvre de l'affection et de la pitié ; d'où la demi-vertu, car c'est déjà quelque chose de payer l'amour avec de l'amour. Quant à la révélation de 1880, elle ne peut s'expliquer que par la distance du temps. La brave Miquelina n'était plus là ; peut-être était-elle déjà morte. Et puis l'allusion était venue si naturellement...

— Mais pourquoi ne m'avez-vous rien dit jusqu'à maintenant ? insistait la mère.

Ne sachant plus quelle raison donner, l'un d'eux, Pedro je crois, décida d'accuser son frère :

— C'était lui, maman !

— Moi ? répliqua Paulo. C'est lui, maman, c'est lui qui n'a rien dit.

— C'est toi !

— C'est toi, ne mens pas !

— C'est lui qui ment !

Ils se jetèrent l'un sur l'autre. Natividade s'interposa prestement, sans empêcher toutefois l'échange des premiers coups. Elle leur saisit les bras à temps pour en éviter d'autres, et au lieu de les punir ou de les menacer, elle les embrassa avec une telle tendresse qu'ils ne trouvèrent pas meilleure occasion pour lui demander des gâteaux. Ils eurent des gâteaux, ils eurent aussi une promenade, le soir, dans la voiture de leur père.

Au retour, ils étaient amis ou réconciliés. Ils racontèrent à leur mère la promenade, les gens dans la rue, les autres enfants qui les regardaient avec envie, l'un avec le doigt dans la bouche, un autre dans le nez, et les jeunes filles qui étaient aux fenêtres, et certaines qui les avaient trouvés jolis. Sur ce dernier point, ils étaient en désaccord, car chacun prenait pour lui seul les admirations, mais leur mère intervint :

— C'était pour les deux. Vous êtes si semblables que ce ne pouvait être que pour les deux. Et savez-vous pourquoi les jeunes filles vous ont fait des compliments ? C'est parce qu'elles voyaient que vous étiez amis l'un de l'autre. De jolis enfants ne se disputent pas, encore moins s'ils sont frères. Je veux vous voir sages et amis, jouer ensemble sans bagarre ni rien de ce genre. C'est compris ?

Pedro répondit que oui ; Paulo laissa sa mère répéter la question, et donna la même réponse. Enfin, parce qu'elle le demandait, ils s'embrassèrent, mais ce fut une embrassade sans élan, sans force, presque sans bras ; ils s'appuyèrent l'un à l'autre, chacun mit sa main sur le dos de son frère, et la laissa retomber.

Le soir, dans la chambre, chacun d'eux conclut en lui-même qu'il devait les faveurs de l'après-midi, gâteaux, baisers et voiture, à la dispute qu'ils avaient eue, et qu'une autre dispute pouvait rapporter autant ou plus. Sans paroles, comme une romance au piano, ils décidèrent de se sauter à la figure, à la première occasion. Ce qui devait être un piège tendu à la tendresse de leur mère fit naître au cœur de chacun d'eux une sensation particulière, qui n'était pas seulement consolation et revanche du coup de poing reçu ce jour-là, mais aussi satisfaction d'un désir intime, profond, nécessaire. Sans haine, ils dirent encore quelques mots de lit à lit, rirent de quelque souvenir de la rue, jusqu'à ce que vînt le sommeil, à pas feutrés et bouche cousue, qui s'empara de l'alcôve tout entière.

19

Rien que deux – Quarante ans – Troisième cause

L'un de mes buts dans ce livre est de ne pas y mettre de larmes. Impossible cependant de taire les deux qui jaillirent une fois des yeux de Natividade, après une dispute des petits. Rien que deux, et qui s'en allèrent mourir au coin de sa bouche. Avalées aussitôt que versées, nouvelle version, à rebours et en paroles muettes, de la fin de ces histoires d'enfants : « Elle est entrée par une oreille, sortie par l'autre, le roi notre seigneur ordonne d'en raconter une autre. » Et le deuxième enfant racontait une deuxième histoire, le troisième une troisième, le quatrième une quatrième, jusqu'à ce que vînt l'ennui ou le sommeil. Des personnes qui datent du temps où l'on racontait de telles histoires affirment que les enfants ne mettaient dans cette formule aucune idée monarchique, fût-elle absolue ou constitutionnelle ; c'était une façon d'enchaîner leur *Decameron* à eux, hérité du vieux royaume portugais, lorsque les rois ordonnaient ce qu'ils voulaient et que la nation disait que c'était très bien.

Les deux larmes avalées, Natividade rit de sa propre faiblesse. Elle ne se traita pas d'idiote parce que ces épanchements sont peu usités, même en privé ; mais dans le secret de son cœur, tout au fond, là où ne pénètre point le regard humain, je crois qu'elle ressentit quelque chose qui ressemblait à cela. N'ayant pas de preuve évidente, je me limite à défendre notre dame.

En vérité, n'importe quelle autre passerait sa vie à trembler pour le destin de ses fils, puisqu'il y avait eu la dispute antérieure et intérieure. Maintenant les luttes étaient plus fréquentes, les mains de plus en plus expertes, et tout laissait craindre qu'ils ne finissent par s'étriper l'un l'autre... Mais surgissait alors l'idée de la grandeur et de la prospérité — choses à venir ! — et cette espérance était comme un mouchoir qui viendrait sécher les yeux de la belle dame. Les sibylles n'auront pas parlé que du mal, les Prophètes non plus, mais aussi du bien, surtout du bien.

Avec ce mouchoir vert elle sécha ses yeux, et elle devait avoir d'autres mouchoirs, si celui-ci se déchirait ou s'abîmait ; l'un par exemple, non pas vert comme l'espérance, mais bleu comme était son âme. Je ne vous ai pas encore dit que l'âme de Natividade était bleue. Voilà qui est fait. Un bleu céleste, clair et transparent, qui parfois s'assombrissait, était rarement tempétueux, et que jamais la nuit n'obscurcissait.

Non, lecteur, je n'ai pas oublié l'âge de notre amie ; je m'en souviens comme si c'était hier. Elle était arrivée ainsi à quarante ans. Peu importe ; le ciel est plus vieux et n'a pas changé de couleur. Du moment que tu n'attribues au bleu de son âme aucune signification romantique, le compte est bon. C'est à peine si le jour où elle atteignit cet âge notre dame ressentit un frisson. Que s'était-il passé ? Rien, un jour de plus que la veille, quelques heures à peine. Rien qu'une question de chiffre et moins que de chiffre, le nom du chiffre, ce mot « quarante », voilà l'unique mal. D'où la mélancolie avec laquelle elle dit à son mari, en le remerciant de son cadeau d'anniversaire : « Je suis vieille, Agostinho ! » Santos fit semblant de l'étrangler en jouant.

Il aurait eu bien tort de l'étrangler. Natividade avait toujours les formes du temps où elle n'était pas encore mère, la même flexibilité, la même grâce menue et vive. Elle gardait l'allure de ses trente ans. La couturière mettait en relief tous les autres attributs du modèle et lui en prêtait encore quelques-uns de son sac. Sa taille s'obstinait à ne pas vouloir s'épaissir et ses hanches et sa gorge avaient le capitonnage d'antan.

Il est des pays où l'été se confond avec l'automne, comme il arrive chez nous, où les deux saisons ne diffèrent que par la température. Chez elle, même pas par la température. Mai avait la chaleur de janvier. Elle, à quarante ans, était la même dame verte, avec toujours la même âme bleue.

Cette couleur lui venait de son père et de son grand-père, mais son père était mort tôt, avant le grand-père qui avait atteint les quatre-vingt-quatre ans. A cet âge, il croyait sincèrement que toutes les délices de ce monde, du café du matin aux sommeils paisibles, avaient été inventées uniquement pour lui. Le meilleur cuisinier du monde était né en Chine, dans l'unique but d'abandonner famille, patrie, langue, religion, tout, pour venir griller ses côtelettes et préparer son thé. Les étoiles donnaient à « ses » nuits un aspect splendide, le clair de lune aussi, et la pluie, s'il pleuvait, n'était là que pour le reposer du soleil. Il est maintenant au cimetière de St François Xavier ; si quelqu'un pouvait entendre la voix des morts, du fond des tombeaux, il entendrait la sienne, criant qu'il est temps de fermer la porte du cimetière et de ne laisser entrer personne, puisque lui, il repose déjà là, à tout jamais. Il mourut bleu ; s'il avait atteint les cent ans, il n'aurait pas eu une autre couleur.

Or, si la nature voulait épargner cette dame, la richesse s'alliait à la nature, et de l'une et l'autre sortait la plus belle couleur que pût avoir l'âme humaine. Tout concourait ainsi à sécher ses yeux bien vite, comme nous l'avons vu plus haut. Si elle a bu ces deux larmes solitaires, il se peut qu'elle en ait bu d'autres au cours des années, et cela est encore une preuve de cette teinte spirituelle ; elle montre ainsi qu'elles sont peu nombreuses et qu'elle les avale pour les épargner.

Mais il y avait encore une troisième cause qui donnait à cette dame le sentiment de la couleur bleue, cause si particulière qu'elle mériterait son propre chapitre, et s'il n'y est pas, c'est par économie. C'était le détachement, c'était avoir traversé la vie intacte et pure. Le Cap des Tempêtes s'était fait Cap de Bonne-Espérance, et elle avait franchi la première et la deuxième jeunesses sans que les vents renversent sa nef, sans que les vagues l'engloutissent. Je ne nierais pas que quelque rafale plus forte ait pu arracher sa voile de misaine, comme dans le cas de João de Melo, ou pire encore dans celui d'Aires, mais ce ne furent que bâillements d'Adamastor. Elle redressa la voile aussitôt et laissa là le Géant, entouré par Thétis, tandis qu'elle poursuivait sa route vers l'Inde. Maintenant, elle se souvenait du voyage prospère, elle était fière des vents inutiles et perdus. La mémoire lui apportait le goût du danger passé. Ici était la terre cachée, les deux fils nés, élevés, et aimés de la fortune.

20

Le bijou

Ses quarante et un ans ne lui apportèrent point de frisson. Elle était déjà accoutumée à la quarantaine. Mais un grand étonnement, oui, elle en eut un ; elle s'éveilla et ne vit pas le cadeau coutumier, la « surprise » de son mari auprès du lit. Elle ne la trouva pas sur la coiffeuse, elle ouvrit des tiroirs, épia, rien. Elle crut que son mari avait oublié la date et en fut triste ; c'était la première fois ! Elle descendit en observant ; rien. Dans le bureau, il y avait son mari, silencieux, renfermé, en train de lire les journaux et qui lui tendit à peine la main. Les garçons, bien que ce fût dimanche, étudiaient dans un coin ; ils vinrent lui donner le baiser habituel et retournèrent à leurs livres. La mère jeta encore un coup d'œil dans le bureau pour voir si elle trouvait une gâterie quelconque, tableau ou robe : en vain. Sous l'un des journaux du jour posé sur le fauteuil face à celui de son mari, peut-être... Rien. Elle s'assit alors, et tout en ouvrant le journal elle se disait : « Est-il possible qu'il ne se souvienne pas de ce qu'est aujourd'hui ? Est-ce possible ? » Ses yeux se mirent à lire au hasard, sautant les nouvelles, revenant en arrière...

En face, son mari la guettait, sans s'occuper le moins du monde de ce qu'il semblait lire. Quelques minutes passèrent ainsi. Soudain, Santos vit une expression nouvelle sur le visage de Natividade ; ses yeux semblaient s'agrandir, sa bouche s'entrouvrit, sa tête se dressa, elle leva la tête, lui aussi, tous deux abandonnèrent leur fauteuil, firent deux pas et tombèrent dans les bras l'un de l'autre, comme deux amoureux fous d'amour. Un, deux, trois, une multitude de baisers. Pedro et Paulo, surpris, étaient dans leur coin, debout. Lorsqu'il put parler, le père leur dit :

— Venez baiser la main de Mme la Baronne de Santos. Ils ne comprirent pas tout de suite. Natividade ne savait plus que faire ; elle serrait les mains de ses fils, de son mari, et revenait au journal pour lire et relire que par décret impérial de la veille avait été octroyé à M. Agostinho José dos Santos le titre de Baron de Santos. Elle comprit tout. Le cadeau de ce jour était celui-là ; l'orfèvre, cette fois, avait été l'Empereur.

— Allez, allez, maintenant vous pouvez aller jouer, dit le père aux enfants.

Et les garçons s'en furent répandre la nouvelle à travers la maison. Les domestiques se montrèrent heureux du changement qui touchait leurs maîtres. Les esclaves eux-mêmes semblaient recevoir une parcelle de liberté, et s'en décoraient : « M'dame la Baronne », s'écriaient-ils en sautant. Et João entraînait Maria en jouant des castagnettes avec les doigts : « Mes amis, qui est cette négresse ? Je suis l'esclave de M'dame la Baronne ! »

Mais l'Empereur ne fut pas l'unique orfèvre ; Santos tira de sa poche une petite boîte, avec une broche où la nouvelle couronne rutilait de brillants. Natividade le remercia du bijou et consentit à le mettre pour que son mari pût le voir. Santos se sentait l'auteur du bijou, l'inventeur de la forme et des pierres ; mais il la laissa l'enlever et le ranger aussitôt, et saisit les gazettes pour lui montrer que la nouvelle apparaissait dans toutes, et dans certaines avec adjectifs, des « honorable » par-ci, des « distingué » par-là, etc.

Lorsque Perpétua entra dans le bureau, elle les trouva qui marchaient d'un côté à l'autre, bras autour de la taille, parlant, se taisant, regardant leurs pieds. Elle aussi donna et reçut des embrassades.

La maison tout entière était joyeuse. Dans le jardin, les arbres semblaient plus verts que jamais, les boutons justifiaient les feuilles et le soleil recouvrait la terre d'une clarté infinie. Le ciel, pour ne pas être en reste, demeura bleu toute la journée. Très vite se mirent à arriver des cartons et des lettres de félicitations. Plus tard des visites. Des hommes du barreau, des hommes d'affaires, des hommes de la société, beaucoup de dames, dont certaines titrées, vinrent ou envoyèrent des messages. Certains débiteurs de Santos accoururent aussitôt, d'autres préférèrent persévérer dans l'oubli. Il y eut des noms qu'ils ne purent reconnaître qu'après grande recherche et à coup d'almanachs.

21

Un point obscur

Je sais qu'il existe un point obscur dans le chapitre précédent ; j'écris celui-ci pour l'éclairer.

Lorsque son épouse s'enquit des antécédents et des circonstances du décret, Santos donna les explications demandées. Elles n'étaient sans doute pas toutes strictement exactes ; le temps est un rat rongeur des choses, qui les réduit ou les altère en leur donnant un autre aspect. En outre, la matière était si propice à l'émotion qu'elle rendrait facilement confuse la mémoire. Il y a dans les événements les plus graves beaucoup de détails qui se perdent et d'autres que l'imagination invente pour les remplacer, sans que pour autant meure l'histoire.

Reste à savoir (c'est le point obscur) comment Santos put taire pendant de longs jours une affaire aussi importante pour lui et pour son épouse. En vérité, il fut plus d'une fois sur le point de dire d'un mot ou d'un geste — s'il lui en était venu un — ce secret d'un petit nombre ; mais il y avait toujours une force plus grande qui lui fermait la bouche. Ce fut, semble-t-il, l'expectative d'une joie nouvelle et inattendue qui lui donna le courage de patienter. Dans cette scène du bureau, tout fut composé à l'avance, le silence, l'indifférence, les fils qu'il avait placés là, en train d'étudier un dimanche, seulement pour l'effet de cette phrase : « Venez baiser la main de Madame la Baronne de Santos ! »

22

Et maintenant, un saut

Que les deux jumeaux aient participé à la lune de miel nobiliaire des parents est une chose qui ne demande pas à être écrite. L'amour qu'ils leur portaient suffirait à l'expliquer, mais il faut ajouter que le titre ayant produit sur d'autres enfants deux sentiments opposés, l'un d'estime, l'autre d'envie, Pedro et Paulo en conclurent qu'ils avaient reçu avec lui un mérite spécial. Lorsque plus tard, Paulo adopta des opinions républicaines, il n'enveloppa jamais cette distinction de la famille dans la condamnation des institutions. Les états d'âme qui naquirent là fourniraient la matière d'un chapitre spécial, si je ne préférais maintenant faire un saut et aller en 1886. Le saut est grand, mais le temps est un tissu invisible où l'on peut tout broder, une fleur, un oiseau, une dame, un château, un tombeau. On peut aussi ne rien broder du tout. Rien au-dessus de l'invisible, voilà le travail le plus subtil de ce monde, et peut-être de l'autre.

23

Lorsqu'ils eurent de la barbe

Cette année-là, un soir d'août, alors qu'il y avait quelques personnes à la maison de Botafogo, il arriva que l'une d'entre elles, homme ou femme, je ne sais, demanda aux deux frères quel était leur âge.

Paulo répondit :

— Je suis né lors de l'anniversaire du jour où Pedro Ier a été renversé du trône.

Et Pedro :

— Je suis né lors de l'anniversaire du jour où Sa Majesté est montée sur le trône.

Les réponses furent simultanées et non successives, à tel point que la personne leur demanda de parler chacun à son tour. Leur mère expliquait :

— Ils sont nés le 7 avril 1870.

Pedro répéta lentement :

— Je suis né le jour où Sa Majesté est montée sur le trône.

Et Paulo aussitôt :

— Je suis né le jour où Pedro Ier a été renversé du trône.

Natividade reprit Paulo pour sa réponse subversive, Paulo s'expliqua, Pedro contesta l'explication et en donna une autre, et le salon aurait tourné au club, si la mère ne les avait mis d'accord de cette façon :

— Cela relève de groupes de collège : vous n'êtes pas en âge de parler de politique. Quand vous aurez de la barbe.

La barbe ne voulait pas venir, bien qu'ils aient cherché du doigt le poil follet, mais les opinions politiques et autres venaient et croissaient. Ce n'était pas à proprement parler des opinions, elles n'avaient pas de racines, grandes ou petites. C'était (la comparaison est mauvaise) des cravates de couleur particulière qu'ils nouaient à leur cou, attendant que la couleur passe et qu'il en vienne une autre. Naturellement, chacun avait la sienne. On peut croire aussi que la couleur de chacun était plus ou moins appropriée à la personne. Comme ils obtenaient les mêmes succès et mentions aux examens, il leur manquait des raisons d'envie ; et si l'ambition devait un jour les diviser, elle n'était alors ni aigle ni condor, pas même leur poussin, tout juste un œuf. Au collège Pedro II, tout le monde les aimait bien. Mais la barbe, elle, ne voulait pas venir. Et que faire quand la barbe ne veut pas venir ? Attendre qu'elle vienne d'elle-même, qu'elle apparaisse, qu'elle grandisse, qu'elle blanchisse, comme c'est son habitude, sauf celle qui ne blanchit jamais ou seulement en partie, et temporairement. Tout cela est connu et banal, mais me donne l'occasion de parler de deux barbes de la dernière sorte, célèbres à cette époque et maintenant totalement oubliées. N'ayant d'autre endroit pour en parler, je profite de ce chapitre et que le lecteur tourne la page s'il préfère suivre l'histoire. Je m'arrêterai quelques lignes à évoquer les deux barbes mortes, sans les comprendre maintenant comme nous ne les avons pas comprises alors, les plus inexplicables barbes du monde.

La première de ces barbes était celle d'un ami de Pedro, un capucin italien, le Père***. Je pourrais écrire son nom — plus personne ne le connaît — mais je préfère ce signe trinitaire, chiffre de mystère, exprimé par des étoiles, qui sont les yeux du ciel. Il s'agit d'un moine. Pedro n'avait pas connu sa barbe noire mais déjà grisonnante, longue et abondante, ornant une tête virile et belle. Sa bouche était souriante, ses yeux étincelants, et les yeux et la bouche riaient avec tant de douceur que vous étiez conquis. Il avait la poitrine large et de fortes épaules. Son pied nu, qu'enserrait la sandale, semblait soutenir un corps d'Hercule. Tout cela doux et spirituel comme une page d'évangile.

Il avait la foi vive, l'affection sûre, la patience infinie.

Le Père*** fit un jour ses adieux à Pedro. Il partait pour

l'intérieur, Minas, Rio de Janeiro, São Paulo — pour le Paraná aussi, je crois — voyage spirituel comme celui d'autres confrères, et il y resta un semestre ou plus. Lorsqu'il revint, il nous apporta à tous une grande joie et un étonnement plus grand encore. Sa barbe était noire, je ne sais pas si elle l'était autant ou plus qu'à l'origine, mais très noire et très brillante. Il ne donna pas d'explication à son changement et personne ne lui en demanda ; ce pouvait être un miracle ou un caprice de la nature ; ce pouvait être aussi une rectification humaine, bien que ce dernier cas soit plus difficile à croire que le premier. Cette couleur dura neuf mois ; après un autre voyage de trente jours, la barbe apparut d'argent ou de neige, selon qu'elle vous semblera la plus blanche.

Quant à la seconde des barbes en question, elle fut encore plus étonnante. Elle n'était pas de moine, mais de clochard, un individu qui vivait de dettes et qui dans sa jeunesse avait corrigé un vieil adage de notre langue de cette manière : « Qui paye ses dettes *ne* s'enrichit *pas.* » Il atteignit la cinquantaine sans argent, sans emploi, sans amis. Ses vêtements avaient le même âge, ses souliers pas moins. Sa barbe, elle, n'atteignit pas la cinquantaine, il la teignait en noir et mal, probablement parce que la teinture n'était pas de première qualité et parce qu'il n'avait pas de miroir. Il allait seul, descendait ou montait souvent la même rue. Un jour, il tourna au coin de la Vie et tomba sur la place de la Mort, la barbe maculée, car il n'y avait personne pour la teindre à l'Hôtel-Dieu.

Or (1), *bene,* pour parler comme mon capucin, pourquoi celui-ci et mon clochard étaient-ils revenus du gris au noir ? Que la lectrice devine, si elle le peut : je lui donne vingt chapitres pour y arriver. Peut-être, à ce moment-là, entreverrai-je quelque explication, mais pour l'instant je ne sais et ne hasarde rien. Même si des malins attribuent au Père*** quelque passion profane, même ainsi, on ne comprend pas qu'il se soit trahi de cette façon. Quant au clochard, à quelles dames voulait-il plaire, au point d'échanger parfois le pain contre la teinture ? Que l'un et l'autre aient cédé au désir de retenir la jeunesse fugitive, c'est possible. Le moine, instruit des Écritures, sachant qu'Israël a pleuré pour les oignons

(1) En français dans le texte.

d'Égypte, pouvait aussi avoir pleuré, et ses larmes auraient coulé noires. C'est possible, je le répète. Ce désir d'enchaîner le temps est une nécessité de l'âme et des mentons, mais, au temps, Dieu donne l'Habeas Corpus.

24

Robespierre et Louis XVI

Les opinions de Pedro et de Paulo poussèrent tellement qu'elles finirent un beau jour par s'incarner dans quelque chose. Ils descendaient la rue de la Carioca. Il y avait là une boutique de vitrier, avec des miroirs de tailles différentes et, outre les miroirs, il y avait de vieux portraits et des gravures bon marché, avec ou sans cadre. Ils s'arrêtèrent quelques instants, regardant au hasard. Peu après, Pedro vit accroché un portrait de Louis XVI, entra et l'acheta pour huit cents reis ; c'était une simple gravure attachée à la vitrine par une ficelle. Paulo voulut avoir la même chance, en accord avec ses opinions, et découvrit un Robespierre. Comme le marchand en demandait mille deux cents reis, Pedro s'exalta un peu.

— Ainsi, vous vendez meilleur marché un roi, et un roi martyr ?

— Pardonnez-moi, mais c'est que cette gravure m'a coûté plus cher, répliqua le vieux marchand. Nous vendons selon le prix d'achat. Voyez ; elle est plus neuve.

— Ça, non, intervint Paulo. Elles sont de la même époque ; mais c'est que celle-ci a plus de valeur que celle-là.

— J'ai entendu dire que c'était aussi un roi...

— Comment, roi ! répondirent les deux.

— Ou qu'il voulut l'être, je ne sais pas très bien... Parce que moi, en fait d'histoires, je ne connais que celle des maures que j'ai apprise dans mon pays avec ma grand-mère, quelques morceaux en vers. Et il y a encore quelques belles mauresques : celle-ci par exemple ; malgré son nom, je crois qu'elle était mauresque, ou qu'elle l'est encore, si elle vit... N'en déplaise au mari !

Il alla dans un coin et rapporta un portrait de Mme de Staël, son fameux turban sur la tête. Ô effet de la beauté ! Les jeunes gens oublièrent un instant leurs opinions politiques et restèrent un long moment en contemplation devant le visage de Corinne. Le marchand, malgré ses soixante ans, avait les yeux extasiés. Il prit soin de souligner les formes, la tête, la bouche un peu épaisse mais expressive, et disait que ce n'était pas cher. Comme aucun ne voulait l'acheter, peut-être parce que le modèle était unique, il leur dit qu'il en avait encore un autre, mais que celui-ci était une « honte », phrase que les dieux lui pardonneraient, quand ils sauraient qu'il avait seulement voulu ouvrir l'appétit de ses clients. Et il se dirigea vers une armoire, en sortit et en rapporta une Diane, nue comme elle vivait ici-bas autrefois, dans les forêts. Il ne la vendit pas pour autant. Il dut se contenter des portraits politiques.

Il voulut voir s'il récolterait encore quelque argent en leur vendant un portrait de Pedro Ier, encadré, qui était suspendu au mur ; mais Pedro refusa parce qu'il n'avait pas d'argent disponible, et Paulo dit qu'il ne donnerait pas un sou pour une « tête de traître ». Il eût mieux valu qu'il n'ait rien dit ! Le marchand, à peine eut-il entendu la réponse, se dépouilla de ses façons obséquieuses pour en adopter d'autres, indignées, et cria que oui, monsieur, le garçon avait raison.

— Vous avez tout à fait raison. Ce fut un traître, mauvais fils, mauvais frère, mauvais tout. Il a fait autant de mal qu'il a pu à ce monde, et en enfer, où il est, si la religion ne ment pas, il doit encore faire du mal au Diable. Ce garçon a parlé il n'y a pas longtemps de roi martyr, — continua-t-il en leur montrant un portrait de Dom Miguel de Bragance, de trois quarts, en redingote, main sur le cœur : celui-là, oui, a été un vrai martyr de l'autre, qui lui a volé le trône — qui n'était pas à lui — pour le donner à qui il appartenait, et mon pauvre roi et seigneur s'en est allé mourir dans le dénuement en Allemagne, dit-on, ou je ne sais où. Ah! Malhados (1)! Ah! fils du Diable! Vous ne pouvez imaginer ce qu'étaient ces canailles de libéraux. Libéraux! Libéraux du bien d'autrui!

— C'est tout le même tabac, fit remarquer Paulo.

— Je ne sais pas si c'était du tabac, je sais qu'ils ont reçu bien des coups. Ils ont gagné, mais ils ont été vraiment rossés. Mon pauvre roi!

Pedro voulut répondre au brocard de son frère, et proposa d'acheter le portrait de Pedro Ier. Quand le marchand reprit ses esprits, il commença à négocier la vente, mais ils ne purent s'entendre sur le prix; Pedro donnait les mêmes huit cent reis que pour l'autre, le marchand demandait deux mil-reis. Il lui faisait remarquer qu'il était encadré, et Louis XVI, non; en outre, il était plus neuf. Et il allait jusqu'à la porte pour chercher une meilleure lumière, il attirait son attention sur le visage, principalement les yeux, quelle belle expression! Et la cape impériale...

— Qu'est-ce que cela vous coûte de donner deux mil-réis?

— Je vous donne dix tostões; ça va?

— Ça ne va pas. Il m'a coûté davantage.

— Eh bien, alors...

— Réfléchissez. Cela ne vaut-il pas même trois mil-réis? Le papier n'est pas jauni, la gravure est fine.

— Dix tostões, j'ai dit.

— Non, monsieur. Tenez, pour dix tostões, emportez celui de D. Miguel; le papier est bien conservé, et avec un peu d'argent faites-lui mettre un cadre. Allez; dix tostões...

— Je les regrette déjà... Dix tostões pour l'empereur.

— Ah, ça non! Il m'en a coûté mille sept cents, il y a trois semaines; je gagne quelque trois cents reis, presque rien. Je gagne moins avec Dom Miguel, mais je vous accorde qu'il est moins recherché. Celui de Dom Pedro Ier, si vous passez demain, vous ne le trouverez peut-être déjà plus. D'accord?

— Je repasserai plus tard. Paulo s'en allait déjà, en regardant Robespierre; Pedro le rejoignit.

(1) Terme péjoratif utilisé par les Miguelistes pour désigner les partisans de la politique constitutionnelle.

— Tenez, emportez Dom Miguel pour sept tostões.

Pedro secoua la tête.

— Six tostões, ça va ?

Pedro, à côté de son frère, avait déroulé sa gravure. Le vieux marchand voulut encore crier : « Cinq tostões ! » mais ils étaient déjà loin, et ce n'était pas bien de discuter ainsi.

25

Dom Miguel

— Après tout, réfléchit le vieux, ce n'est pas en le gardant enroulé et enfermé que je le vendrai ; je vais le faire encadrer ; en lui mettant une vieille baguette...

Dom Miguel tourna vers lui ses yeux brouillés de tristesse et de reproche ; c'est ce qu'il sembla au vitrier, mais ce pouvait avoir été une illusion. En tout cas, il lui sembla aussi que les yeux revenaient à leur place, regardant fixement à droite, au loin... Vers où ? Vers où existe une justice éternelle, pensa naturellement le propriétaire. Alors qu'il était en train de le contempler, à la porte, un homme s'arrêta, entra, et regarda avec intérêt le portrait. Le marchand nota son expression ; ce pouvait être quelque migueliste, mais ce pouvait être aussi un collectionneur...

— Combien demandez-vous pour ça ?

— Ça ? Je vous demande pardon ; vous voulez savoir combien je demande pour mon bien-aimé Dom Miguel ? Je ne demande pas beaucoup, il est un peu jauni, mais on peut encore apprécier son allure. Superbe ! Il n'est pas cher ; je vous le donne au prix coûtant ; s'il était encadré, il vaudrait autour de quatre mil-réis. Il est à vous pour trois.

Le client sortit tranquillement l'argent de sa poche, tandis que le vieux enroulait le portrait, et l'échange fait, ils se séparèrent courtois et satisfaits ; le marchand, après être allé jusqu'à la porte, revint à sa chaise habituelle. Peut-être pensait-il au tort auquel il avait échappé, s'il avait vendu le portrait pour dix tostões. Malgré tout, il resta là à regarder dehors, loin, vers où existe une justice éternelle... Trois mil-réis !

26

La lutte des portraits

Il est pratiquement inutile de dire le destin des portraits du roi et du conventionnel. Chacun des garçons cloua le sien à la tête de son lit. Cette situation dura peu, car tous deux taquinaient les pauvres gravures, qui n'y étaient pour rien. C'étaient oreilles d'âne, vilains mots, dessins d'animaux, jusqu'à ce que Paulo déchire un jour celle de Pedro, et Pedro celle de Paulo. Naturellement, ils se vengèrent à coups de poing ; leur mère entendit du bruit et monta en hâte. Elle retint ses fils, mais les trouva déjà écorchés et se retira tristement. Cette malédiction de rivalité ne se terminerait donc jamais ? Elle se posa la question en silence, après s'être jetée sur le lit, le visage enfoncé dans l'oreiller, qui cette fois resta sec, mais son âme pleura.

Natividade comptait sur l'éducation, mais l'éducation, pour autant qu'elle la poussât, brisait à peine les arêtes du caractère des petits, l'essentiel restait ; les passions embryonnaires travaillaient pour vivre, grandir, jaillir, de la même façon qu'elle les avait sentis tous deux dans son propre sein, durant la gestation... Et elle se souvenait de la crise d'alors, et finissait par maudire la métisse du Castelo. Vraiment, la métisse aurait dû se taire, on ne change pas le malheur tu, mais on l'ignore. Maintenant, il se peut que le fait de ne pas se taire ait confirmé l'opinion que la métisse était envoyée par Dieu pour dire la vérité aux hommes. Et finalement qu'avait-elle dit à Natividade ? Elle avait seulement posé une question mystérieuse, et la prédiction, elle, avait été lumineuse et claire... Et une nouvelle fois les paroles du Castelo résonnèrent aux oreilles de la mère, et l'imagination fit le reste. Choses à venir ! Les voilà grands et sublimes. Quelques luttes dans leur enfance, qu'importe ? Natividade sourit, se leva, alla à la porte, et se heurta à son fils Pedro, qui venait s'expliquer.

— Maman, Paulo est méchant. Si vous entendiez les horreurs qu'il débite, vous seriez épouvantée. J'ai beaucoup de mal à ne pas lui sauter à la tête ; je ne lui ai pas encore arraché un œil...

— Ne parle pas ainsi, mon fils, c'est ton frère.

— Alors, qu'il ne s'occupe pas de moi, qu'il me laisse tranquille. Quels blasphèmes il a dits ! Comme je priais pour l'âme de Louis XVI, lui, pour me faire encore plus mal, priait pour Robespierre ; il a composé des litanies où il le traitait de saint et chantonnait tout bas pour que ni Papa ni toi n'entendent. C'est vrai que je lui ai donné quelques chiquenaudes...

— Nous y voilà !

— Mais c'est lui qui m'en avait donné le premier, parce que je mettais des oreilles d'âne à Robespierre... Alors, je devais recevoir les coups en silence ?

— Ni en silence ni en parlant.

— Alors, comment ? Toujours prendre les coups, c'est ça ?

— Non, monsieur ; je ne veux pas de coups ; le mieux est que vous oubliiez tout et que vous vous aimiez bien. Tu ne vois pas comment s'aiment tes parents ? Les disputes sont tout à fait terminées. Je ne veux entendre ni tapage ni plaintes. Finalement, qu'avez-vous à faire d'un mauvais sujet qui est mort il y a si longtemps ?

— C'est ce que je dis, mais il ne se corrige pas.

— Il se corrigera ; les études font oublier les enfantillages. Toi aussi quand tu seras médecin, tu auras à te battre contre les maladies et la mort ; cela vaudra mieux que de passer ton temps à donner des coups à ton frère... Qu'est-ce que cela signifie ? Je ne veux pas d'attaques, Pedro. Calme-toi, et écoute-moi.

— Maman, vous êtes toujours contre moi.

— Je ne suis contre aucun, je suis pour tous les deux, vous êtes tous les deux mes fils. Et jumeaux, en plus. Viens ici, Pedro. Ne pense pas que je désapprouve tes opinions politiques. Je les apprécie même ; ce sont les miennes, ce sont les nôtres. Paulo les aura aussi. A son âge, on accepte toutes les bêtises, mais le temps les corrige. Vois-tu, Pedro, mon plus grand espoir est que vous soyez de grands hommes, mais à condition d'être aussi de grands amis.

— Je suis prêt à être un grand homme, consentit Pedro, avec ingénuité, presque avec résignation.

— Et grand ami aussi.

— S'il l'est, je le serai.

— Grands hommes ! s'écria Natividade en lui donnant deux embrassades, l'une pour lui, l'autre pour son frère quand il viendrait.

Mais Paulo vint aussitôt, et reçut en personne l'embrassade complète. Il venait aussi se plaindre et marmonner malgré tout quelque chose, mais la mère ne voulut pas l'entendre, et parla à nouveau le langage des grandeurs. Paulo consentit également à être grand.

— Tu seras médecin, dit Natividade à Pedro, et toi, avocat. Je veux voir qui obtient les meilleures guérisons et gagne les pires procès.

— Moi, dirent-ils tous deux en même temps.

— Nigauds ! Chacun aura sa propre carrière, sa science différente. Votre nez est déjà guéri ? Oui, il n'y a plus de sang. Maintenant le premier qui blessera l'autre perdra son titre.

Les séparer fut une solution habile ; l'un restait à Rio, et faisait ses études de médecine, l'autre allait à São Paulo faire son droit. Le temps ferait le reste, sans compter que chacun allait se marier et partir avec sa femme de son côté. C'était la paix perpétuelle ; plus tard viendrait la perpétuelle amitié.

27

D'une réflexion intempestive

Ici intervient une réflexion de la lectrice : « Mais si les deux vieilles gravures les poussent aux coups et au sang, vont-ils s'accommoder chacun d'une épouse ? N'aimeront-ils pas la même et unique femme ? »

Ce que vous voulez, ma chère amie, c'est arriver au chapitre de l'amour ou des amours, qui est ce qui vous intéresse particulièrement dans les livres. D'où l'habileté de la question, comme si vous aviez dit : « Voyons, vous ne nous avez pas encore montré la dame ou les dames qui doivent être aimées ou courtisées par ces deux jeunes ennemis. Je commence à en avoir assez de savoir que les garçons ne s'entendent pas ou s'entendent mal ; c'est la deuxième ou troisième fois que j'assiste aux cajoleries de la mère ou à ses remontrances affectueuses. Arrivons-en vite à l'amour, aux deux personnes, à moins qu'il ne s'agisse que d'une seule... »

Franchement, je n'aime pas ceux qui devinent et composent un livre que l'on est en train d'écrire avec méthode. L'obstination de la lectrice à parler d'une seule femme en arrive à être impertinente. Supposez qu'ils aiment vraiment une seule et même personne ; ne semblera-t-il pas que je raconte ce que la lectrice m'a inspiré, alors qu'en vérité je n'écris que ce qui est arrivé et qui peut être confirmé par des dizaines de témoins ? Non, ma chère dame, je n'ai pas pris la plume à l'affût de ce que l'on pourrait me suggérer. Si vous voulez composer le livre, voici la plume, voici le papier, voici un admirateur ; mais si vous voulez seulement lire, restez tranquille, suivez les lignes ; j'admets que vous bâilliez entre deux chapitres, mais attendez la suite, ayez confiance dans le narrateur de ces aventures.

28

Le reste est certain

Oui, il y eut une personne, plus jeune qu'eux, d'un an ou deux, qui les enchaîna par l'habitude ou la nature, ou les deux à la fois. Avant elle, peut-être y en eut-il d'autres et plus âgées qu'eux, mais de celles-ci pas de traces dans les notes qui servent à ce livre. S'ils se sont disputés pour elles, il n'en est pas resté de souvenir : mais c'est possible, étant donné qu'ils auraient eu des préférences semblables ; de même dans le cas contraire, comme il arrivait aux chevaliers qui défendaient leur dame.

Conjectures que tout ceci. Il était naturel qu'étant ainsi jolis garçons, semblables, élégants, aimant la vie et la promenade, la conversation et la danse, et de surcroît héritiers, il était naturel que plus d'une jeune fille les ait aimés. Celles qui les voyaient passer à cheval, venant de la plage ou remontant la rue, tombaient amoureuses de cet ordre parfait d'aspect et de mouvement. Leurs chevaux eux-mêmes étaient tout pareils, presque jumeaux, et frappaient du sabot avec le même rythme, la même force, la même grâce. Ne crois pas que le mouvement de la queue et de la crinière ait été simultané chez les deux animaux ; ce n'est pas vrai et pourrait faire douter du reste. Car le reste est certain.

29

La personne plus jeune

La personne plus jeune n'entre pas dans ce chapitre pour une raison valable : il est en effet plus convenable de présenter d'abord les parents. Non que l'on ne puisse pas bien la voir sans eux ; on le peut : les trois sont différents, peut-être opposés, et pour aussi remarquable que vous la trouviez, il n'est pas nécessaire que les parents soient présents. Les enfants ne reflètent pas toujours les parents. Camões a affirmé que d'un certain père on ne pouvait attendre qu'un certain fils, et la Science confirme cette règle poétique. Pour ma part, je crois en la Science comme en la Poésie, mais il y a des exceptions, mon ami. Il arrive parfois que la nature fasse autre chose, et les plantes ne s'arrêtent pas pour autant de pousser et les étoiles de briller. Ce que l'on doit croire sans risque d'erreur, c'est que Dieu est Dieu ; et si quelque jeune fille arabe me lit, qu'elle ajoute Allah. Toutes les langues mènent au ciel.

30

Les Batista

Les Batista firent la connaissance des Santos dans je ne sais quelle fazenda de la province de Rio. Ce n'était pas Maricá, bien que le père des jumeaux y fût né ; ce devait être dans une autre commune. Quelle qu'elle fût, c'est là que les deux familles firent connaissance, et comme elles habitaient l'une près de l'autre à Botafogo, la fréquentation et la sympathie aidèrent le hasard.

Batista, le père de la demoiselle, était un homme de quarante et quelques années, avocat civil, ex-président de province et membre du parti conservateur. Le voyage à la fazenda avait eu exactement pour objet une conférence politique à des fins électorales, mais tellement stérile qu'il en revint sans même un brin d'espérance. Bien qu'ayant des amis au gouvernement, il n'avait rien obtenu, ni députation ni présidence. Il avait interrompu sa carrière au moment où il avait été destitué de cette charge, « sur demande » avait dit le décret, mais les plaintes du destitué pouvaient laisser croire autre chose. En fait, il avait perdu les élections et attribuait à ce désastre politique sa révocation.

— Je ne sais pas ce qu'il voulait que je fasse de plus, disait Batista en parlant du ministre. J'ai assiégé des églises, pas un ami n'a demandé de policier que je n'aie envoyé ; j'ai peut-être instruit le procès d'une vingtaine de personnes, d'autres sont allées en prison sans procès. Fallait-il que je fasse pendre quelqu'un ? Il y a tout de même eu deux morts à Ribeirão das Moças.

La fin était excessive, car les morts n'étaient pas son œuvre ; tout au plus avait-il fait étouffer l'enquête, si l'on peut appeler enquête une simple conversation sur la férocité des deux défunts. En somme, des élections sans effusion de sang.

Batista disait qu'il avait perdu la présidence à cause des élections, mais il courait une autre version, une affaire d'eaux, une concession faite à un espagnol, à la demande du frère de l'épouse du président. La demande était vraie, l'imputation d'associé, elle, était fausse. Peu importe ; cela suffit pour que le journal de l'opposition dise qu'il y avait eu là un bon « arrangement familial », ajoutant que comme il s'agissait d'eaux, ce devait être une affaire propre. Le journal de l'administration rétorqua que si eau il y avait, elle n'était pas suffisante pour laver la saleté du charbon laissé par la dernière présidence libérale, une affaire de fournisseurs du palais. C'était inexact, le journal de l'opposition fit ressortir le procès ancien et montra que la défense avait été rigoureuse. Il pouvait s'arrêter là, mais ajouta que « comme maintenant nous étions en Espagne », le président avait corrigé le poète espagnol, auteur de cette épitaphe :

Cuñados y juntos
Es cierto que estan difuntos ;

et l'avait corrigé pour n'être obligé à tuer personne, mais plutôt se garder en vie, lui et les siens, en disant dans notre langue :

Beaux-frères et bien beaux-frères ;
Sûr qu'ils sont vivants et bien vivants !

Batista essaya immédiatement de limiter les dégâts en déclarant la concession sans effet, mais cela même servit à l'opposition pour de nouvelles attaques : « Nous avons la confession de l'accusé ! » tel fut le titre du premier article que l'acte du président fournit au journal de l'opposition. Des correspondants avaient déjà écrit à Rio de Janeiro en parlant de la concession, et le gouvernement finit par démettre son délégué. En vérité, seuls les hommes politiques s'occupèrent de l'affaire. Dona Claudia faisait à peine allusion à la campagne de presse, qui avait été très violente.

— Cela ne valait pas la peine de partir, dit Natividade.

— Ah, si, baronne !

Et dona Claudia affirma que oui. On souffre, mais tant pis. C'était si bon d'arriver en province ! Tout prévu, les visites à bord, le débarquement, l'investiture, les salutations... Voir la magistrature, l'administration, les officiers, beaucoup de calvities, beaucoup de cheveux blancs, la fine fleur de l'endroit en un mot, avec ses politesses qui traînent et n'en finissent plus, toutes en angles ou en courbes, et louanges imprimées. Même les invectives de l'opposition étaient agréables. Entendre appeler tyran son mari, qu'elle savait avoir un cœur de colombe, lui convenait parfaitement. La soif de sang qu'on lui attribuait, lui qui ne buvait même pas de vin, la main de fer d'un homme qui était un gant de velours, l'immoralité, l'impudence, le manque de dignité, tous les noms injustes, mais forts, qu'elle aimait lire, comme des vérités éternelles, où étaient-ils maintenant ? Le journal de l'opposition était le premier que dona Claudia lisait au palais. Elle se sentait elle aussi fustigée, et en éprouvait une grande volupté, comme s'il s'était agi de sa propre peau ; elle en déjeunait avec plus d'appétit. Où étaient les coups de fouet d'antan ? Maintenant, tout au plus pouvait-elle lire son nom imprimé à la fin de quelques plaidoiries du Palais, ou sur la liste des gens qui allaient rendre visite à l'Empereur.

— Pas toujours, expliqua dona Claudia, Batista est très timide ; il va de loin en loin à São Cristovão, pour ne pas avoir l'air de se faire rappeler, comme si cela était un crime ; au contraire, ne jamais y aller, cela peut paraître du dépit. Remarquez que l'Empereur n'a jamais cessé de le recevoir avec bienveillance, tout comme moi. Il n'a jamais oublié mon nom. Je n'y suis pas allée pendant deux ans, et lorsque je suis revenue, il m'a demandé aussitôt : « Comment allez-vous, dona Claudia ? »

Hormis ces nostalgies du pouvoir, dona Claudia était une créature heureuse. La vivacité des paroles et des manières, les yeux qui semblaient ne rien voir à force de ne jamais s'arrêter, et le sourire bienveillant, et l'étonnement perpétuel, tout en elle se combinait pour guérir les mélancolies d'autrui. Lorsqu'elle embrassait ou regardait ses amies, c'était comme si elle voulait les manger toutes crues, les manger par amour et non par haine, les enfoncer en elle, tout au fond d'elle-même, au plus profond.

Batista n'avait pas les mêmes épanchements. Il était grand et son air calme donnait une belle impression de maîtrise. Il ne lui manquait que l'action, mais sa femme pouvait la lui inspirer ; il ne manqua jamais de la consulter lors des crises de la présidence. Même maintenant, s'il l'avait écoutée, il serait allé demander quelque chose au gouvernement, mais sur ce point il était ferme, d'une fermeté qui naissait de la faiblesse : « Ils m'appelleront, laisse faire », disait-il à dona Claudia, lorsque se présentait quelque poste vacant au gouvernement provincial. Il est certain qu'il ressentait le besoin de retourner à la vie active. Chez lui, la Politique était moins une opinion qu'une gale ; il lui fallait se gratter souvent et avec force.

31

Flora

Tel était ce couple de politiciens. Un fils, s'ils avaient eu un fils, aurait pu être la fusion de leurs qualités opposées, et peut-être un homme d'état. Mais le ciel leur refusa cette consolation dynastique.

Ils avaient une fille unique, qui était tout le contraire d'eux. Ni la passion de dona Claudia, ni l'aspect gouvernemental de Batista ne caractérisaient l'âme ou le visage de la jeune Flora. Qui l'eût connue à cette époque aurait pu la comparer à un vase fragile ou à la fleur d'un unique matin, et aurait eu le sujet d'une douce élégie. Elle avait déjà alors de grands yeux clairs, moins perspicaces, mais dotés d'un mouvement particulier, qui n'était pas l'éparpillement de la mère ou l'effacement du père, plutôt doux et pensif, empli d'une telle grâce qu'il ferait paraître aimable la figure d'un avare... Ajoute un nez aquilin, dessine-lui la bouche à demi souriante, le tout formant un visage allongé, lisse-lui des cheveux roux, et tu as la jeune Flora.

Elle était née en août 1871. Sa mère, qui datait selon les ministères, ne cacha jamais l'âge de sa fille :

— Flora est née sous le ministère Rio Branco, et elle a toujours appris avec tant de facilité que sous le ministère Sinimbú elle savait déjà lire et écrire correctement.

Elle était réservée et modeste, n'aimait pas les fêtes publiques, et consentit difficilement à apprendre à danser. Elle aimait la musique, et plus le piano que le chant. Au piano, livrée à elle-même, elle était capable de ne pas manger de toute une journée. Il y a là tant soit peu d'exagération, mais l'hyperbole est de ce monde, et nos oreilles sont déjà tellement bouchées que ce n'est qu'à force de beaucoup de rhétorique que l'on peut y faire entrer un souffle de vérité.

Jusqu'ici, il n'y a rien qui distingue d'une façon extraordinaire cette jeune fille des autres, ses contemporaines, puisque la modestie va de pair avec la grâce et qu'à un certain âge, la rêverie est aussi naturelle que l'espièglerie. A quinze ans, Flora s'enfermait parfois en elle-même. Aires, qui fit alors sa connaissance, chez Natividade, pensait que la jeune fille allait devenir une inexplicable.

— Que dites-vous ? demanda la mère.

— En vérité, je ne dis rien, corrigea Aires ; mais si vous me permettez de dire quelque chose, je dirai que cette jeune fille résume les qualités rares de sa mère.

— Mais je ne suis pas inexplicable, répliqua dona Claudia en souriant.

— Au contraire, chère madame. Car tout est dans la définition que nous donnons à ce mot. Peut-être n'en existe-t-il pas de juste. Supposons une créature pour qui la perfection n'existe pas sur terre, et qui pense que la plus belle âme n'est rien de plus qu'un point de vue ; si elle ne change pas avec le point de vue, la perfection...

— La perfection, c'est du cœur, insinua Santos.

C'était une invitation à l'hombre. Aires n'eut pas le courage d'accepter, tant Flora lui parut inquiète, les yeux fixés sur lui, des yeux curieux de savoir pourquoi elle était ou deviendrait inexplicable. En outre, il préférait la conversation des femmes. C'est de lui qu'est cette phrase du *Mémorial :* « Chez la femme, le sexe corrige la banalité, chez l'homme, il l'aggrave. »

Il ne fut pas nécessaire d'accepter ou de refuser l'invitation de Santos ; deux habitués du jeu arrivèrent, et avec eux Batista, qui était dans le petit salon proche, et Santos retrouva la distraction de toutes ses soirées. L'un d'eux était le vieux Placido, docteur en spiritisme ; le second était un agent de change dénommé Lopes, qui aimait les cartes pour les cartes, et regrettait moins de perdre de l'argent que de manquer une partie. Ils s'en allèrent à l'hombre, tandis qu'Aires restait au salon à écouter les dames dans un coin, sans que les yeux de Flora se fussent détachés de lui.

32

Le retraité

Cet ex-ministre était déjà alors à la retraite. Il était rentré à Rio de Janeiro après un dernier regard aux choses vues pour vivre là le reste de son âge. Il aurait pu le faire dans n'importe quelle ville, il était l'homme de tous les climats, mais il avait un amour particulier pour son pays, et peut-être était-il fatigué des autres. Il n'attribuait pas au premier tant de calamités. La fièvre jaune, par exemple, à force de la nier là-bas à l'extérieur, il finit par ne plus y croire, et chez lui, quand il en voyait publier quelques cas, il était déjà corrompu par ce credo qui ramène toutes les maladies à une variété de noms. Sans doute parce que c'était un homme en bonne santé.

Il n'avait pas totalement changé ; il était le même ou presque. Un peu plus de calvitie, c'est certain, et sans doute un visage moins plein et quelques rides ; au bout du compte, une vieillesse drue de soixante ans. Les moustaches continuaient à avoir les pointes aiguës et fines. Le pas était ferme, le geste grave avec cette touche de galanterie qu'il ne perdit jamais. A la boutonnière, la même fleur éternelle.

De la même façon, la ville ne lui parut point avoir beaucoup changé. Il trouva quelque mouvement en plus, quelque opéra en moins, des têtes blanchies, des personnes défuntes ; mais la vieille ville était semblable. Sa maison du Catete elle-même, était bien conservée. Aires renvoya le locataire, aussi poliment que s'il recevait le ministre des Affaires Etrangères, et s'y installa avec un domestique, malgré l'insistance de sa sœur à l'emmener à Andaraí.

— Non, Rita, laisse-moi rester dans mon coin.
— Mais je suis ta dernière parente, dit-elle.
— De sang et de cœur, c'est vrai, convint-il ; tu peux ajouter la meilleure de toutes et la plus pieuse. Où sont tes cheveux ?... Inutile de baisser les yeux. Tu les as coupés pour les mettre dans le cercueil de ton défunt mari. Ceux qui restent ont blanchi ; mais ceux que tu y as laissés étaient noirs, et plus d'une veuve les aurait gardés pour de secondes noces.

Rita aima entendre ce rappel. Jadis, non ; juste après son veuvage, elle avait honte d'un acte si sincère ; elle se trouvait presque ridicule. Que signifiait couper ses cheveux parce qu'on avait perdu le meilleur des maris ? Mais, le temps passant, elle commença à se rendre compte qu'elle avait bien fait, à admettre qu'on le lui dise, et à évoquer cet acte dans l'intimité. Maintenant elle utilisa l'allusion pour répliquer :

— Eh bien, si je suis tout cela, pourquoi préfères-tu vivre avec des étrangers ?
— Quels étrangers ? Je ne vais vivre avec personne. Je vivrai avec le Catete, la Place du Machado, la Plage de Botafogo et celle de Flamengo, je ne parle pas des gens qui y habitent, mais des rues, des maisons, des fontaines et des boutiques. Il y a là des choses étranges, mais est-ce que je sais si je ne vais pas trouver à Andaraí une maison sens dessus dessous, par exemple ? Contentons-nous de ce que nous savons. Là, mes pieds vont tout seuls. Il y a en ces lieux des choses pétrifiées et des gens immortels, comme le fameux Custódio, du salon de thé, tu te souviens ?
— Je me souviens, le « Salon de thé de l'Empire ».
— Il y a quarante ans qu'il l'a ouvert ; c'était encore au temps où les voitures payaient un droit de passage. Eh bien, ce diable d'homme est vieux, mais ne meurt pas ; il va finir par m'enterrer. On dirait un jeune homme ; je le vois toutes les semaines.
— Toi aussi, tu as l'air d'un jeune homme.
— Ne plaisante pas, sœurette, je suis fini. Je suis un vieux coquet, c'est possible ; mais ce n'est pas pour plaire aux jeunes filles, c'est parce que cet air-là m'est resté... Et à propos, pourquoi ne viens-tu pas habiter avec moi ?
— Ah ! C'est pour prouver que, moi aussi, j'aime rester en ma

compagnie. Je viendrai de temps en temps, mais je ne partirai d'ici que pour le cimetière.

Ils convinrent de se rendre mutuellement visite ; Aires viendrait dîner le jeudi. Dona Rita lui parla encore de l'éventualité de la maladie, à quoi Aires répliqua qu'il ne tombait jamais malade, mais que si cela lui arrivait, il viendrait à Andaraí ; elle avait un cœur qui était le meilleur des hôpitaux. Peut-être y avait-il aussi dans tous ces refus la nécessité de fuir la contradiction, parce que sa sœur savait inventer des occasions de dissension. Ce même jour (c'était au déjeuner) il trouva le café délicieux, mais sa sœur dit qu'il était mauvais, l'obligeant à un grand effort pour revenir en arrière et le trouver détestable.

Au début, Aires mit la solitude à exécution, se sépara de la société, s'enferma chez lui, n'allant nulle part ou dans de rares maisons, et de loin en loin. En vérité, il était fatigué des hommes et des femmes, des fêtes et des veilles. Il établit un programme. Comme il était féru de lettres classiques, il trouva dans le Padre Bernardes cette traduction du fameux psaume : « J'ai fui à l'écart, et j'ai fait ma maison dans les solitudes. » Ce fut sa devise. Santos, si on la lui avait donnée, l'aurait fait sculpter à l'entrée du salon pour le plaisir de ses nombreux amis. Aires la garda en lui. Il aimait parfois la réciter silencieusement, d'une part pour le sens, d'autre part pour la tournure ancienne : « J'ai fui à l'écart, et j'ai fait ma maison dans les solitudes. »

Il en fut ainsi au début. Le jeudi, il allait dîner chez sa sœur. Le soir, il se promenait le long des plages ou dans les rues du quartier. Il passait le plus clair de son temps à lire et relire, composer le *Mémorial* ou revoir ce qui avait été composé, pour faire resurgir les choses passées. Elles étaient nombreuses et d'aspects divers, de la joie jusqu'à la mélancolie, enterrements et réceptions diplomatiques, brassée de feuilles séchées qui maintenant lui semblaient vertes. Parfois les personnes étaient désignées par un X ou *** et il ne devinait pas toujours qui elles pouvaient être, mais c'était une distraction que de rechercher, de les trouver et de les compléter.

Il fit faire une armoire vitrée, où il mit les reliques de sa vie, vieux portraits, cadeaux de gouvernements et de particuliers, un éventail, un gant, un ruban et autres souvenirs féminins, médailles et médaillons, camées, morceaux de ruines grecques et romaines, une infinité de choses que je ne cite pas pour ne pas noircir du papier. Les lettres n'étaient pas là, elles vivaient dans une malle, cataloguées par initiale, par ville, par langue, par sexe. Quinze ou vingt d'entre elles donneraient autant de chapitres et seraient lues avec intérêt et curiosité. Un billet, par exemple, un billet sali et sans date, jeune comme les billets anciens, signé avec des initiales, un M et un P, qu'il traduisait avec nostalgie. Il est inutile de donner le nom.

33

On se lasse aussi de la solitude

Mais on se lasse de tout, même de la solitude. Aires se mit à sentir une pointe d'ennui ; il bâillait, sommeillait, avait soif d'êtres vivants, inconnus, quels qu'ils fussent, joyeux ou tristes. Il s'enfonçait dans des quartiers excentriques, grimpait les collines, allait voir les vieilles églises et les nouvelles rues à Copacabana et Tijuca. Ici la mer, là la campagne et le paysage éveillaient en lui une infinité d'échos qui étaient semblables aux voix de jadis. Tout cela, il l'écrivait le soir, pour se fortifier dans sa résolution de vie solitaire. Mais il n'est pas de résolution contre le besoin.

Les inconnus avaient l'avantage de lui enlever la solitude, sans lui donner la conversation. Les visites de courtoisie qu'il faisait étaient rares, brèves et sans grands discours. Voilà ce que furent les premiers pas. Peu à peu, la saveur des vieilles habitudes lui manqua, il eut la nostalgie des salons, le regret des rires, et il ne fallut pas longtemps pour que le retraité de la diplomatie fût réintégré au poste du divertissement. La solitude, tant dans le texte biblique que dans la traduction du Père, était un archaïsme. Aires en changea un mot, et le sens : « J'ai fui à l'écart, et j'ai fait ma maison parmi les gens. »

Ainsi s'en alla son programme de vie nouvelle. Non qu'il ne la comprît ou ne l'aimât plus, ou qu'il ne la pratiquât encore parfois, de temps à autre, comme on prend un remède qui oblige à garder le lit ou la chambre, mais il guérissait vite et retournait à l'air libre. Il voulait voir quelqu'un d'autre, l'entendre, le sentir, le goûter, le palper, appliquer tous ses sens à un monde qui pouvait tuer le temps, le temps immortel.

34

Inexplicable

C'est ainsi que nous l'avons laissé, il y a seulement deux chapitres, dans un coin du salon des Santos, en conversation avec les dames. Souviens-toi que Flora ne détachait pas les yeux de lui, anxieuse de savoir pourquoi il la trouvait inexplicable. Le mot lui déchirait le cerveau, blessant sans pénétrer. Inexplicable, qu'est-ce que cela signifiait ? Que l'on ne peut expliquer, elle le savait, mais que l'on ne peut expliquer pourquoi ?

Elle voulut le demander au conseiller, mais l'occasion ne se présenta pas, et il partit tôt. La première fois, cependant, qu'Aires alla à São Clemente, Flora lui demanda familièrement la faveur d'une définition plus poussée. Aires sourit et prit la main de la jeune fille qui était debout. Le temps seulement d'inventer cette réponse :

— Inexplicable est le terme que nous pouvons donner aux artistes qui peignent sans finir de peindre. Ils mettent de la peinture, encore de la peinture, une autre peinture, beaucoup de peinture, peu de peinture, une nouvelle peinture, et il ne leur semble jamais que l'arbre est un arbre, et la chaumière une chaumière. Et quand il s'agit de personnages, adieu. Pour autant que les yeux du portrait parlent, ces peintres croient toujours qu'ils ne disent rien. Et ils retouchent avec tant de patience que certains meurent entre deux yeux et d'autres se tuent de désespoir.

Flora trouva l'explication obscure ; et toi, lectrice mon amie, si par hasard tu es plus âgée et plus fine qu'elle, tu ne la trouves peut-être pas plus claire. Lui, il n'ajouta rien pour ne pas être inclus parmi les artistes de cette espèce. Il donna une tape paternelle sur la paume de Flora et s'enquit de ses études. Les études allaient bien, comment n'iraient-elles pas bien ? Et s'asseyant à ses pieds, la jeune fille avoua qu'elle avait justement pensé à apprendre le dessin et la peinture, mais si elle devait mettre trop de peinture ou pas assez, et finir par ne pas peindre, il valait mieux se contenter de la musique. La musique lui convenait, le français et l'anglais aussi.

— Alors, seulement la musique, l'anglais et le français, opina Aires.

— Mais vous promettez que vous ne me trouverez pas inexplicable ? demanda-t-elle avec douceur.

Avant qu'il ait répondu, les deux jumeaux entrèrent dans le salon. Flora oublia un sujet pour l'autre, et le vieux pour les jeunes. Aires ne s'attarda que le temps de la voir rire avec eux, et de ressentir quelque chose qui ressemblait à des regrets. Regrets de vieillir, je crois.

35

Autour de la jeune fille

Les deux jumeaux faisaient déjà leurs études, l'un à la Faculté de Droit à São Paulo, l'autre à l'École de Médecine à Rio. Dans peu de temps, ils seraient diplômés et prêts, l'un à défendre les droits et les travers des gens, l'autre à les aider à vivre et à mourir. Tous les contrastes habitent l'homme.

La politique n'était pas suffisante pour leur faire oublier Flora, pas plus que Flora ne l'était pour leur faire oublier la politique. Et les deux réunies pour porter préjudice aux études et aux amusements. Ils étaient à l'âge où tout se combine sans que se brise l'essence de chaque chose. Et qu'ils se mettent à aimer la petite avec la même force, on pouvait déjà l'admettre, sans qu'il fût nécessaire qu'elle les attirât volontairement. Au contraire, Flora plaisantait avec les deux sans en rejeter ou en accepter spécialement aucun ; peut-être même ne se rendait-elle compte de rien. Paulo était plus longtemps absent. Lorsqu'il revenait pour les vacances, il lui semblait la trouver encore plus gracieuse. Pedro multipliait alors ses compliments pour ne pas se laisser dépasser par son frère, qui en était prodigue. Et Flora les recevait tous d'un même visage ami.

Notez — et ce point demande à être éclairci — notez que les deux jumeaux continuaient à se ressembler et qu'ils étaient de plus en plus sveltes. Peut-être perdaient-ils à être ensemble, car la ressemblance diminuait en chacun d'eux les traits personnels. En outre, Flora faisait parfois semblant de les confondre, pour plaisanter avec les deux. Et elle disait à Pedro :

— Dr. Paulo !

Et à Paulo, elle disait :

— Dr. Pedro !

En vain changeaient-ils de gauche à droite et de droite à gauche. Flora changeait aussi les prénoms et tous trois finissaient par rire. La familiarité excusait l'action, et augmentait avec elle. Paulo aimait plus la conversation que le piano, Flora conversait. Pedro était plus friand de piano que de conversation, Flora jouait. Ou alors, elle faisait les deux choses à la fois, et jouait en parlant, lâchant la bride aux mains et aux lèvres.

De telles qualités, mises au service de telles grâces, ne pouvaient qu'enflammer les jumeaux et c'est ce qui arriva peu à peu. La mère de Flora, je pense, se rendit compte de quelque chose, mais elle n'y prêta pas grande attention au début. Elle aussi avait été demoiselle, elle aussi s'était partagée sans se donner à personne. Peut-être même cela lui semblait-il un exercice nécessaire aux yeux de l'esprit et du visage. La question est de ne pas se laisser corrompre, ni de suivre la chanson, comme dit le peuple, qui exprime ainsi les sortilèges d'Orphée. Au contraire, c'était Flora qui jouait Orphée, c'était elle la chanson. En temps opportun, elle en choisira un, pensait sa mère.

L'intimité avait de grands intervalles, en plus des absences forcées de Paulo. Quoique ne s'absentant pas, Pedro ne venait pas toujours la voir, et elle n'allait pas souvent à la maison de la plage. Ils passaient des jours sans se voir. Qu'ils aient pensé l'un à l'autre, c'est possible, mais je ne possède pas la moindre preuve à ce sujet. En vérité, Pedro avait ses camarades de cours, les amourettes de rue et d'aventure, les compagnons de théâtre, les promenades à Tijuca et autres environs. De plus, les deux jumeaux en étaient encore à parler d'elle dans leurs lettres, à en faire des éloges, la décrire, dire mille choses tendres, sans jalousie.

36

La discorde n'est pas si laide qu'on la peint

La discorde n'est pas si laide qu'on la peint, mon ami. Ni laide ni stérile. Compte seulement les livres qu'elle a produits, depuis Homère jusqu'à nos jours, sans exclure... Sans exclure lequel ? J'allais dire celui-ci, mais de loin la Modestie me fait signe de m'arrêter là. Je m'arrête ; et vive la Modestie qui supporte difficilement la lettre majuscule que je lui mets, la lettre et les vivats, mais il lui faut accepter l'une et les autres. Vive la Modestie, et excluons ce livre ; restent seulement les grands livres épiques et tragiques auxquels la Discorde a donné le jour, et qu'on me dise si de tels effets ne prouvent pas la grandeur de la chose. Non, la discorde n'est pas si laide qu'on la peint.

J'insiste là-dessus pour que les âmes sensibles ne commencent pas à trembler pour la jeune fille ou pour les jeunes gens. Il n'est pas nécessaire de trembler, d'autant plus que la discorde des deux commença par un simple accord, ce soir-là. Ils longeaient la plage, silencieux, plongés dans leurs pensées, jusqu'à ce que tous deux, comme parlant pour soi, lâchent cette unique phrase :

— Elle devient bien jolie.

Et se tournant l'un vers l'autre :

— Qui ?

Tous deux sourirent et trouvèrent piquante la simultanéité de la réflexion et de la question. Je sais que ce phénomène est semblable à celui du chapitre 25, lorsqu'ils avaient dit leur âge, mais ne m'en attribuez pas la faute ; ils étaient jumeaux, ils pouvaient avoir la parole jumelle. Le principal est qu'ils ne se fâchèrent pas ; ce n'était pas encore de l'amour qu'ils éprouvaient. Chacun exposa son opinion sur les grâces de la jeune fille, les gestes, la voix, les yeux et les mains, le tout sous un si bel aspect que cela excluait l'idée de rivalité. Tout au plus divergeaient-ils sur le choix de la qualité principale, qui pour Pedro était les yeux, et pour Paulo le visage ; mais comme ils finissaient par trouver l'ensemble harmonieux, on voit qu'ils ne se disputaient pas pour autant. Aucun d'eux ne prêtait à l'autre cette chose vague ou ce quelque chose qu'ils commençaient à éprouver, et ils ressemblaient plus à des esthètes qu'à des amoureux. En outre, la politique elle-même les laissa en paix ce soir-là ; ils ne se disputèrent pas à cause d'elle. Non qu'ils n'aient eu quelque sentiment opposé, à la vue de la plage et du ciel, qui étaient délicieux. Pleine lune, eau calme, voix confuses et éparses, quelque tilbury au pas ou au trot, selon qu'il était vide ou occupé. Une brise fraîche par-ci, par-là.

L'imagination les transporta alors vers le futur, futur brillant comme il l'est à cet âge. Botafogo jouerait un rôle historique, baie impériale pour Pedro, Venise républicaine pour Paulo, sans doge ni Conseil des Dix, ou alors un doge avec un autre titre, un simple président, qui épouserait au nom du peuple cette toute petite Adriatique. Peut-être serait-il lui-même le doge. Cette possibilité, malgré ses vertes années, gonfla l'âme du garçon. Paulo se vit à la tête d'une république où se mélangeraient l'ancien et le moderne, le futur et le passé, une nouvelle Rome, une Convention Nationale, la République française et les États-Unis d'Amérique.

Pedro, de son côté, construisait à mi-chemin une sorte de palais pour la représentation nationale, un autre pour l'Empereur, et se voyait lui-même ministre et président du Conseil. Il parlait, dominait le tumulte et les divergences, arrachait un vote à la Chambre des Députés, ou alors expédiait un décret de dissolution. C'est un détail, mais qui mérite d'être introduit ici ; Pedro quand il rêvait au gouvernement, pensait spécialement aux décrets de dissolution. Il se voyait chez lui, l'acte signé, contresigné, copié, envoyé aux journaux et aux chambres, lu par les secrétaires, archivé au secrétariat et les députés sortant tête basse, quelques-uns en grognant, d'autres en colère. Lui seul était tranquille, dans son bureau, recevant les amis qui venaient le féliciter et demander les messages pour la province.

Telles étaient les grandes touches de l'imagination des deux garçons. Les étoiles recevaient au ciel toutes leurs pensées, la lune était toujours sereine, et la vague sur la plage s'étirait avec sa paresse habituelle. Ils revinrent à eux devant la maison. Un quelconque élan voulut les pousser à discuter sur le temps et la nuit, sur la température et la baie. Il se peut que quelque vague murmure leur ait fait remuer les lèvres et commencer à briser le silence, mais le silence était si auguste qu'ils s'accordèrent à le respecter. Et ils reconnurent aussitôt en eux-mêmes que la lune était splendide, la baie superbe et la température divine.

37

Désaccord dans l'accord

Que je n'oublie pas de dire qu'en 1888 une question grave et gravissime les mit aussi d'accord, bien que pour une raison différente. La date explique le fait : ce fut l'émancipation des esclaves. Ils étaient alors éloignés l'un de l'autre, mais l'opinion les réunit.

L'unique différence entre eux se rapportait à la signification de la réforme, qui était pour Pedro un acte de justice, et pour Paulo le début de la révolution. Lui-même le dit, en concluant un discours à São Paulo, le 20 mai : « L'abolition est l'aurore de la liberté ; attendons le soleil : le noir émancipé, il reste à émanciper le blanc. »

Natividade resta sans voix lorsqu'elle lut cela ; elle prit sa plume et écrivit une lettre longue et maternelle. Paulo répondit avec trente mille expressions de tendresse, déclarant finalement qu'il pourrait tout lui sacrifier, y compris la vie et même l'honneur, mais pas ses convictions. « Non, maman, pas les convictions. »

— Pas les convictions, répéta Natividade en finissant de lire la lettre.

Natividade n'arrivait pas à comprendre les sentiments de son fils, elle qui avait sacrifié les convictions aux principes, comme dans le cas d'Aires, et qui continuait à vivre sans tache. Comment alors ne pas sacrifier ?... Elle ne trouvait pas d'explication. Elle relisait la phrase de la lettre et celle du discours ; elle avait peur de le voir ruiner sa carrière politique, si c'était la politique qui devait en faire un grand homme. « Le noir émancipé, il reste à émanciper le blanc », était une menace à l'Empereur et à l'Empire.

Elle ne réalisa pas... Les mères ne réalisent pas toujours. Elle ne réalisa pas que la phrase du discours n'était pas à proprement parler de son fils, elle n'était de personne. Quelqu'un l'avait proférée un jour, dans un discours ou une conversation, dans un journal ou dans un voyage sur terre ou sur mer. Un autre la répéta, jusqu'à ce qu'un grand nombre la fasse sienne. Elle était nouvelle, elle était énergique, elle était expressive ; elle devint patrimoine commun.

Il y a ainsi des phrases heureuses. Elles naissent, modestement, comme les gens pauvres ; c'est quand elles l'imaginent le moins qu'elles gouvernent le monde, à la ressemblance des idées. Les idées elles-mêmes ne gardent pas toujours le nom de leur père ; beaucoup sont orphelines, nées de rien et de personne. Chacun les prend, les tourne comme il peut, et les amène sur le marché où tout le monde les considère comme siennes.

38

Arrivée à propos

Lorsque, le lendemain à deux heures de l'après-midi, Natividade monta dans le tramway pour aller faire je ne sais quels achats rue de l'Ouvidor, elle emportait la phrase avec elle. La vue de la baie ne put la distraire, ni les gens qui passaient ni les incidents de la rue, rien ; la phrase la précédait et l'habitait, avec cet aspect et ce ton de menace. Au Catete, quelqu'un monta d'un bond, sans faire arrêter le véhicule. Devinez que c'était le conseiller ; devinez aussi, qu'ayant sauté sur le marchepied et voyant tout aussitôt notre amie, il alla rapidement vers elle et accepta le bout de banquette qu'elle lui offrit. Après les premières salutations :

— Il m'a semblé vous voir un regard apeuré, dit Aires.

— Naturellement, je ne vous croyais pas capable de cet acte de gymnastique.

— Question d'habitude. Les jambes sautent d'elles-mêmes. Un jour, elles me laisseront tomber, et les roues me passeront dessus...

— Quoi qu'il en soit, vous êtes arrivé à propos.

- J'arrive toujours à propos. Je vous ai déjà entendu dire cela, une fois, il y a de longues années, ou bien c'était votre sœur... Et même, attendez, je n'ai pas oublié le motif, je crois que vous parliez de la métisse du Castelo. Vous ne vous souvenez pas d'une certaine métisse qui habitait au Castelo, et qui devinait le destin des gens ? J'étais ici en congé, et j'ai entendu parler de ces choses prodigieuses. Comme j'ai toujours eu foi dans les Sibylles, j'ai cru à la métisse. Qu'est-elle devenue ?

Natividade le regarda, comme se demandant s'il avait alors

deviné la consultation qu'elle avait faite chez la métisse. Il lui sembla que non, elle sourit et le traita d'incrédule. Aires nia qu'il fût incrédule ; au contraire, étant tolérant, il professait virtuellement toutes les croyances de ce monde. Et il conclut :

— Mais enfin, pourquoi suis-je arrivé à propos ?

Soit le passé, soit l'individu, avec ses manières discrètes et son esprit pondéré, ou le tout réuni, donnait à cet homme, dans l'esprit de cette dame, une confiance qu'elle ne trouvait maintenant en personne, ou qu'elle trouverait chez peu de gens. Elle lui parla d'une confidence, un papier qu'elle ne montrerait pas à son mari.

— Je veux un conseil, conseiller ; et d'autre part, pourquoi ennuyer mon mari ? Tout au plus parlerai-je de cette affaire à ma sœur Perpétua. Je trouve qu'il vaut mieux ne rien dire à Agostinho.

Aires reconnut qu'il était inutile de l'ennuyer, si tel était le cas, et attendit. Natividade, sans parler de la métisse, raconta d'abord la rivalité de ses fils, déjà manifeste en politique, et faisant spécialement allusion à Paulo, elle lui répéta la phrase de la lettre et demanda ce qu'il était le plus utile de faire. Aires estima que c'étaient les ardeurs de la jeunesse. Qu'elle n'insiste pas : si elle insistait, il changerait de paroles mais pas de sentiments.

— Alors, vous croyez que Paulo sera toujours ainsi ?

— Toujours, je ne dis pas ; je ne dis pas non plus le contraire. Baronne, vous exigez des réponses définitives, mais dites-moi s'il existe quelque chose de définitif en ce monde, à part l'hombre de votre mari ? Même cela a des ratés. Il y a combien de jours que je ne sais pas ce qu'est une donne ? Il est vrai que je ne me suis pas montré. Et puis le plaisir de la conversation paie bien celui des cartes. Je parie que les hommes mariés qui vont là sont d'un autre avis ?

— Peut-être.

— Seuls les vieux garçons peuvent apprécier les idées des femmes. Un veuf sans enfant, comme moi, vaut un vieux garçon ; je mens : à soixante ans, comme moi, il en vaut deux ou trois. Pour ce qui est du jeune Paulo, ne pensez plus au discours. Moi aussi, j'ai discouru lorsque j'étais jeune.

— J'ai déjà pensé à les marier.
— Le mariage est une bonne chose, approuva Aires.
— Je ne dis pas se marier tout de suite, mais d'ici deux ou trois ans. Peut-être ferai-je auparavant un voyage avec eux. Qu'en pensez-vous ? Allons, ne me répondez pas en répétant ce que je dis. Je veux votre véritable pensée. Croyez-vous qu'un voyage ?...
— Je pense qu'un voyage...
— Finissez.
— Les voyages font du bien, surtout à leur âge. Ils terminent leurs études cette année, n'est-ce pas ? Eh bien, avant d'entamer une quelconque carrière, mariés ou non, il leur sera utile de voir d'autres contrées. Mais quel besoin avez-vous d'aller avec eux ?
— Les mères...
— Mais moi aussi (pardonnez-moi de vous interrompre), mais, moi aussi, je suis votre fils. Ne trouvez-vous pas que la fréquentation, l'amabilité du visage, la grâce, l'affection et toutes les qualités grisonnantes qui vous parent composent une espèce de maternité ? Je vous avoue que je me sentirais orphelin.
— Venez donc avec nous.
— Ah, baronne, pour moi il n'est plus de monde qui vaille un billet de passage. J'ai tout vu en plusieurs langues. Maintenant le monde commence ici, sur le quai de Glória ou rue de l'Ouvidor et finit au cimetière de São João Baptista. J'entends dire qu'il y a quelques mers ténébreuses du côté de la Pointe du Cajú, mais je suis un vieil incrédule, comme vous le disiez il n'y a pas longtemps, et je n'accepte pas ces nouvelles sans preuve formelle et visuelle, et pour aller les vérifier, il me manque des jambes.
— Toujours plaisantin ! Ne les ai-je pas vu grimper maintenant ? Votre sœur m'a dit l'autre jour que vous marchiez comme à trente ans.
— Rita exagère. Mais pour en revenir au voyage, vous n'avez pas encore acheté les billets ?
— Non.
— Vous ne les avez même pas retenus ?
— Non plus.
— Alors, pensons à autre chose. Chaque jour apporte son

occupation, à plus forte raison les semaines et les mois. Pensons à autre chose, et laissez donc Paulo souhaiter la République.

Natividade trouva au fond d'elle-même qu'il avait raison, ensuite elle pensa à autre chose, qui était l'idée du début. Elle ne dit pas tout de suite ce que c'était, elle préféra parler pendant quelques minutes. Ce n'était pas difficile avec cet individu. L'une de ses qualités était de parler avec les femmes sans tomber dans la banalité ni monter aux nues ; il avait une façon particulière : était-ce dans l'idée, dans le geste ou dans la parole, je ne sais. Non qu'il dît du mal de qui que ce fût, — ce qui, du reste, serait une distraction. Je veux croire qu'il ne disait pas de mal par indifférence ou par prudence ; provisoirement, mettons charité.

— Mais vous ne m'avez pas encore dit ce que vous vouliez de moi, outre le conseil. Ou ne voulez-vous rien de plus ?

— Il me coûte de vous le demander.

— Demandez toujours.

— Vous savez que mes deux jumeaux ne sont d'accord sur rien, ou sur bien peu de choses, quels que soient les efforts que j'ai faits pour les amener à une certaine harmonie. Agostinho ne m'aide pas, il a d'autres soucis. Moi-même, je ne me sens plus assez de force, et c'est pourquoi j'ai pensé qu'un ami, un homme modéré, un homme de la société, habile, fin, prudent, intelligent, instruit...

— Moi, en somme ?

— Vous avez deviné.

— Je n'ai pas deviné : c'est mon portrait en personne. Mais alors que croyez-vous que je puisse faire ?

— Vous pouvez les corriger par de bonnes manières, les rendre unis même lorsqu'ils ne sont pas d'accord, ou à peine, ou pas du tout. Vous ne pouvez pas imaginer ; on dirait qu'ils le font exprès. Ils ne sont pas en désaccord sur la couleur de la lune, par exemple, mais à onze ans, Pedro a découvert que les ombres de la lune étaient des nuages, et Paulo que c'étaient des défauts de notre vue, et ils se sont battus ; c'est moi qui les ai séparés. Imaginez en politique.

— Imaginez en amour, dites-le tout de suite ; mais ce n'est pas exactement pour ce cas...

— Oh, non !

— Pour d'autres, c'est également inutile, mais je suis né pour servir, quoique inutilement. Baronne, votre demande équivaut à me nommer mentor ou précepteur... Ne protestez pas ; je ne me sens pas diminué pour autant. Du moment que vous me payez mes appointements... Et n'ayez pas peur ; je demande peu, payez-moi en paroles ; vos paroles sont d'or. Je vous ai déjà dit que toute mon action est inutile.

— Pourquoi ?

— C'est inutile.

— Une personne d'autorité, comme vous, peut beaucoup, à condition que vous les aimiez, parce qu'ils sont bons, croyez-le. Les connaissez-vous bien ?

— Peu.

— Connaissez-les davantage et vous verrez.

Aires approuva en riant. Pour Natividade, cela valait une nouvelle tentative. Elle avait confiance en l'action du conseiller et pour tout dire... Je ne sais pas si je dois dire... Je dis. Natividade comptait sur l'ancienne inclination du vieux diplomate. Les cheveux blancs ne lui ôteraient pas le désir de la servir. Je ne sais pas qui me lit en ce moment. Si c'est un homme, peut-être ne comprendra-t-il pas tout de suite, mais si c'est une femme, je crois qu'elle comprendra. Si personne ne comprend, patience ; il suffit de savoir qu'il promit ce qu'elle voulait et il promit aussi de se taire, — elle y mit cette condition. Tout ceci poli, sincère et incrédule.

39

Un larron

Ils arrivèrent place de la Carioca, descendirent et prirent congé ; elle entra dans la rue Gonçalves Dias, lui s'engagea dans celle de la Carioca. A mi-chemin, Aires rencontra un attroupement, des gens qui se mirent aussitôt en marche vers la place. Aires voulut rebrousser chemin, non de peur mais d'horreur. Il avait horreur de la foule. Il vit que les gens étaient peu nombreux, cinquante ou soixante personnes, et entendit qu'ils criaient contre l'arrestation d'un homme. Il entra dans un couloir pour les laisser passer. Deux agents de police emmenaient le prisonnier par le bras. De temps en temps, il résistait, et il fallait alors le tirer ou le forcer par d'autres méthodes. Il s'agissait, semble-t-il, du vol d'un porte-monnaie.

— Je n'ai rien volé ! — criait le prisonnier en s'arrêtant. C'est faux. Lâchez-moi. Je suis un citoyen libre ! Je proteste ! Je proteste !

— Au poste !

— Je n'irai pas !

— N'y allez pas, braillait la masse anonyme. N'y allez pas ! N'y allez pas !

L'un des agents voulut convaincre la foule que c'était vrai, que l'individu avait volé un porte-monnaie, et l'agitation parut diminuer un peu ; mais les deux agents reprenant leur marche avec le prisonnier — chacun lui tenant un bras —, la foule se remit à brailler contre la violence. Le prisonnier se sentit encouragé, et tantôt plaintif, tantôt agressif, il quêtait des défenseurs. L'autre agent dégaina alors son épée pour ouvrir une brèche. Les gens s'envolèrent, non pas légèrement comme l'hirondelle ou le pigeon à la recherche de leur nid ou de nourriture, ils s'envolèrent dans une bousculade, sautant d'un côté, sautant de l'autre, plus loin, de tous côtés. L'épée regagna le fourreau, et le prisonnier partit avec les agents. Mais aussitôt les poitrines prirent leur revanche sur les jambes, et une clameur énorme, ample, déchaînée, emplit la rue et l'âme du prisonnier. La foule se fit à nouveau compacte et se dirigea vers le poste de police. Aires poursuivit son chemin.

La clameur mourut peu à peu, et Aires entra au Secrétariat de l'Empire. Il ne trouva pas le ministre, semble-t-il, ou bien la conférence fut courte. Ce qui est certain, c'est qu'en sortant sur la place, il trouva des lambeaux de l'attroupement qui revenaient, en faisant des commentaires sur l'arrestation et sur le voleur. Ils ne disaient pas voleur, mais larron, croyant que c'était plus doux, et autant ils avaient crié, peu de temps avant, contre l'action des agents, autant ils riaient maintenant des malheurs du prisonnier.

— Quel type !

Mais alors ?... vas-tu demander. Aires ne demanda rien. En fin de compte, il y avait un fond de justice dans cette manifestation double et contradictoire ; voilà ce qu'il pensa. Ensuite, il songea que les cris de la foule qui protestait étaient fils d'un vieil instinct de résistance à l'autorité. Il constata que l'homme, une fois créé, avait aussitôt désobéi au Créateur — qui lui avait d'ailleurs donné un paradis pour vivre ; mais il n'est point de paradis qui vaille le goût de l'opposition. Que l'homme s'habitue aux lois, passe ; qu'il incline le cou sous la force et le bon plaisir, passe encore ; c'est ce qui arrive aux plantes, lorsque souffle le vent. Mais qu'il bénisse la force et exécute les lois, toujours, encore et toujours, c'est violer la liberté primitive, la liberté du vieil Adam. Telles étaient les pensées du conseiller Aires.

Ne lui attribuez pas toutes ces idées. Il pensait ainsi, comme s'il parlait tout haut, à la table ou au salon d'un hôte. C'était un procédé de critique douce et délicate, si convaincue en apparence, que l'un ou l'autre des auditeurs, à la recherche d'idées, finissait par lui en prendre une ou deux...

Il allait descendre la rue Sete de Setembro, lorsque le souvenir des clameurs apporta celui d'autres, plus fortes et plus anciennes.

40

« *Recuerdos* »

Ces clameurs plus fortes et plus anciennes n'auraient pas leur place ici, s'il ne fallait expliquer le geste soudain qui fit arrêter Aires sur la chaussée. Il s'arrêta, reprit ses esprits et continua à marcher les yeux au sol et l'âme à Caracas. C'était à Caracas, où il avait servi en qualité d'attaché de légation. Il était chez lui, en conversation avec une actrice à la mode, personne coquette et drôle. Soudain, ils entendirent une grande clameur, des voix tumultueuses, vibrantes, croissantes...

— Quel est ce bruit, Carmen ? demanda-t-il entre deux caresses.

— N'ayez pas peur, cher ami ; c'est le gouvernement qui tombe.

— Mais j'entends des acclamations...

— Alors, c'est le gouvernement qui monte. N'ayez pas peur. Il sera temps demain d'aller le saluer.

Aires se laissa emporter dans le flot de ce vieux souvenir qui venait de sourdre des cris de cinquante ou soixante personnes. Cette sorte de souvenir avait sur lui plus d'effet que d'autres. Il retrouva l'heure, le lieu et la personne de la sévillane. Carmen était de Séville. L'ex-jeune homme se souvenait encore de la chanson populaire qu'il l'entendait fredonner, lorsqu'ils se séparaient, après qu'elle eût arrangé ses jarretelles, remis de l'ordre dans ses jupes et planté son peigne dans ses cheveux — au moment où elle allait laisser tomber la mantille, avec des mouvements pleins de grâce :

Tienen las sevillanas,
En la mantilla,
Un letrero que dice :
Viva Sevilla !

Je suis incapable de donner l'air, mais Aires le savait encore par cœur et se le répétait, lentement, comme il marchait. Il méditait aussi sur son absence de vocation diplomatique. L'ascension d'un gouvernement — quel que fût le régime — avec ses idées neuves, ses hommes frais, ses lois et ses acclamations, valait moins pour lui que le rire de la jeune comédienne. Qu'était-elle devenue ? L'ombre de la jeune fille balaya tout le reste, la rue, les gens, le larron, pour rester seule devant le vieil Aires, ondulant des hanches et chantonnant le couplet andalou :

Tienen las sevillanas,
En la mantilla...

41

Le cas de l'âne

Si Aires avait obéi à son goût, et moi à lui, lui n'aurait pas continué à marcher, et moi je n'aurais pas commencé ce chapitre ; nous en serions restés à l'autre sans jamais plus le terminer. Mais il n'est pas de souvenir qui dure si une affaire plus forte attire l'attention, et un simple âne fit disparaître Carmen et son couplet. Il s'agissait d'une charrette arrêtée au pied de la traverse de S. Francisco qui empêchait toute voiture de passer, et le cocher donnait une volée de coups à l'âne de la charrette. Quoique ordinaire, ce spectacle fit arrêter notre Aires, aussi apitoyé par l'âne que par l'homme. La force que dépensait celui-ci était grande car l'âne ruminait s'il devait ou non quitter les lieux, mais malgré cette supériorité, il prenait une sacrée rossée. Il y avait déjà quelques personnes arrêtées qui regardaient. Cette situation dura cinq ou six minutes ; finalement, l'âne préféra la marche aux coups, sortit la charrette de l'endroit, et s'en alla.

Dans les yeux ronds de l'animal, Aires vit une profonde expression d'ironie et de patience. Cela lui parut la manifestation évidente d'un esprit invincible. Ensuite, il y lut ce monologue : « Va, patron, bourre la charrette de charge pour gagner le foin dont tu me nourris. Vis pieds nus pour acheter mes fers. Tu ne m'empêcheras pas pour autant de te donner un méchant nom, mais je ne te donne rien du tout ; tu restes toujours mon cher patron. Tandis que tu t'épuises à gagner ta vie, je pense que ton pouvoir ne vaut pas grand-chose, puisque tu ne m'enlèves pas la liberté de résister... »

42

Une hypothèse

Visions et réminiscences mangeaient ainsi le temps et l'espace du conseiller, au point de lui faire oublier la demande de Natividade ; mais il ne l'oublia pas tout à fait, et les paroles échangées peu de temps auparavant sourdaient des pierres de la rue. Il considéra qu'il ne perdait rien à étudier les garçons. Il en arriva à saisir une hypothèse, espèce d'hirondelle qui volète entre les arbres, en haut, en bas, se pose ici ou là, prend de nouveau son élan et se fait toute mouvement. Telle fut l'hypothèse vague et colorée, à savoir, que si les jumeaux étaient nés de lui, peut-être ne divergeraient-ils pas autant, ou pas du tout, grâce à l'équilibre de son esprit. L'âme du vieil homme se mit à chuchoter je ne sais quels désirs rétrospectifs, et à revoir cette hypothèse, une autre Carmen, une autre Caracas, lui père, ces petits les siens, l'hirondelle tout entière qui s'en allait dans un bruissement muet de mouvements.

— On voit, on entend presque sa réflexion, nota Aires en lui-même.

Il rit ensuite dans sa barbe et reprit sa marche. Il avait inventé tant de choses dans son service diplomatique, qu'il avait peut-être inventé le monologue de l'âne. Ce fut le cas ; il n'avait rien lu dans ses yeux, à part l'ironie et la patience, mais on ne peut affirmer qu'il ne leur attribuait pas une forme de parole avec ses règles de syntaxe. L'ironie elle-même était peut-être par hasard sur sa rétine. L'œil de l'homme sert de photographie à l'invisible comme l'oreille sert d'écho au silence. L'important est que le propriétaire ait un éclair d'imagination pour aider la mémoire à oublier Caracas et Carmen, ses baisers et l'expérience politique.

43

Le discours

Natividade, elle, n'eut de distraction d'aucune sorte. Elle était tout entière à ses fils et maintenant tout spécialement à la lettre et au discours. Elle commença par ne pas donner de réponse aux effusions politiques de Paulo ; c'était l'un des conseils du conseiller. Lorsque son fils revint pour les vacances, il avait oublié la lettre qu'il avait écrite.

Le discours, lui, il ne l'oublia pas, mais oublie-t-on les discours que l'on fait ? S'ils sont bons, la mémoire les grave dans du bronze ; mauvais, ils laissent une certaine amertume qui dure longtemps. Le meilleur remède, dans le second cas, est de les présumer excellents, et si la raison n'accepte pas cette supposition, de consulter des personnes qui l'acceptent et les croire. L'opinion est un vieux baume incorruptible.

Paulo avait du talent. Le discours de ce jour-là pouvait pêcher, ça et là, par quelque emphase et quelque idée ordinaire et fatiguée. Il avait du talent, Paulo. En somme, le discours était bon. Santos le trouva excellent, le lut à ses amis, et décida de le reproduire dans les journaux. Natividade ne s'y opposa pas, mais pensait que quelques mots devaient être coupés.

— Coupés, pourquoi ? demanda Santos ; et il attendit la réponse.

— Mais tu ne le vois pas, Agostinho ? Ces mots ont un sens républicain, expliqua-t-elle en relisant la phrase qui l'avait affligée.

Santos l'écouta les lire, les lut lui-même et ne manqua pas de lui donner raison. Cependant, il ne fallait pas les supprimer.

— Alors ne reproduis pas le discours.

— Ah, ça non ! Le discours est magnifique, et ne doit pas mourir à São Paulo ; il faut que la Cour le lise, et les provinces aussi, et j'irai même jusqu'à le faire traduire en français. En français, il se pourrait qu'il soit encore meilleur.

— Mais, Agostinho, cela peut nuire à la carrière de ce garçon, l'Empereur peut ne pas aimer...

Pedro, qui assistait depuis quelques instants au débat, intervint pour dire que les craintes de sa mère étaient sans fondement ; il était bon de mettre la phrase tout entière, et à la rigueur, elle ne différait pas beaucoup de ce que disaient les libéraux en 1848.

— Un monarchiste libéral peut très bien signer ce passage, conclut-il après avoir relu les paroles de son frère.

— Justement ! approuva le père.

Natividade, qui voyait partout l'inimitié des jumeaux, soupçonna que le but de Pedro était justement de compromettre Paulo. Elle le regarda pour voir si elle découvrait en lui cette intention retorse, mais le visage de son fils avait alors l'aspect de l'enthousiasme. Pedro lisait des passages du discours, insistant sur les beautés, répétant les phrases les plus nouvelles, chantant les plus rondes, les retournant dans la bouche, le tout de si belle façon que les soupçons de sa mère disparurent, et que la réimpression du discours fut décidée. On tira aussi une édition en brochures, et le père en fit relier superbement sept exemplaires qu'il porta aux ministres, et un autre plus superbe encore pour la Régente.

— Dis-lui, conseilla Natividade, que notre Paulo est un ardent libéral...

— Un libéral de 1848, compléta Santos en se rappelant les paroles de Pedro.

Santos exécuta le tout à la lettre. La remise se fit naturellement, et au Palais Isabel, la définition du « libéral de 1848 » prit plus de relief que les autres mots, soit pour diminuer le parfum révolutionnaire de la phrase condamnée par sa femme, soit parce qu'elle avait une valeur historique. Lorsqu'il revint à la maison, la première chose qu'il lui dit fut que la Régente avait demandé de ses nouvelles, mais quoique flattée du souvenir, Natividade voulut savoir quelle impression lui avait fait le discours, si elle l'avait déjà lu.

— Bonne, me semble-t-il. Elle m'a dit qu'elle avait déjà lu le discours. Ce qui ne m'a pas empêché de lui dire que les sentiments de Paulo étaient bons, et que si nous notions chez lui une certaine ardeur, nous savions toujours qu'ils étaient ceux d'un libéral de 1848.

— Vous avez dit cela, Papa ? demanda Pedro.

— Pourquoi pas, puisque c'est la vérité ? Paulo est ce que l'on peut appeler un libéral de 1848, répéta Santos, voulant convaincre son fils.

44

Le saumon

Ce fut pendant les vacances que Paulo eut connaissance de l'interprétation que son père avait donnée à la Régente de ce passage du discours. Il protesta contre cette interprétation à la maison, il voulut le faire aussi en public, mais Natividade intervint à temps. Aires mit du baume sur la plaie en disant au futur bachelier en droit :

— Cela n'en vaut pas la peine, mon garçon ; l'important est que chacun ait ses idées et se batte pour elles, jusqu'à ce qu'elles triomphent. Maintenant, que les autres les interprètent mal est quelque chose qui ne doit pas affliger l'auteur.

— Affliger, si monsieur ; c'est exactement cela... Je vais écrire un article à propos de n'importe quoi, et je ne laisserai aucun doute...

— Pourquoi ? demanda Aires.

— Je ne veux pas qu'on suppose...

— Mais qui doute de tes sentiments ?

— On pourrait en douter.

— Laisse donc. De toute façon, viens d'abord déjeuner avec moi un de ces jours... Écoute, viens dimanche, et ton frère Pedro aussi. Nous serons trois à table, déjeuner de garçons. Nous boirons certain vin que m'a offert le Ministre d'Allemagne...

Le dimanche, ils allèrent tous deux au Catete, moins pour le déjeuner que pour l'amphytrion. Aires était aimé des deux ; ils prenaient du plaisir à l'écouter, à l'interroger, ils lui demandaient des anecdotes politiques d'un autre temps, la description de fêtes, des nouvelles de la société.

— Vivent mes deux jeunes, dit le conseiller, vivent mes deux jeunes qui n'ont pas oublié leur vieil ami. Comment va Papa ? Et Maman ?

— Ils vont bien, dit Pedro. Paulo ajouta que tous deux lui envoyaient leurs souvenirs.

— Et tante Perpétua ?

— Elle aussi va bien, dit Paulo.

— Toujours avec l'homéopathie et ses histoires du Paraguay, ajouta Pedro.

Pedro était joyeux, Paulo préoccupé. Après les premières salutations et nouvelles, Aires remarqua cette différence et trouva que c'était bon pour enlever la monotonie de la ressemblance ; mais enfin, il ne voulait pas de visage fermé et demanda à l'étudiant en Droit ce qu'il avait.

— Rien.

— Ce n'est pas possible ; je te trouve un air presque sombre. Or, moi, je me suis réveillé disposé à rire, et je désire que vous riiez tous deux avec moi.

Paulo grogna un mot qu'aucun d'eux ne comprit et tira de sa poche une liasse de feuilles de papier. C'était un article...

— Un article ?

— Un article dans lequel je lève tous les doutes à mon sujet, et je vous demande de m'écouter, monsieur, il est court. Je l'ai écrit la nuit dernière.

Aires proposa de l'écouter après le déjeuner, mais le garçon demanda que ce soit tout de suite, et Pedro fut de cet avis, alléguant que sur le repas il pourrait perturber la digestion, en mauvais remède qu'il devait être, naturellement. Aires mit l'affaire en discussion et accepta d'écouter l'article.

— Il est court, sept colonnes.

— D'une écriture serrée ?

— Non, monsieur, comme ci, comme ça.

Paulo lut l'article. Il portait en épigraphe ces mots d'Amos : « J'ai entendu, vaches grasses qui vivez sur le Mont de Samarie... » Les vaches grasses étaient les gens du régime, expliqua Paulo. Il n'attaquait pas l'Empereur, par respect pour sa mère, mais envers le principe et les gens il était violent et dur. Aires sentit chez lui ce qui, en son temps, s'appela « la bosse de la combativité ». Lorsque Paulo termina, Pedro dit d'un air moqueur :

— Je connais ça, ce sont des idées paulistes.

— Les tiennes sont des idées coloniales rétrogrades, répliqua Paulo.

De cet introït auraient pu naître des mots pires, mais heureusement un domestique se présenta à la porte pour annoncer que le déjeuner était servi. Aires se leva et dit qu'il donnerait son opinion à table.

— D'abord le déjeuner, d'autant plus que nous avons un saumon, chose rare. Allons le retrouver.

Aires voulait vraiment accomplir la tâche qu'il avait acceptée de Natividade. Qui sait si l'idée de père spirituel des jumeaux, père par envie seulement, père qu'il ne fut pas mais qu'il aurait pu être, ne lui donnait pas une affection particulière et un devoir plus grand que celui de simple ami ? Il n'est pas non plus hors de propos qu'il ait seulement cherché une matière nouvelle pour les pages nues de son *Mémorial.*

Au déjeuner, on parla encore de l'article, Paulo avec amour, Pedro avec dédain, Aires sans l'un ni l'autre. Le déjeuner faisait son office. Aires étudiait les deux garçons et leurs opinions. Celles-ci n'étaient peut-être rien de plus qu'une éruption de boutons due à l'âge. Et il souriait, les faisait manger et boire, et alla jusqu'à parler de filles, mais là, les garçons, intimidés et respectueux, ne suivirent pas l'ex-ministre. La politique finit par s'éteindre. En vérité, Paulo se déclara encore capable, avec dix hommes, d'abattre la monarchie, et Pedro, avec un décret, d'extirper le germe républicain. Mais l'ex-ministre, sans autre décret qu'une casserole, et sans autre homme que son cuisinier, engloutit les deux régimes dans le même délicieux saumon.

45

Chante, muse

A la fin du déjeuner, Aires leur donna une citation d'Homère, ou plutôt deux, une pour chacun, en leur disant que le vieux poète les avait chantées séparément, pour Paulo au commencement de l'Iliade :

— « Chante, Déesse, la colère d'Achille, le fils de Pélée ; détestable colère, qui aux Achéens valut des souffrances sans nombre et jeta en pâture à Hadès tant d'âmes fières de héros, tandis que de ces héros mêmes elle faisait la proie des chiens et de tous les oiseaux du ciel... » (1)

Pour Pedro, au commencement de l'Odyssée :

— « C'est l'Homme aux mille tours, Muse, qu'il faut me dire, celui qui tant erra, quand de Troade, il eut pillé la ville sainte... » (2)

C'était une façon de définir le caractère des deux, et ni l'un ni l'autre ne prit mal l'application. Au contraire, la citation poétique valait un diplôme particulier. Le fait est que tous deux sourirent de conviction, d'acceptation, et de remerciement, sans trouver un mot ou une syllabe qui démentissent la justesse des vers. Que lui, le conseiller, après les avoir cités dans notre prose, les répète dans le texte grec lui-même, et les deux jumeaux se sentirent encore plus épiques, tant il est vrai que les traductions ne valent pas les

(1) Traduction de Paul Mazon.
(2) Traduction de Victor Bérard.

originaux. Ce qu'ils firent, c'est donner un sens péjoratif à ce qui était applicable au frère :

— Vous avez raison, monsieur le conseiller, — dit Paulo, — Pedro est un roublard...

— Et toi, un enragé...

— En grec, mes enfants, en grec et en vers, cela vaut mieux que notre langue et la prose de notre époque.

46

Entre un acte et l'autre

Ces déjeuners se répétèrent, les mois passèrent, vinrent les vacances, s'en allèrent les vacances, et Aires sondait de façon satisfaisante les jumeaux. Il parlait d'eux dans le *Mémorial,* où l'on peut lire que la consultation du vieux Placido les concernait tous deux, et aussi la visite à la métisse du Castelo et la lutte avant de naître, histoires anciennes et obscures qu'il rappela, relia et éclaircit.

Tandis que passent les mois, considère que tu es au théâtre, entre un acte et l'autre, à bavarder. Là-bas derrière, on prépare la scène, et les artistes changent de costume. N'y va pas ; laisse la dame, dans sa loge, rire avec ses amis de ce qui l'a fait pleurer, sur scène, avec les spectateurs. Quant au jardin que l'on est en train de faire, ne t'aventure pas à le voir par derrière ; c'est une simple bâche sans peinture, car seul le côté du spectateur a du vert et des fleurs. Reste ici devant, dans la loge de cette dame. Examine ses yeux ; ils ont encore les larmes que lui a arrachées l'héroïne de la pièce. Parle-lui de la pièce et des artistes. Dis-lui qu'elle est obscure. Qu'ils ne savent pas leurs rôles ; ou alors que tout est sublime. Parcours ensuite des jumelles les loges, distribue des jugements, appelle belles les belles et laides les laides, et n'oublie pas de raconter des anecdotes qui enlaidissent les belles et des vertus qui rehaussent les laides. Les vertus doivent être grandes et les anecdotes drôles. Il en est aussi de banales, mais la banalité elle-même, dans la bouche d'un bon narrateur, devient rare et précieuse. Et tu verras comment les larmes sèchent tout à fait, et comme la réalité remplace la fiction. Je parle par image ; tu sais que tout ici est pure vérité, et sans larmes.

47

Saint Mathieu, IV, 1-10

S'il y a beaucoup de sourires lorsqu'un parti monte, il y a aussi beaucoup de larmes chez celui qui tombe, et c'est de sourires et de larmes qu'est fait le premier jour de la nouvelle majorité, comme dans la Genèse. Venons-en à l'évangéliste qui sert de titre au chapitre. Les libéraux furent appelés au pouvoir, pouvoir que les conservateurs durent abandonner. Inutile de dire que l'abattement de Batista fut énorme.

— Justement maintenant que j'avais des espérances, dit-il à sa femme.

— De quoi ?

— Comment, de quoi ! D'une présidence. Je n'ai rien dit, parce que cela pouvait échouer, mais il est presque sûr que non. J'ai eu deux entretiens, non pas avec des ministres, mais avec une personne influente qui savait, et c'était l'affaire d'un mois ou deux.

— Bonne présidence ?

— Bonne.

— Si tu avais bien œuvré...

— Si j'avais bien œuvré, je pourrais déjà être en fonction, mais nous partirions maintenant tambour battant.

— C'est vrai, approuva dona Claudia en regardant vers le futur.

Batista allait et venait, les mains dans le dos et les yeux baissés, soupirant, incapable de prévoir le temps où les conservateurs reviendraient au pouvoir. Les libéraux étaient forts et résolus. Les mêmes idées planaient dans la tête de dona Claudia. Ce couple n'était différent que dans la volonté ; leurs idées étaient souvent telles que, si elles étaient exprimées à l'extérieur, personne ne pouvait dire lesquelles étaient à lui, lesquelles étaient à elle : elles semblaient venir d'un cerveau unique. A ce moment-là, aucun ne trouvait d'espérance, immédiate ou lointaine. Une seule et vague idée... Et ce fut là que la volonté de dona Claudia prit racine et grandit. Je ne parle pas que par image ; dona Claudia se leva de sa chaise, vivement, et lança cette question à son mari :

— Mais, Batista, qu'attends-tu de plus des conservateurs ?

D'un air digne, Batista s'arrêta, et répondit avec simplicité :

— J'attends qu'ils montent.

— Qu'ils montent ? Tu vas attendre huit ou dix ans, la fin du siècle, n'est-ce pas ? Et à ce moment-là, sais-tu si on fera appel à toi ? Qui se souviendra de toi ?

— Je peux fonder un journal.

— Laisse les journaux. Et si tu meurs ?

— Je meurs en homme d'honneur.

Dona Claudia le regarda fixement ; ses petits yeux pénétraient au plus profond des siens, comme deux vrilles patientes. Soudain, dressant ses mains ouvertes :

— Batista, tu n'as jamais été conservateur !

Son mari pâlit et recula, comme s'il avait entendu l'ingratitude d'un parti en personne. Il n'avait jamais été conservateur ? Mais qu'était-il alors, que pouvait-il être en ce monde ? D'où lui venait l'estime de ses chefs ? Il ne lui manquait plus que cela... Dona Claudia ne tint pas compte des explications ; elle répéta ses paroles et ajouta :

— Tu étais avec eux comme on est dans un bal, où il n'est pas nécessaire d'avoir les mêmes idées pour danser le même quadrille.

Batista eut un sourire léger et fugitif ; il aimait les images gracieuses, et celle-ci lui parut particulièrement gracieuse, à tel point qu'il fut aussitôt d'accord ; mais son étoile lui inspira une prompte réfutation :

— Oui, mais ce n'est pas avec des idées que l'on danse, c'est avec des pieds.

— Danse avec ce que tu voudras, en vérité, toutes tes idées allaient aux libéraux ; souviens-toi que les opposants de la province t'accusaient d'appuyer les libéraux.

— C'était faux ; c'est le gouvernement qui me recommandait la modération. Je peux montrer des lettres.

— Modération, nenni ! Tu es libéral.

— Moi, libéral ?

— Un grand libéral, tu n'as jamais été autre chose.

— Pense à ce que tu dis, Claudia. Si quelqu'un t'entend, il est capable de croire et de répandre...

— Qu'importe qu'il répande ? Il répandra la vérité, il répandra la justice, parce que tes véritables amis ne vont pas te laisser dans la rue, maintenant que tout s'organise. Tu as des amis personnels au ministère ; pourquoi ne fais-tu pas appel à eux ?

Bastista recula, horrifié. Le fait de monter les marches du Pouvoir et de lui dire qu'il était à sa disposition n'était même pas concevable. dona Claudia admit que non, mais un ami ferait tout, un ami proche du gouvernement, qui dirait à Ouro Prêto : « Vicomte, pourquoi n'appelez-vous pas Batista ? Il a toujours été libéral dans les idées. Donnez-lui une présidence, aussi petite soit-elle, et... »

Batista eut un mouvement d'épaule, un autre de la main pour la faire taire. Sa femme ne se tut pas ; elle dit les mêmes choses, cette fois-ci plus graves par l'insistance et par le ton. Dans l'âme de son mari, la catastrophe était déjà terrible. En réfléchissant bien, il ne refuserait pas de franchir le Rubicon ; seule lui manquait la force nécessaire. Il aurait voulu vouloir. Il aurait voulu ne rien voir, ni passé, ni présent, ni futur, ne s'occuper ni d'hommes ni de choses, et obéir aux dés du sort, mais il ne le pouvait pas.

Et rendons justice à l'homme. Quand il ne pensait qu'à la fidélité à ses amis, il se sentait mieux ; il y avait encore la même foi, la même habitude, la même espérance. Le mal venait de ce qu'il regardait de l'autre côté ; et c'était dona Claudia qui lui montrait du doigt la carrière, la joie, la vie, la marche inéluctable et longue, la présidence, le ministère... Il détournait les yeux et demeurait.

Seul avec lui-même, Batista pensa souvent à sa situation personnelle et politique. Il se palpait moralement. Claudia pouvait avoir raison. Qu'y avait-il en lui à proprement parler de conservateur, sinon l'instinct de toute créature qui l'aide à traverser ce monde ? Il se vit conservateur en politique parce que son père l'était, et aussi son oncle, les amis de la maison, le curé de la paroisse, et c'était à l'école qu'il avait commencé à exécrer les libéraux. Et puis, il n'était pas à proprement parler conservateur, mais *saquarema* (1) comme les libéraux étaient *luzias* (2). Batista s'accrochait maintenant à ces termes obsolètes et péjoratifs qui changeaient le style des partis ; ce qui faisait qu'il n'y avait pas aujourd'hui entre eux le grand abîme de 1842 et de 1848. Et il se souvenait du Vicomte d'Albuquerque, ou quelque autre sénateur, qui disait que rien ne ressemblait plus à un conservateur qu'un libéral, et vice versa. Et il évoquait des exemples, le Parti Progressiste, *Olinda, Nabuco, Zacarias,* qu'étaient-ils sinon des conservateurs qui comprirent les temps nouveaux et enlevèrent aux idées libérales le sang des révolutions pour leur donner une couleur vive, certes, mais paisible. Le monde n'appartenait pas aux entêtés... Il eut alors un frisson dans la moelle. C'est à ce moment-là qu'apparut Flora. Son père l'étreignit avec amour, et lui demanda si elle accepterait de partir pour une province, s'il était président.

— Mais les conservateurs ne sont-ils pas tombés ?

— Ils sont tombés, oui, mais suppose que...

— Ah, non, papa !

— Non, pourquoi ?

— Je ne veux pas quitter Rio de Janeiro.

Pour elle, Rio de Janeiro était peut-être Botafogo, et plus particulièrement la maison de Natividade. Son père ne rechercha pas les causes de son refus ; il les supposa politiques et trouva de nouvelles forces pour résister aux tentations de dona Claudia : « Arrière, Satan ; car il est écrit : Tu adoreras le Seigneur ton Dieu et tu le serviras ». Et la suite fut comme dans l'Écriture : « Alors le Diable le laissa ; et voici qu'arrivèrent les anges, et ils le servirent. » Les anges n'étaient qu'un, qui en valait beaucoup ; et son père lui dit en l'embrassant tendrement :

— Très bien, très bien, ma fille.

(1) La propriété du Vicomte de Itaborai, membre influent du parti conservateur, était située à Saquarema (Rio de Janeiro).

(2) Cette épithète fut donnée aux libéraux exaltés après la bataille de Santa Luzia (Minas Gerais) en 1842.

— N'est-ce pas, Papa ?

Non, ce ne fut pas la fille qui entrava la désertion du père. Au contraire. Batista, s'il avait dû céder, aurait cédé à sa femme ou au diable, synonymes dans ce chapitre. Il ne céda pas par faiblesse. Il n'avait pas la force nécessaire pour trahir ses amis, pour autant que ceux-ci aient paru l'avoir abandonné. Il est de ces vertus faites de gêne et de timidité et qui n'en sont pas moins lucratives, moralement parlant. Il n'y a pas que les stoïques et les martyrs qui comptent. Les vertus mineures sont aussi des vertus. Il est certain toutefois que son langage envers les libéraux n'était pas celui de la haine ou de l'impatience ; il allait jusqu'à la tolérance, il frôlait la justice. Il convenait que l'alternance des partis était un principe de nécessité publique. Ce qu'il faisait, c'était encourager ses amis. Ils reviendraient bientôt au pouvoir. Mais dona Claudia pensait le contraire ; pour elle, les libéraux tiendraient jusqu'à la fin du siècle. Tout au plus admit-elle qu'à la première entrée en scène ils ne donneraient pas de poste à un converti de la dernière heure ; il fallait attendre un an ou deux, une vacance à la Chambre, une commission, la vice-présidence de Rio...

48

Terpsichore

Rien de tout cela ne préoccupait Natividade. Elle devait s'occuper avec plus d'empressement du bal de l'île Fiscal, qui eut lieu en novembre pour honorer les officiers chiliens. Non qu'elle dansât encore, mais elle aimait voir danser les autres, et avait maitenant l'opinion que la danse est un plaisir des yeux. Cette opinion est l'un des effets de la mauvaise habitude qu'est vieillir. Ne prends pas cette habitude, lectrice. Il en est d'autres mauvaises aussi, mais aucune n'est pire, celle-ci est la plus mauvaise. Laisse donc les philosophes dire que la vieillesse est un état utile par l'expérience et autres avantages. Ne vieillis pas, mon amie, même si les années t'invitent à abandonner le printemps ; accepte tout au plus l'été. L'été est bon, chaud, les nuits sont brèves, c'est certain, mais les petits matins sont nets de brume et le ciel est tout azur. Ainsi tu danseras toujours.

Je sais bien qu'il est des gens pour qui la danse est un plaisir des yeux, et les danseuses rien d'autre que des femmes de métier. Même moi, s'il est permis à quelqu'un de se citer, même moi, je trouve que la danse est plutôt un plaisir des yeux que des pieds, et la raison n'en est pas seulement le nombre et la grisaille des années, mais une autre que je ne dis pas, cela n'en vaut pas la peine. En définitive, je ne suis pas en train de raconter ma vie, ni mes opinions ni rien qui ne concerne les personnes qui entrent dans ce livre. Celles-là, oui, je dois les placer ici intégralement avec leurs vertus et leurs imperfections, si elles en ont. Cela, on le comprend sans qu'il soit nécessaire de le noter, mais on ne perd rien à le répéter.

Dona Claudia, par exemple. Elle aussi pensait au bal de l'île Fiscal, sans la moindre idée de danser, ni pour la raison esthétique de Natividade. Pour elle, le bal de l'île était un fait politique, c'était le bal du ministère, une fête libérale qui pouvait ouvrir à son mari les portes de quelque présidence. Elle se voyait déjà avec la famille impériale. Elle entendait la princesse :

— Comment allez-vous, dona Claudia ?

— Parfaitement bien, Altesse Sérénissime.

Et Batista s'entretiendrait avec l'Empereur, dans un coin, devant les yeux envieux qui tenteraient de saisir le dialogue, à force de les fixer de loin. C'est son mari qui... Je ne sais que dire du mari, à propos du bal de l'île. Il comptait y aller, mais ne serait pas à l'aise, peut-être traduirait-on cet acte comme une semi-conversion. Non que seuls des libéraux aillent au bal, des conservateurs iraient aussi, et c'est là que convenait parfaitement l'aphorisme de dona Claudia, qu'il n'est pas nécessaire d'avoir les mêmes idées pour danser le même quadrille.

Santos, lui, n'avait pas besoin d'idées pour danser. Il ne danserait même pas. Jeune, il avait beaucoup dansé, quadrilles, polkas, valses, valse lente et valse viennoise, comme on disait alors, sans que je puisse mieux définir la différence ; je présume que dans la première les pieds ne quittaient pas le sol et dans la seconde ne touchaient pas terre. Tout ceci jusqu'à vingt-cinq ans. Ensuite les affaires s'emparèrent de lui et le plongèrent dans cette autre contredanse dans laquelle on ne revient pas toujours au même endroit ou dont on ne sort jamais. Santos en sortit et nous savons déjà où il est. Dernièrement, il lui avait pris la fantaisie d'être député. Natividade secoua la tête, pour autant qu'il ait expliqué qu'il ne voulait être ni orateur ni ministre, mais faire tout juste de la Chambre une marche pour le Sénat, où il avait des amis, personnes de mérite, et qui était éternel.

— Éternel ? l'interrompit-elle avec un sourire léger et sans couleur.

— À vie, veux-je dire.

Natividade s'obstina à dire que non, que sa situation était

commerciale et bancaire. Elle ajouta que la politique était une chose et l'industrie une autre. Santos répliqua en citant le baron de Mauá, qui avait fondu les deux. Sa femme déclara alors d'une façon sèche et dure qu'à soixante ans personne ne commence une carrière de député.

— Mais c'est provisoire ; les sénateurs sont âgés.

— Non, Agostinho, conclut la baronne d'un geste définitif.

Je ne raconte pas Aires, qui danserait probablement malgré les ans, je ne parle pas non plus de dona Perpétua, qui n'irait même pas. Pedro irait, et il est naturel qu'il dansât, et beaucoup, malgré l'ardeur et la passion de ses études. Il vivait ensorcelé par la Médecine. Dans sa chambre, outre le buste d'Hippocrate, il avait les portraits de quelques sommités médicales, force squelettes gravés, force maladies peintes, des poitrines coupées verticalement pour laisser voir les vaisseaux, des cerveaux découverts, une tumeur de la langue, quelques difformités, toutes choses que sa mère, à son goût, aurait fait jeter, mais c'était la science de son fils, et cela suffisait. Elle se contentait de ne pas regarder les tableaux.

Quant à Flora, encore jeune pour les balancements de Terpsichore, elle était timide ou hérissée, comme disait sa mère. Et cela était la moindre des choses ; au pire, il en faudrait peu pour qu'elle ne se fâche, et si elle ne pouvait pas rentrer tout de suite à la maison, elle serait malade le reste du temps. Notez que se trouvant dans l'île, elle aurait la mer tout autour, et la mer était l'un de ses délices ; mais si on lui rappelait la mer et si elle se consolait avec l'espoir de la contempler, elle ferait aussi remarquer que la nuit noire serait un obstacle à la consolation. Quelle foule d'assujettissements dans la vie, lecteur ! Les choses naissent les unes des autres, elles s'entortillent, se détachent, se confondent, se perdent, et le temps va son chemin sans se perdre, lui.

Mais d'où viendrait l'ennui de Flora, s'il venait ? Avec Pedro au bal, non ; il était, comme tu le sais, l'un des deux qu'elle aimait bien. Sauf si elle aimait surtout celui qui était à São Paulo. Conclusion hasardeuse, car il n'est pas certain qu'elle préférât l'un à l'autre. Si nous l'avons déjà vu parler aux deux avec la même sympathie, ce qu'elle faisait maintenant à Pedro en l'absence de Paulo et ferait à Paulo en l'absence de Pedro, il ne manquera pas une lectrice pour en supposer un troisième... Un troisième expliquerait tout, un troisième qui n'irait pas au bal, quelque étudiant pauvre sans plus d'ami et d'habit que le cœur jeune et chaud. Eh bien pas même celui-là, lectrice curieuse, pas de troisième, ni de quatrième ni de cinquième, plus personne. Une originale, comme l'appelait sa mère.

Peu importe ; l'originale alla au bal de l'île Fiscal avec sa mère et son père. Et aussi Natividade, son mari et Pedro, et aussi Aires, et les autres personnes invitées à la grande fête. Ce fut une belle idée du gouverneur, lecteur. Dedans et dehors, sur mer et sur terre, c'était comme un songe vénitien ; toute cette société vécut quelques heures somptueuses, nouvelles pour les uns, chargées de nostalgie pour d'autres et d'avenir pour tous — ou tout au moins pour notre amie Natividade — et pour le conservateur Batista.

La première considérait le destin de ses fils, — choses à venir ! Pedro pourrait bien inaugurer, comme ministre, le XXe siècle et le troisième règne. Natividade imaginait un autre bal — plus grand — dans cette même île. Elle composait la décoration, voyait les personnes et les danses, toute une fête grandiose qui entrerait dans l'histoire. Elle aussi serait là, assise dans un coin, sans se soucier du poids des ans, puisqu'elle aurait vu la grandeur et la prospérité de ses fils. Ainsi avait-elle étendu le regard sur l'avenir, décomptant du présent le bonheur futur, au cas où elle viendrait à mourir avant les prophéties. Avec une sensation semblable à celle que lui donnait à présent cette corbeille de lumières au milieu de l'obscurité tranquille de la mer.

L'imagination de Batista allait moins loin que celle de Natividade. Je veux dire qu'elle s'arrêtait au début du siècle, peut-être même, Dieu seul le sait, avant la fin de l'année. Au son de la musique, à la vue des pompes, il entendait des sorcières cariocques qui ressemblaient aux écossaises. Tout au moins leurs paroles étaient-elles analogues à celles qui saluèrent Macbeth : « Je vous salue, Batista, ex-président de province ! » « Je vous salue, Batista, vous serez ministre un jour ! » Le langage de ces prophéties était libéral, sans l'ombre d'un solécisme. En vérité, il s'en voulut de les écouter, et s'efforçait de les traduire dans le vieil idiome conservateur, mais il commençait à manquer de dictionnaire. Les premiers mots portaient encore l'accent ancien : « Je vous salue, Batista, ex-président de province ! », mais les seconds et les derniers étaient tous deux de cette autre langue libérale qui lui avait toujours paru du petit nègre. Et enfin sa femme, comme Lady Macbeth, disait des yeux ce que celle-ci disait des lèvres, c'est-à-dire, qu'elle sentait déjà en elle ces augures. Elle lui répéta la même chose le lendemain matin, à la maison. Batista, sourire retenu, ne croyait pas aux sorcières, mais sa mémoire gardait les paroles de l'île : « Je vous salue, Batista, futur président ! » A quoi il répondait avec un soupir : Non, non, filles du Diable...

Au contraire de ce qui a été dit plus haut, Flora ne s'ennuya pas dans l'île. J'ai mal conjecturé, je me reprends à temps. Elle aurait pu s'ennuyer pour les raisons que j'ai dites et pour d'autres encore que j'ai épargnées au lecteur pressé ; mais en vérité, elle passa agréablement la soirée. La nouveauté de la fête, le voisinage de la mer, les navires perdus dans l'ombre, la ville en face avec ses réverbères à gaz, en haut et en bas, sur la plage et sur les hauteurs, autant d'aspects nouveaux qui l'enchantèrent durant ces heures fugitives.

Il ne lui manquait ni cavaliers, ni conversation, ni joie — tant celle d'autrui que la sienne. Elle partageait tout entière le bonheur des autres. Elle voyait, entendait, souriait, oubliait le reste pour s'enfermer en elle-même. Elle enviait aussi la princesse impériale qui deviendrait impératrice un jour, avec le pouvoir absolu de renvoyer ministres et dames, visites et demandeurs, et de rester seule, au plus caché du palais, pour s'y rassasier de contemplation et de musique. C'était ainsi que Flora définissait le métier de gouverner. De telles idées passaient et revenaient. A un moment, quelqu'un lui avait dit comme pour l'encourager : « Toute âme libre est impératrice ! »

Ce ne fut pas une voix semblable à celles des sorcières de son père, ni à celles qui parlaient intérieurement à Natividade au sujet de ses fils. Non ; cela ferait ici beaucoup de voix mystérieuses, ce qui, outre l'ennui de la répétition, trahirait la réalité des faits. La voix qui parla à Flora sortit de la bouche du vieil Aires, qui était venu s'asseoir près d'elle et lui demandait :

— A quoi pensez-vous ?

— A rien, répondit Flora.

Or, le conseiller avait vu sur le visage de la jeune fille une certaine expression qui le fit insister. Flora expliqua comme elle put l'envie qu'éveillait en elle la vue de la princesse, non pour briller un jour, mais pour fuir le brillant et le pouvoir chaque fois qu'elle voudrait rester sujette d'elle-même. Ce fut alors qu'il lui murmura, comme plus haut :

— Toute âme libre est impératrice.

La phrase était bonne et sonore, elle paraissait contenir la plus grande somme de vérité qui existât sur terre et dans les planètes. Cela valait une page de Plutarque. Si quelque politicien l'avait entendue, il aurait pu la garder pour ses jours d'opposition au gouvernement, lorsque viendrait le troisième règne. Ce fut ce qu'il écrivit dans le *Mémorial*. Avec cette note : « La douce créature m'a remercié pour ces cinq mots. »

49

La vieille enseigne

Tout le monde rentra de l'île la tête pleine du bal, beaucoup en rêvèrent, quelques-uns dormirent mal ou pas du tout. Aires fut de ceux qui se réveillèrent tard ; il était onze heures. A midi, il déjeuna ; il écrivit ensuite dans le *Mémorial* les impressions de la veille, nota plusieurs épaules, fit des observations politiques, et termina par les mots qui concluent l'autre chapitre. Il fuma, lut, et finit par décider d'aller Rue de l'Ouvidor. Comme il s'approchait de la vitre de l'une des fenêtres de la façade, il vit à la porte du salon de thé une silhouette inattendue, le vieux Custodio, plein de mélancolie. Le spectacle était si nouveau qu'il resta là quelques instants ; c'est alors que le pâtissier l'aperçut entre les rideaux, et tandis qu'Aires retournait à l'intérieur, Custodio traversa la rue et entra.

— Qu'il monte, dit le conseiller au domestique.

Custodio fut reçu avec la bienveillance coutumière et un peu plus d'intérêt que de coutume. Aires voulait savoir ce qui l'attristait.

— C'est pour le raconter à Votre Excellence que je suis venu ; c'est l'enseigne.

— Quelle enseigne ?

— Que Votre Excellence ait la bonté de regarder de ses propres yeux, dit le pâtissier en lui demandant de bien vouloir aller jusqu'à la fenêtre.

— Je ne vois rien.

— C'est justement cela. On m'a tellement conseillé de faire

refaire mon enseigne que j'ai fini par accepter, et je l'ai fait enlever par deux employés. Les voisins sont venus dans la rue assister au travail, et semblaient se moquer de moi. J'avais déjà parlé à un peintre de la rue de l'Assembléia ; je n'avais pas fixé le prix parce qu'il voulait d'abord voir le travail. Hier après-midi, un commis est allé là-bas, et Votre Excellence sait-elle ce que m'a fait dire le peintre ? Que les planches sont vieilles et qu'il en faut d'autres ; le bois ne supporte plus de peinture. Je m'y suis précipité : je n'ai pas pu le convaincre de peindre sur le même bois ; il m'a démontré qu'il était fendu et mangé par les vers. Or, d'en bas on ne le voyait pas. J'ai insisté pour qu'il peigne ainsi ; il m'a répondu qu'il était un artiste et ne ferait pas un travail qui s'abîmerait aussitôt.

— Eh bien, refaites tout. De la peinture neuve sur du vieux bois, cela ne vaut rien. Maintenant, vous allez voir que cela va durer le restant de votre vie.

— L'autre aussi aurait duré, il suffisait de raviver les lettres.

Il était trop tard ; l'ordre avait été donné, le bois devait être acheté, scié et cloué, le fond peint pour que l'on dessine et peigne les lettres. Custodio ne dit pas que l'artiste lui avait demandé de quelle couleur seraient les lettres, rouges ou jaunes, ou vertes sur fond blanc ou vice-versa, et que lui s'était prudemment enquis du prix de chaque couleur pour choisir les moins chères. Peu importe de savoir lesquelles.

Quelles que fussent les couleurs, c'étaient des peintures neuves, des planches neuves, une rénovation qu'il n'avait pas voulu faire plus par économie que par sentiment ; mais le sentiment comptait beaucoup. Maintenant qu'il allait changer d'enseigne, il avait l'impression de perdre quelque chose de son corps, — chose que certains confrères ou gens d'autres métiers ne comprendraient pas, tant ils prennent de plaisir à rénover leurs façades et avec elles voir grandir leur renommée. Question de nature. Aires pensait à écrire une Philosophie des Enseignes, dans laquelle il mettrait ces observations et d'autres encore, mais il ne commença jamais l'ouvrage.

— Votre Excellence me pardonnera le dérangement que je lui ai causé en venant lui raconter cela, mais Votre Excellence a toujours été si bonne avec moi, m'a toujours parlé avec tant d'amitié, que j'ai eu l'audace... Me pardonnera-t-elle ?

— Oui, mon brave.

— Bien que Votre Excellence approuve la rénovation de l'enseigne, elle regrettera avec moi la perte de l'autre, ma vieille amie, qui ne m'a jamais quitté, et que moi, les nuits d'illumination pour la saint Sébastien ou autres, je faisais apparaître aux yeux des gens. Votre Excellence elle-même, quand elle a pris sa retraite, l'a retrouvée à l'endroit exact où elle l'avait laissée au moment de sa nomination. Et j'ai eu le courage de me séparer d'elle !

— C'est bon, elle est partie ; maintenant il faut accueillir la nouvelle, et vous verrez comme d'ici peu vous serez amis.

Custodio sortit à reculons, comme à son habitude, et descendit péniblement les escaliers. Devant le salon de thé, il s'arrêta un instant pour voir la place qui avait été celle de la vieille enseigne. En vérité, il était plein de nostalgie.

50

L'encrier d'Évariste

— ... Ce cas prouve que l'on peut s'attacher à tout, même à un morceau de vieux bois. Ne croyez pas que ce n'était que la dépense qui naturellement le perturbait, c'était aussi la nostalgie. Personne ne se détache ainsi d'un objet si intime, qui fait partie intégrante de sa maison et de sa chair, car l'enseigne n'avait même pas été descendue un seul jour. Custodio n'avait pas eu l'occasion de voir si elle était abîmée. Elle vivait là comme les portes et les murs.

C'était au dîner à Botafogo. Quatre personnes seulement, les deux sœurs, Santos et Aires. Pedro était allé dîner à S. Clemente avec la famille Batista.

Dona Perpétua approuva les sentiments du commerçant. Et cita, à ce propos, l'encrier d'Évariste. Sa sœur sourit à son mari, et celui-ci à sa femme, comme pour dire : « le voilà ! ». C'était un encrier qui avait servi au fameux journaliste du premier règne et de la Régence, objet simple, fait en terre, semblable aux encriers que le peuple achetait dans les papeteries en ce temps-là comme maintenant. Le beau-père de dona Perpétua, qui le lui avait donné en souvenir, en avait eu un de même âge, même pâte, même apparence.

— Il est venu ainsi de main en main pour s'arrêter dans les miennes. Il ne peut pas lutter avec ceux d'Agostinho, ni de Natividade, qui sont luxueux, mais pour moi, il a une grande valeur.

— Sans aucun doute, convint Aires, valeur historique et politique.

— Mon beau-père disait que c'est de lui que sont sortis les grands articles de l' « *Aurora* ». À dire vrai, je n'ai jamais lu ces articles, mais mon beau-père n'était pas homme à mentir. Il connaissait la vie d'Évariste, pour l'avoir entendue d'autres personnes, et en faisait des louanges qui n'en finissaient plus...

Natividade tenta de détourner la conversation sur le bal de la veille. Il en avait déjà été question, mais elle ne trouva pas d'autre dérivatif. L'encrier tint cependant encore quelque temps. Ce n'était pas seulement l'un des souvenirs de dona Perpétua, reliques de famille, c'était aussi l'une de ses marottes. Elle promit de le montrer au conseiller. Il promit de le voir avec grand plaisir. Il confessa qu'il avait de la vénération pour les objets personnels des grands hommes. Enfin, le dîner se termina et ils passèrent au salon. Aires parlant de la baie :

— Voici une œuvre qui est plus vieille que l'encrier d'Évariste et l'enseigne de Custodio et qui, cependant, paraît plus jeune, n'est-ce pas, dona Perpétua ? La nuit est claire et chaude ; elle pourrait être noire et froide, et l'effet serait le même. La baie est immuable. Un jour peut-être les hommes s'en viendront-ils la combler de terre et de pierres pour y élever des maisons, un quartier nouveau, avec un grand cirque destiné à des courses de chevaux. Tout est possible sous le soleil et sous la lune. Notre bonheur, baron, est que nous mourrons avant.

— Ne parlez pas de mort, conseiller.

— La mort est une hypothèse, rétorqua Aires, et peut-être une légende. Personne ne meurt d'une bonne digestion et vos cigares sont délicieux.

— Ceux-ci sont nouveaux. Vous les trouvez bons ?

— Délicieux.

Santos fut heureux d'entendre ce compliment ; il y voyait une allusion directe à sa personne, à ses mérites, à son nom, à la position qu'il occupait dans la société, à sa maison, à sa ville, à sa Banque, à ses gilets. C'est peut-être beaucoup ; ce serait une façon emphatique d'expliquer la force de son attachement aux cigares. Ils valaient l'enseigne et l'encrier, à la différence que ces derniers ne signifiaient qu'affection et vénération, alors que les premiers, précieux par le goût et par le prix, avaient la supériorité du miracle, en se reproduisant tous les jours.

Tels étaient les soupçons qui flottaient dans le cerveau d'Aires, tandis qu'il regardait doucement son amphitryon. Aires ne pouvait nier l'aversion que celui-ci lui inspirait. Il ne lui voulait aucun mal, c'est certain, il aurait même pu lui vouloir du bien, s'il y avait eu un mur entre les deux. C'était la personne, c'étaient les réactions, les paroles, les gestes, le rire, l'âme tout entière qui le blessaient.

51

Ici présent

Aux alentours de neuf heures ou un tout petit peu plus tard, Pedro arriva avec le couple Batista et Flora.

— Nous sommes venus ramener votre petit, dit Batista à Natividade.

— Merci, docteur, riposta Santos, mais il n'est pas en âge de se perdre dans ces rues, et s'il se perdait, on le retrouverait aussitôt, ajouta-t-il en souriant.

Natividade n'apprécia pas la plaisanterie, puisqu'il s'agissait de son fils, et devant elle. Excès de pudeur, peut-être. Il y a beaucoup d'excès dans ce sens et il est sage de le pardonner. Il y a également des excès contraires, des complaisances faciles, de personnes qui pratiquent avec plaisir l'échange d'allusions piquantes. Elles aussi doivent être pardonnées. En fin de compte, le pardon conduit au ciel. Pardonnez-vous les uns les autres, c'est la loi de l'Évangile.

Le garçon, lui, n'entendit rien ; il avait interrompu la conversation qu'il menait avec Flora, et après l'échange de quelques paroles, tous deux s'en furent en renouer le fil dans un coin. Aires remarqua leur attitude ; personne d'autre ne leur prêtait attention. Après tout, ils parlaient à voix basse ; impossible de les entendre. Elle écoutait, lui parlait ; ensuite c'était le contraire, c'était elle qui parlait, lui qui écoutait, si absorbés qu'ils semblaient n'être attentifs à personne, mais ils l'étaient. Ils possédaient le sixième sens des conspirateurs et des amoureux. Qu'ils aient parlé d'amour, c'est possible ; mais qu'ils aient conspiré, c'est certain. Quant à la matière de la conspiration, vous la découvrirez plus tard, d'ici peu, au chapitre suivant. Aires lui-même ne découvrit rien, pour autant qu'il ait voulu se rassasier les yeux de ce dialogue empli de mystère. Il se persuada que ce n'était pas grave, puisqu'ils souriaient fréquemment ; mais ce pouvait être intime, caché, personnel, et peut-être étranger. Supposez un fil d'anecdotes ou une longue histoire, concernant autrui ; même ainsi, ce pouvait être leur affaire, car il est des états d'âme dans lesquels l'objet de la narration n'est rien, mais où le plaisir de la faire et de l'entendre est tout. Ce pouvait être cela aussi.

Voyez, toutefois, comme la nature guide les choses, petites ou grandes, surtout si le destin les aide. La conversation si douce, semblait-il, avait commencé par une fâcherie. La cause en fut une lettre de Paulo écrite à son frère, et que celui-ci eut l'idée de montrer à Flora, en lui disant qu'il l'avait également montrée à sa mère, et que sa mère s'était réellement fâchée.

— Contre vous ?

— Contre Paulo.

— Mais que disait la lettre ?

Pedro lui lut le point principal, qui était presque toute la lettre : il parlait de la question militaire. Elle existait déjà, la « question militaire », conflit de généraux et de ministres et le langage de Paulo allait contre les ministres.

— Mais pourquoi avoir montré cette lettre à votre mère ?

— Maman a voulu savoir ce qu'il me disait.

— Et votre mère s'est fâchée, bien entendu ; elle va peut-être le réprimander.

— Tant mieux. Paulo a besoin d'être sermonné ; mais, dites-moi, pourquoi défendez-vous toujours mon frère ?

— Pour avoir le droit de vous défendre aussi.

— C'est donc qu'il vous a déjà dit du mal de moi ?

Flora voulut dire oui, puis non, et finalement se tut. Elle changea de conversation, demandant pourquoi ils ne s'entendaient pas. Pedro nia qu'ils ne s'entendissent pas. Au contraire, ils étaient en bons termes. Peut-être avaient-ils les mêmes opinions, et il se pouvait aussi qu'ils aient un goût commun... De là à dire que tous deux l'aimaient, il n'y avait qu'une virgule ; Pedro laissa tomber le point final. Ce malin était aussi un timide. Plus tard, il comprit qu'en se taisant il avait mieux agi, et se félicita de son choix ; mais c'était faux, il n'avait rien choisi. Je ne dis pas cela pour diminuer son mérite, tant il est vrai que tergiverser est souvent bénéfique ; mais laissons là cette réflexion.

Vint la brouille. Flora ne répliqua rien de plus, et si elle s'était écoutée, n'aurait pas dîné, tant elle avait pitié de l'autre. Heureusement, l'autre était celui-là même, ici présent, aux yeux présents, aux mains présentes, aux paroles présentes. Il fallut peu de temps pour que la brouille s'effaçât devant la grâce, la douceur, l'adoration. Bienheureux ceux qui restent, car ils seront récompensés.

52

Un secret

Voici maintenant l'objet de la conspiration. Ce fut dans la rue, en venant de S. Clemente, que Pedro, après avoir gaspillé le meilleur de son temps entre la lettre et le dîner, put révéler un secret à la jeune fille :

— Tatie nous a dit que dona Claudia lui avait raconté en confidence (ne dites rien) que votre père allait être nommé président de province.

— J'ignore tout de cela, mais je n'y crois pas, parce que Papa est conservateur.

— Dona Claudia a dit à Tatie qu'il est libéral, radical presque. Il semble que la présidence est sûre ; elle a demandé le secret, et Tatie, quand elle nous l'a raconté, a également demandé le secret. Moi aussi, je vous demande de ne rien dire, mais c'est la vérité.

— Comment la vérité ? Papa ne s'entend pas avec les libéraux ; vous ne pouvez pas savoir combien Papa est conservateur. S'il défend les libéraux, c'est parce qu'il est tolérant.

— Si la province était celle de Rio de Janeiro, je serais satisfait, parce qu'il ne serait pas nécessaire d'aller habiter à Praia Grande, et dans le cas contraire, le voyage ne dure pas plus d'une demi-heure, je pourrais y aller tous les jours.

— Vous en seriez capable ?

— Parions.

Flora, un instant après :

— A quoi bon, s'il n'y a pas de présidence ?

— Supposez qu'il y en a une.

— Il faut beaucoup supposer : qu'il y a une présidence et que la province est celle de Rio. Non, il n'y a rien.

— Alors ne supposez qu'à moitié : qu'il y a une présidence et que c'est le Mato Grosso.

Flora eut un frisson. Sans admettre la nomination, elle trembla au nom de la province. Pedro évoqua encore l'Amazonie, le Pará, le Piauí... C'était le bout du monde, surtout si son père s'y montrait bon administrateur, car il ne reviendrait pas de sitôt. Maintenant la jeune fille résistait déjà moins, elle trouvait la chose possible et abominable, mais cela, elle se l'avouait seulement au fond du cœur. Soudain Pedro, s'immobilisant presque :

— S'il y va, je demande au gouvernement la place de secrétaire, et j'y vais aussi.

La lumière intermittente des boutiques qui se reflétait sur le visage de la jeune fille à mesure qu'ils passaient devant elles, s'ajoutait à celle des réverbères pour révéler l'émotion née de cette promesse. On sentait que le cœur de Flora devait battre fort. Aussitôt après, toutefois, elle commença à penser à autre chose. Natividade ne consentirait jamais, et puis, un étudiant... C'était impossible. Elle imagina quelque scandale. Qu'il s'enfuie, s'embarque, la suive...

Tout ceci entrevu ou pensé en silence. Flora ne s'étonnait pas de tant penser, et avec tant d'audace ; c'était comme le poids de son corps, qu'elle ne sentait pas ; elle marchait, pensait, comme elle respirait. Elle ne se rendit même pas compte du temps qu'elle passait à bâtir et à démolir des idées. Que cela lui ait causé plus de plaisir que de déplaisir, c'est certain. A ses côtés, Pedro était naturellement songeur, les yeux sur ses pieds, et les pieds dans les nuages. Il ne savait plus quoi dire au milieu d'un si long silence. Cependant, il lui paraissait n'y avoir qu'une solution. Il ne pensait déjà plus à la présidence à Rio. Il voulait être avec elle, au point le plus éloigné de l'empire, sans son frère. L'espoir de mettre un fossé entre Paulo et eux fleurit dans l'âme de Pedro. Non, Paulo n'irait pas, lui ; leur mère ne se laisserait pas abandonner. Qu'elle perde un fils, soit, mais les deux...

A quiconque trouverait égoïste la fin de ce monologue, je demande au nom de l'âme de ses parents et amis, qui sont aux cieux, je demande de bien considérer les causes. Considérez l'état d'âme du garçon, la proximité de la jeune fille, les racines et les fleurs de la passion, l'âge même de Pedro, le mal et le bien sur cette terre. Considérez plus encore la volonté du ciel qui veille sur toutes les créatures qui s'aiment, sauf lorsque quelqu'un aime sans être payé de retour, car le ciel est alors un abîme d'iniquités, et ne tenez pas compte de cette image. Considérez tout, mon ami, laissez-moi seulement raconter, et mal raconter, ce qui s'est passé durant ce bref trajet entre les deux maisons. Quand ils arrivèrent, ils avaient retrouvé la parole.

En haut, comme tu l'as vu, ils continuèrent à parler, jusqu'à ce qu'il soit à nouveau question de la présidence. Flora nota alors la discrète insistance avec laquelle Aires les regardait, comme s'il cherchait à deviner l'objet de la conversation. Elle regrettait qu'il ne soit pas avec eux, écoutant et parlant, et promettant finalement de faire quelque chose pour elle. Aires pouvait, oui, — il était son ami et tous l'avaient en grande estime — il pouvait intervenir et anéantir le projet de la présidence.

Sans le vouloir ni le savoir, elle devait dire tout cela des yeux au vieux diplomate. Elle les détournait, mais ils revenaient d'eux-mêmes répéter leur monologue et demander peut-être quelque chose qu'Aires ne comprenait pas et qui devait être intéressant. Il est possible qu'ils aient reflété l'angoisse ou ce quelque chose dont elle souffrait à l'intérieur d'elle-même. C'est possible ; la vérité est qu'Aires commença à être pris de curiosité, et à peine Pedro eut-il laissé la place pour répondre à l'appel de sa mère qu'il laissa lui-même Natividade pour aller parler à la jeune fille.

Flora, déjà debout, eut tout juste le temps d'échanger deux mots, de ceux que l'on ne peut interrompre sans douleur ou, du moins, irritation. Aires lui demandait s'il ne lui avait jamais dit qu'il savait deviner.

— Non, Monsieur.

— Eh bien, je sais ; je viens de deviner à l'instant même que vous voulez me dire un secret.

Flora fut étonnée. Ne voulant pas plus nier qu'avouer, elle lui répondit qu'il n'avait deviné que la moitié.

— Quelle est l'autre ?

— L'autre, c'est de vous demander une faveur amicale.

— Demandez.

— Non, pas maintenant, nous allons partir ; maman et papa sont en train de prendre congé. A moins que nous poursuivions dans la rue. Voulez-vous venir avec nous à S. Clemente ?

— Avec grand plaisir.

53

Confidences

Que l'on comprenne bien ceci : c'était sans plaisir aucun, fût-il grand ou petit. C'était un devoir de société, puisque Flora l'avait demandé : l'avait-elle fait discrètement, je ne sais. Qu'il s'y soit ajouté tel ou tel désir de connaître un secret, ce n'est pas moi qui le nierai, ni toi, ni lui-même. Au bout de quelques instants, Aires réalisa combien cette petite réveillait en lui des voix mortes, avortées ou jamais nées, des voix de père. Sensation que jamais ne lui avaient donnée les jumeaux, excepté par le fait qu'ils étaient les enfants de Natividade. Ici, ce n'était pas dû à la mère, c'était dû à Flora elle-même, à ses gestes, ses paroles, et peut-être sa fatalité.

— Mais il faut croire que cette fois-ci elle est prise, elle a enfin choisi, pensa Aires.

Flora lui parla de la présidence, mais ne lui demanda pas le secret, comme les autres ; elle lui avoua qu'elle ne voulait pas s'en aller, où que ce fût, et finit par lui dire que son sort était entre ses mains. Lui seul pouvait persuader son père de ne pas accepter la présidence. Aires trouva la demande si absurde qu'il fut sur le point de rire, mais se contint. Les paroles de Flora étaient graves et tristes. Aires répondit avec douceur qu'il ne pouvait rien.

— Vous pouvez beaucoup, tout le monde écoute vos conseils.

— Mais je ne donne de conseils à personne, répliqua Aires. Conseiller, c'est un titre que l'Empereur m'a conféré, parce qu'il pensait que je le méritais, mais il n'oblige pas à donner des conseils ; et même à lui, je n'en donnerais que s'il me les demandait. Imaginez donc si je vais aller chez un homme ou le faire venir chez moi pour lui dire de ne pas être président de province. Quelle raison lui donnerais-je ?

La jeune fille n'avait pas de raisons ; elle avait une exigence. Elle en appela aux talents de l'ex-ministre, qui trouverait une bonne raison. Et il n'y avait même pas besoin de raison, ses paroles suffisaient, l'art que Dieu lui avait donné de plaire à tout le monde, de les convaincre tous, d'influencer, d'obtenir ce qu'il voulait. Aires vit qu'elle exagérait pour le séduire, et cela ne lui déplut pas. Il contesta toutefois lesdits mérites et vertus. Dieu ne lui avait donné aucun art, dit-il, mais la jeune fille continuait à affirmer le contraire, si bien qu'Aires mit un terme à la discussion et fit une promesse :

— Je vais y penser ; demain ou plus tard, si je trouve quelque recours, je tenterai la chose.

C'était un palliatif. C'était aussi une façon de faire cesser la conversation car la maison était proche. C'était sans compter sur le père de Flora qui voulut à tout prix lui montrer, à cette heure-là, une nouveauté — qui était d'ailleurs une vieillerie — un document de valeur diplomatique. « Venez, montez, juste cinq minutes, conseiller. »

Aires soupira en secret, et courba la tête sous le Destin. On ne lutte pas avec lui, diras-tu ; le mieux est de le laisser nous saisir par les cheveux et nous traîner jusqu'à l'endroit où il veut nous élever ou nous précipiter. Batista ne lui donna pas le temps de réfléchir ; il se confondait en excuses.

— Cinq minutes, et je vous libère, mais vous verrez que vous serez payé de votre sacrifice.

Le bureau était petit ; peu de livres, mais bons, des meubles austères, un portrait de Batista en habit de président, un almanach sur la table, une carte au mur, quelques souvenirs du gouvernement de la province. Tandis qu'Aires promenait son regard, Batista alla chercher le document. Il ouvrit un tiroir, en sortit une serviette, ouvrit la serviette, en sortit le document, un parmi d'autres. On le reconnaissait tout de suite, car c'était un papier vieux, jauni, et en partie rongé. C'était une lettre du Comte d'Oeiras, écrite au Ministre du Portugal en Hollande.

— C'est le jour des antiquités, pensa Aires ; l'enseigne, l'encrier, maintenant cet autographe.

— La lettre est importante, mais longue, dit Batista, nous ne pourrons pas la lire maintenant. Voulez-vous l'emporter ?

Sans lui laisser le temps de répondre, il prit une grande enveloppe dans laquelle il glissa le manuscrit et sur laquelle il porta la mention : « A mon excellent ami, le conseiller Aires. » Tandis qu'il faisait cela, Aires promenait son regard sur le dos de quelques livres. Parmi eux se trouvaient deux « Rapports » de la présidence de Batista, richement reliés.

— Ne m'attribuez pas ce luxe, protesta l'ex-président ; ce fut un cadeau du secrétariat du gouvernement, qui n'avait jamais fait cela pour personne. C'étaient des gens très bien.

Et il alla jusqu'à l'étagère retirer l'un des rapports pour le faire mieux voir. Une fois ouvert, il en montra l'impression et les vignettes ; après lecture, il aurait pu montrer d'un côté le style, et de l'autre la prospérité des finances. Batista se limita aux chiffres totaux. Dépenses : mille deux cent quatre-vingt-quatorze contos, sept cent quatre-vingt-dix mil-réis ; recettes : mille cinq cent quarante-quatre contos, deux cent neuf mil-réis ; solde : deux cent quarante-neuf contos, quatre cent dix-neuf mil-réis. Il expliqua verbalement le solde atteint par la modification de quelques services, et par une petite augmentation d'impôts. Il avait réduit la dette provinciale, qu'il avait trouvée à trois cent quatre-vingt-quatre contos et laissée à trois cent cinquante. Il avait fait de nouveaux travaux et des réparations importantes ; il avait commencé un pont...

— La reliure correspond à la matière, dit Aires pour conclure la visite.

Batista referma le livre, et rétorqua qu'il n'était pas question qu'il partît sans lui accorder une consultation.

— C'est le monde à l'envers, conclut-il ; le matin, je donne des consultations, maintenant le soir, c'est moi qui les sollicite.

Tel fut l'introït, mais de l'introït au Credo il y a toujours un grand pas, et pour lui le plus important de la messe était dans le Credo. Ne trouvant pas le texte du missel, il lui expliqua un cachet, une plume en or, un exemplaire du Code criminel. Le Code, quoique vieux, en valait trente nouveaux, non qu'il eût meilleure allure, mais il portait des annotations manuscrites du célèbre juriste Un Tel. Ayant passé une grande partie de sa vie à l'étranger, le conseiller avait à peine connu l'auteur des notes, mais en l'entendant appeler grand, il arbora l'expression adéquate. Il prit le Code avec soin, lut quelques-unes des notes avec vénération.

Pendant ce temps, Batista prenait son souffle. Il composa une phrase pour amorcer la consultation, et attendait seulement qu'Aires fermât le livre pour la lâcher, mais le conseiller prolongeait l'examen du Code. Ç'aurait pu être une pointe de malignité, mais ce ne l'était pas. Les yeux d'Aires avaient une faculté particulière, moins particulière qu'on ne croit, car d'autres doivent avoir cette particularité sans le dire. Il se trouvait qu'ils ne quittaient pas la page, mais en vérité ils ne lui accordaient plus toute leur attention ; le temps, les gens, la vie, des choses passées venaient sourdre pour l'espionner de derrière le livre avec lequel elles avaient vécu, et Aires se mettait à revoir un Rio de Janeiro qui n'était pas celui-ci, ou le rappelait à peine. Et ne crois pas que ce n'étaient qu'accusés et juges, c'était la promenade, la rue, la fête, des vieillards drôles et morts, des jeunes gens frais et maintenant rouillés comme lui. Batista toussa. Aires revint à lui, et lut quelques-unes des notes que l'autre devait savoir par cœur, mais elles étaient si profondes ! Enfin il contempla la reliure, trouva le livre bien conservé, le ferma et le rendit à la bibliothèque.

Batista ne perdit pas un instant et, craignant de le voir prendre un autre livre, en vint immédiatement au sujet.

— Je vous avoue que j'ai le tempérament conservateur.

— Moi aussi, je conserve des cadeaux anciens.

— Il ne s'agit pas de cela ; je fais allusion au tempérament politique. En vérité, il y a les opinions et les tempéraments. Un homme peut très bien avoir le tempérament opposé à ses idées. Mes idées, si nous les comparons aux programmes politiques du monde, sont plutôt libérales, certaines même très libérales ! Le suffrage universel, par exemple, est pour moi la pierre angulaire d'un bon régime représentatif. Au contraire, ce sont les libéraux qui ont demandé et obtenu le vote censitaire. Aujourd'hui, je suis plus en avance qu'eux ; j'accepte ce qui existe, pour l'instant, mais avant la fin de ce siècle il faudra revoir quelques articles de la Constitution, deux ou trois.

Aires cachait son étonnement... Invité ainsi à cette heure-là... Une profession de foi politique... Batista insistait sur la distinction entre le tempérament et les idées. Quelques vieux amis, qui connaissaient cette dualité morale et mentale, s'obstinaient, eux, à vouloir lui faire accepter une présidence ; lui ne voulait pas. Franchement, qu'en pensait le conseiller ?

— Franchement, je trouve que vous n'avez pas raison.

— Pas raison de quoi ?

— De refuser.

— A proprement parler, je n'ai rien refusé ; on travaille beaucoup dans le sens que je vous ai dit, et je souhaiterais, — ajouta-t-il avec plus de clarté — que des amis de bon conseil me disent si une telle chose est sage ; il ne me semble pas qu'elle le soit...

— Moi, je pense qu'elle l'est.

— De sorte que, s'il s'agissait de vous...

— Il ne pourrait s'agir de moi. Vous savez que je ne fais déjà plus partie de ce monde, et politiquement, je n'ai jamais figuré nulle part. La diplomatie a pour effet de séparer le fonctionnaire des partis et de l'en laisser si étranger qu'il lui est impossible de donner un avis juste, ou tout au moins sûr.

— Mais ne m'avez-vous pas dit que vous trouviez...

— Je trouve.

— Que je peux accepter une présidence, si on me l'offre ?

— Vous pouvez ; une présidence ne se refuse pas.

— Alors, que je vous dise tout ; vous êtes l'unique personne de la société à qui je m'ouvre ainsi franchement. On m'a offert la présidence.

— Acceptez, acceptez.

— J'ai accepté.

— Déjà ?

— Le décret sera signé samedi.

— Alors, acceptez aussi mes félicitations.

— En fait, l'idée n'est pas venue du ministère ; au contraire, le ministère ne s'est pas décidé avant de savoir si j'avais effectivement voté contre les libéraux, il y a des années ; mais dès qu'il a su que c'est pour ne pas les avoir attaqués que j'ai été destitué, il a accepté la proposition des chefs politiques, et peu de temps après, j'ai reçu ce billet.

Le billet était dans la poche, à l'intérieur du portefeuille. N'importe qui d'autre, excité par la nomination prochaine, aurait mis du temps à trouver le billet au milieu des papiers ; mais Batista avait du doigté pour les textes. Il sortit le portefeuille, l'ouvrit calmement, et tira du doigt le billet du ministre l'invitant à un entretien. Lors de l'entretien, tout fut décidé.

54

Enfin seul !

Enfin seul ! Lorsque Aires se retrouva dans la rue, seul, libre, délivré, livré à lui-même, sans chaînes ni contraintes, il respira largement. Il commença un monologue qu'il interrompit peu après, en se souvenant de Flora. Tout ce qu'elle avait redouté allait se produire ; son père prenait le chemin d'une présidence, et elle avec lui, et sa récente inclination pour le jeune Pedro allait s'arrêter à mi-chemin. Cependant, il ne regrettait pas ce qu'il avait dit, et encore moins ce qu'il n'avait pas dit. Les dés étaient jetés. Maintenant, il fallait s'occuper d'autre chose.

55

La femme est la désolation de l'homme

En prenant congé, Aires fit une réflexion, que je cite ici, au cas où quelque lecteur l'aurait faite aussi. La réflexion fut fille de l'étonnement, et l'étonnement naquit en voyant comment un homme qui cédait si difficilement aux instigations de sa femme (Arrière, Satan, etc. ; chapitre 47) avait jeté si facilement le froc aux orties. Il ne trouva pas d'explication, et n'en aurait pas trouvé, s'il n'avait appris ce qu'on lui révéla plus tard : que les premiers pas de la conversion de l'homme avaient été provoqués par sa femme. « La femme est la désolation de l'homme » disait je ne sais quel philosophe socialiste, Proudhon, je crois. Ce fut elle, la veuve de la présidence, qui par des moyens secrets et variés ourdit la trame de secondes noces. Lorsqu'il apprit ces amours, les bans étaient déjà publiés, il ne lui restait plus qu'à consentir et... à épouser.

Même ainsi, il lui en coûta beaucoup. La clameur des siens assourdissait à l'avance ses oreilles, son âme s'en allait étourdie et aveugle, mais son épouse lui servait de guide et de soutien, et en quelques heures, Batista vit clair et redevint fort.

— Nous sommes aux portes du troisième règne, fit remarquer dona Claudia, et le parti libéral ne laissera certainement pas de sitôt le pouvoir. Ses hommes sont solides ; l'inclination des temps va vers le libéralisme, et toi-même...

— Oui, moi... soupira Batista.

Dona Claudia ne soupira pas, elle chanta victoire ; la réticence de son mari était la première figure de l'acquiescement. Elle ne lui dit pas cela ainsi, tout nu et tout cru ; elle ne montra pas non plus une joie indécente ; elle parla toujours le langage de la raison froide et de la volonté sûre. Batista se sentant appuyé, prit le chemin de l'abîme et fit le saut dans les ténèbres. Il ne le fit ni sans grâce ni avec. Quoique la volonté qui l'animait fût d'emprunt, il ne lui manquait pas de désir auquel la volonté de sa femme donnât vie et âme. D'où la paternité qu'il endossa et qu'il finit par reconnaître.

Telle fut la conclusion d'Aires, comme on le lit dans le *Mémorial.* Telle sera celle du lecteur, s'il aime conclure. Notez qu'ici je lui ai épargné l'effort fait par Aires ; je ne l'ai pas obligé à trouver par lui-même, ce que, parfois, il est obligé de faire. Le lecteur attentif, véritable ruminant, a quatre estomacs dans le cerveau, il y fait passer et repasser les actes et les événements jusqu'à ce qu'il déduise la vérité, qui était — ou semblait — cachée.

56

Le coup de grâce

Le lendemain apporta à la jeune Flora la grande nouvelle. Le samedi, le décret serait signé ; la présidence était dans le Nord. Dona Claudia ne vit pas la pâleur de sa fille, ne remarqua pas ses mains froides, et continua à parler jusqu'au moment où Flora, voulant s'asseoir, fut sur le point de tomber. Sa mère vint à son aide :

— Que se passe-t-il ? Qu'as-tu ?

— Rien, maman, ce n'est rien.

Sa mère la fit asseoir.

— C'était un étourdissement, c'est fini.

Dona Claudia lui fit respirer un peu de vinaigre, lui frotta les poignets ; Flora sourit.

— Ce samedi ? demanda-t-elle.

— Le décret ? Oui, ce samedi. Mais n'en parle pour l'instant à personne. Ce sont des secrets de cabinet. La chose est sûre ; quelqu'un nous a enfin rendu justice ; probablement l'Empereur. Demain, tu viendras avec moi faire quelques emplettes. Fais une liste de ce dont tu as besoin.

Flora n'avait qu'un besoin : ne pas partir, et ne pensait qu'à cela. Puisque le décret était prêt à être signé, il n'était pas question de revenir sur la nomination ; elle n'avait plus qu'à rester. Mais comment ? Tous les rêves sont permis, c'est le propre du sommeil d'un enfant. Ce n'était pas facile, mais ce ne devait pas être impossible. Flora croyait en tout ; elle ne détachait pas ses pensées d'Aires, ni maintenant de Natividade. Ils pouvaient intercéder tous les deux, mieux même tous les trois, si tu comptes aussi le baron, et si l'on y met sa belle-sœur, quatre. Ajoutez aux quatre les cinq étoiles de la Croix du Sud, les neuf muses, anges et archanges, vierges et martyrs... Ajoutez-les tous, et tous pourraient accomplir cette simple action d'empêcher Flora de partir pour la province. Telles étaient les espérances vagues et fugitives qui s'en venaient effacer les marques de tristesse sur le visage de la jeune fille, tandis que sa mère, attribuant cet effet au vinaigre, ajustait le bouchon de verre au flacon et rendait le flacon à la coiffeuse.

— Fais une liste de ce dont tu as besoin, répéta-t-elle à sa fille.

— Non, maman, je n'ai besoin de rien.

— Mais si, et moi je sais de quoi.

57

Des emplettes

Je n'écrirais pas ce chapitre s'il était uniquement celui des emplettes, ce qu'il n'est pas. Tout est instrument dans les mains de la Vie. Elles quittèrent toutes deux la maison, l'une joyeuse, l'autre mélancolique, et s'en furent choisir une quantité d'objets personnels et de voyage. Dona Claudia pensait aux robes de la première réception et des visites ; elle imagina aussi celles du débarquement. Elle avait ordre de son mari d'acheter quelques cravates. Les chapeaux, toutefois, furent l'article principal de la liste. Selon dona Claudia, c'était le chapeau de la femme qui donnait la véritable note du goût, des manières et de la culture d'une société. Il était inutile d'accepter une présidence si l'on devait porter des chapeaux sans grâce, disait-elle sans conviction, intimement persuadée que la présidence donne de la grâce à tout.

Elles étaient justement chez la modiste, rue de l'Ouvidor, assises, regardant au loin, à l'extérieur, lorsque apparut le véritable sujet de ce chapitre. C'était le jumeau Paulo qui était arrivé par le train de nuit, et qui, ayant appris qu'elles étaient en train de faire des achats, était venu à leur rencontre.

— Vous ! s'exclamèrent-elles.

— Je suis arrivé ce matin.

Flora s'était levée, troublée par l'apparition inattendue de Paulo. Il vint à elles, leur serra les mains, s'enquit de leur santé et constata qu'elles semblaient avoir santé et joie à revendre. L'impression était exacte ; Flora manifestait maintenant une agitation qui contrastait avec l'abattement de ce triste matin, et avait un rire qui la rendait gaie.

— J'ai toujours eu de vos nouvelles, par maman, et par Pedro aussi, parfois. De vous, continua-t-il en parlant à dona Claudia, j'ai reçu deux lettres. Comment va le docteur ?

— Bien.

— Me voici donc, enfin !

Et Paulo partageait ses regards entre l'une et l'autre, mais la meilleure part allait naturellement à la fille. Bientôt, c'était tout pour elle et peu pour la mère. Dona Claudia était revenue au choix des chapeaux, et Flora qui jusqu'alors opinait de la tête, en oublia même ce geste. Paulo s'assit sur la chaise qu'un employé lui apporta, et se mit à contempler la jeune fille ; ils parlaient de choses insignifiantes, les concernant ou non, tout ce qui pouvait suffire à les retenir d'une façon déguisée dans la contemplation l'un de l'autre. Paulo était revenu tel qu'il était parti, semblable à Pedro, avec toujours quelque touche particulière qu'elle ne pouvait découvrir clairement, et définir moins encore. C'était un mystère ; Pedro devait avoir le sien.

Dona Claudia les interrompait de temps à autre à propos du choix ; mais tout a une fin, y compris le choix des chapeaux. De là, ils partirent aux robes. Paulo n'étant pas au courant de la présidence, profita de ce hasard pour les accompagner d'un magasin à l'autre. Il racontait des anecdotes de São Paulo, sans grand intérêt pour Flora ; les nouvelles qu'elle lui donnait de ses amies étaient plus ou moins inutiles. Tout était bon pour les deux interlocuteurs. La rue favorisait cette absorption réciproque ; les personnes qui allaient ou venaient, dames ou messieurs, qu'ils s'arrêtassent ou non, servaient de point de départ à quelque digression. Les digressions finirent par faire place au silence, et tous deux allaient les yeux perdus et la tête haute, lui plus qu'elle, car une pointe de mélancolie commençait à chasser du visage de la jeune fille la joie de l'heure précédente.

Dans la rue Gonçalves Dias, en allant vers la Place de la Carioca, Paulo vit deux ou trois politiciens de São Paulo, républicains, fazendeiros, semble-t-il. Les ayant laissés là-bas, il s'étonna de les voir ici, sans réaliser que la dernière fois qu'il les avait vus remontait déjà à quelque temps.

— Vous les connaissez ? demanda-t-il à l'une et à l'autre.

Non, elles ne les connaissaient pas. Paulo dit leur nom. La mère posa peut-être quelque question politique, mais se rendant compte qu'il lui manquait un objet, réalisa qu'elle ne l'avait pas acheté, et leur proposa de revenir en arrière. Ils acceptaient tout avec docilité, malgré le voile de tristesse qui se refermait de plus en plus sur le visage de la jeune fille. Ces emplettes avaient déjà un air de billets de voyage, le paquebot n'allait pas tarder ; on allait se précipiter sur les valises, les derniers préparatifs, les adieux, la cabine du bord, le mal de mer, et cet autre mal, de mer autant que de terre, qui allait la tuer, sans aucun doute, pensait Flora. D'où le silence croissant, que Paulo pouvait à peine vaincre de temps à autre : et cependant elle se sentait bien avec lui, elle aimait lui entendre dire des choses diverses, les unes nouvelles, les autres anciennes, souvenirs antérieurs au départ pour São Paulo.

Ainsi se laissèrent-ils promener, guidés par dona Claudia, qui les avait presque oubliés. Au milieu de cette conversation tronquée, plus entretenue par lui que par elle, Paulo était saisi du désir de lui demander à l'oreille, dans la rue, si elle avait pensé à lui, ou au moins rêvé de lui quelques nuits. S'il entendait non, il laisserait éclater sa colère, et lui dirait les choses les plus folles ; si elle courait, il courrait aussi, jusqu'à l'attraper par les rubans de son chapeau ou la manche de sa robe, et au lieu de l'étrangler, il danserait avec elle une valse de Strauss ou une polka de***. Aussitôt après, il riait de ces délires, car malgré la mélancolie de la jeune fille, les yeux qu'elle levait vers lui étaient de ceux qui ont beaucoup rêvé et pensé à quelqu'un, et essaient maintenant de découvrir s'il est le même que dans le rêve ou la pensée. Telle était l'opinion de l'étudiant en Droit ; voilà pourquoi, lorsqu'il tournait la tête, c'était pour répéter l'expérience et voir à nouveau ses yeux qui aiguisaient le même esprit critique et de libre examen. Quant au temps que tous trois dépensèrent dans cette agitation d'achats et de choix, de visions et de comparaisons, on n'en trouve pas trace, et à quoi cela servirait-il ? Le temps est en vérité affaire de montre, et aucun d'eux ne consulta celle qu'il portait.

58

Tuer sa nostalgie

Donc, tu viens de voir comment Flora accueillit le frère de Pedro ; exactement comme elle accueillait le frère de Paulo. Tous deux étaient apôtres. Paulo la trouvait maintenant plus belle que quelques mois auparavant et le lui dit ce même après-midi à S Clemente, avec ces mots familiers et cordiaux :

— Vous êtes de plus en plus jolie.

Flora pensait la même chose vis-à-vis de l'étudiant en Droit ; elle tut son impression. La tristesse qui l'habitait, ou quelque autre sensation particulière, la rendit timide au début. C'est sans tarder toutefois qu'elle retrouva le jumeau dans le jumeau, et qu'ensemble ils tuèrent leur nostalgie.

Comment on tue la nostalgie n'est pas chose qui s'explique de façon claire. Point de fer ni de feu, de corde ni de poison, et cependant la nostalgie expire, pour ressusciter parfois avant le troisième jour. Il y en a qui croient que, même morte, elle est douce et plus que douce. Ce point, dans notre cas, ne peut être débattu, et je ne veux pas le développer, comme il eût été bon de le faire, d'ailleurs.

La nostalgie mourut, non pas tout entière et tout de suite, mais en partie et si lentement que Paulo accepta l'invitation à souper. C'était le jour de son arrivée ; Natividade aurait voulu l'avoir avec elle à table à côté de Pedro, afin de cimenter la pacification amorcée par l'éloignement. Paulo ne prit même pas la peine de prévenir ; il se permit de rester là avec la belle créature, entre le père et la mère qui pensaient à tout autre chose, proche dans le temps, éloignée dans l'espace. Sachant ce que c'était, Flora passait du plaisir à l'ennui, et Paulo ne comprenait pas cette alternance de sentiments. De temps à autre, voyant la mère agitée et préoccupée, mais avec une expression différente, Paulo interrogeait la jeune fille. Au lieu de donner une quelconque explication, Flora mit la main devant ses yeux, et resta quelques instants sans les découvrir. L'étudiant en Droit aurait dû écarter la main, dévisager Flora de près, de plus près encore, tout près, et répéter la question, d'une façon telle que l'éloquence du geste l'ait dispensé de parler. S'il eut une semblable idée, il n'en laissa rien paraître. Et la jeune fille ne lui laissa que le temps de dire :

— Qu'avez-vous ?

— Rien, répondit Flora.

— Vous avez quelque chose, insista-t-il en essayant de lui prendre la main.

Il n'acheva pas le geste, qu'il n'avait même pas esquissé ; il ouvrit et ferma seulement les doigts, tandis que Flora souriait pour secouer sa tristesse et s'en revint tuer sa nostalgie.

59

Soir du 14

Tout s'expliqua le soir, chez les Santos. L'ex-président de province avoua ses espérances d'une nouvelle investiture ; son épouse confirma l'imminence de l'acte. D'où la publicité de la nouvelle que peu de temps auparavant dona Claudia ne disait qu'en secret. Maintenant, il n'y avait plus de secret à taire.

Paulo apprit alors tout, et Pedro, qui connaissait quelques préliminaires finit d'apprendre le reste. Tous deux regrettèrent évidemment la séparation prochaine. La douleur les rendit amis un instant ; c'est l'un des avantages de cette grande et noble sensation. Je ne me rappelle plus qui affirmait, à l'inverse, qu'une haine commune est le lien le plus fort entre deux personnes. Je crois que oui, mais je ne renie pas mon postulat, pour cette raison qu'une chose n'empêche pas l'autre, et toutes deux peuvent être vraies.

En outre, la douleur n'était pas encore désespoir. Il y avait même une consolation pour les deux jumeaux : c'est que la jeune fille serait loin des deux. Aucun n'en aurait la jouissance exclusive à deux pas de chez lui. Il n'est pas de mal qui n'apporte un peu de bien, et c'est pourquoi le mal est utile, souvent indispensable, parfois délicieux. Tous deux voulurent parler à leur amie en particulier, pour la sonder sur cette séparation, maintenant certaine, mais aucun ne réalisa ce désir. Ils se surveillaient, c'est certain. Lorsqu'ils lui parlaient, c'était toujours ensemble, et de choses familières et ordinaires. L'attitude de Flora ne traduisait pas son état d'âme, celui-ci pouvait être léger, mélancolique ou indifférent, rien ne transparaissait. En vérité, elle parlait peu. Ses yeux non plus n'en disaient pas beaucoup. Plus d'une fois, Pedro la surprit en train de fixer Paulo, et gémit de la préférence, mais il devenait à son tour le préféré, et trouvait là une compensation ; c'était alors Paulo qui grinçait des dents, au figuré. Natividade, tout entière à sa réception, la dernière de l'année, ne suivit pas de près les agitations morales du trio. Lorsqu'elle les découvrit, elle en vint à les éprouver aussi.

Peu à peu les invités se dispersèrent. Ils n'étaient pas nombreux, et la note intime dominait. Lorsque la majorité s'en alla, il ne resta que les plus intimes : trois ou quatre hommes dans un coin de la pièce, parlant et riant de tout et de rien. Ils ne parlaient pas de politique, les sujets ne manquaient pas, du reste. Les jeunes filles, pour la seconde ou la troisième fois, échangeaient leurs impressions sur le grand bal récent. Elles parlaient également de musique et de théâtre, des fêtes prochaines de Petrópolis, des personnes qui iraient cette année et de celles qui n'iraient qu'en janvier. Natividade se partageait entre tous, jusqu'au moment où elle put rester quelques instants avec Aires et lui confier ses craintes au sujet de l'amour de ses fils, et en même temps le plaisir que lui apportait l'espoir d'une longue séparation de Flora. Le conseiller ne désavoua ni les craintes, ni l'espérance.

— C'est une chance que Batista soit nommé et emmène sa fille loin d'ici, dit-elle.

— Sans doute, mais...

— Mais quoi ?

— Sans doute l'emmènera-t-il, mais il se peut que vous ne connaissiez pas bien cette petite.

— Je pense qu'elle est gentille.

— Je le pense moi aussi. La gentillesse, toutefois, n'a rien à voir avec le reste de la personne. Flora est, comme je vous l'ai déjà dit il y a quelque temps, une inexplicable. Il est tard maintenant pour vous exposer les raisons de mon impression ; je vous les dirai plus tard. Remarquez que je l'aime beaucoup ; je trouve une saveur particulière dans le contraste d'une personne de cette sorte, si humaine et si éloignée du monde, si éthérée et si ambitieuse en même temps, d'une ambition secrète... Pardonnez-moi ces paroles mal ficelées, et à demain, conclut-il en lui tendant la main. Demain, je viendrai les expliquer.

— Expliquez-les maintenant, tandis que les autres semblent rire de quelque bon mot.

Effectivement, les hommes riaient d'un bon mot ou d'un calembour ; Aires voulut parler, mais retint sa langue, et se disculpa. L'explication était longue et difficile, dit-il, et elle n'est pas urgente.

— Moi-même, je ne sais pas si je me comprends, baronne, et si ce que je pense est la vérité ; c'est possible. De toute façon, ma bonne amie, à demain ou à Petrópolis. Quand pensez-vous monter ?

— Vers la fin de l'année.

— Alors, nous nous verrons encore quelques fois.

— Oui, et si vous ne me voyez pas, moi, je veux que vous voyiez mes garçons, que vous les receviez et les appréciez. Ils vous ont en grande estime ; ce n'est que vous rendre justice. Pedro trouve que vous êtes l'esprit le plus fin et Paulo le plus rigoureux du pays...

— Voyez comme vous les éduquez en leur apprenant à penser faux, dit Aires en souriant et en faisant un geste de remerciement. Moi, rigoureux ?

— Le plus rigoureux et le plus fin.

Les derniers habitués vinrent souhaiter bonne nuit à la maîtresse de maison. Dix minutes plus tard, Aires prenait congé du couple Santos.

La nuit était claire et tranquille. Aires recomposa une partie de la veillée pour l'écrire dans le *Mémorial.* Peu de lignes, mais intéressantes, dont Flora était la figure principale :

« Que le Diable la comprenne, s'il le peut ; moi qui suis moins que lui, je n'arrive jamais à la comprendre. Hier, elle semblait en aimer un, aujourd'hui, l'autre ; peu avant les adieux, elle aimait les deux. J'ai connu, autrefois, de ces sentiments alternés et simultanés ; moi-même, j'ai éprouvé cette double sensation, et je me suis toujours compris. Mais cette jeune fille... Le fait qu'ils soient jumeaux doit expliquer ce penchant double ; il se peut aussi que quelque qualité manque à l'un qui soit en excès chez l'autre, et vice versa, et elle, aimant l'une et l'autre, n'arrive pas à choisir définitivement. C'est fantastique, je le sais ; moins fantastique, toutefois, si les jumeaux ont fait de cette même et unique créature un champ clos de haine, ce qui permettrait de les comprendre, eux, mais pas elle... Quoi qu'il en soit, notre organisation politique est utile ; la présidence de province, en éloignant Flora pendant quelque temps, écarte cette jeune fille de la situation dans laquelle elle se trouve, comme l'âne de Buridan. Lorsqu'elle reviendra, l'eau sera bue et l'avoine mangée. Un décret aidera la nature. »

Ceci fait, Aires se mit au lit, lut en guise de prière une ode de son cher Horace et ferma les yeux. Il ne s'endormit pas pour autant. Il essaya alors une page de son cher Cervantes, une autre de son cher Érasme, ferma à nouveau les yeux, et finit par dormir. Pour peu de temps ; à cinq heures quarante, il était debout. En novembre, tu sais qu'il fait jour.

60

Matin du 15

Lorsque lui arrivait ce qui a été raconté, Aires avait coutume de sortir tôt, pour se distraire. Il n'y parvenait pas toujours. Cette fois-ci, il alla au Passeio Público. Il arriva à sept heures et demie, entra, monta sur l'esplanade et regarda la mer. La mer était houleuse. Aires commença à se promener le long de l'esplanade, écoutant les vagues et s'approchant du rivage, de temps à autre, pour les voir frapper et reculer. Il les aimait ainsi ; il leur trouvait une sorte d'âme forte, qui les soulevait pour effrayer la terre. L'eau, s'enroulant sur elle-même, lui donnait une sensation, plus que de vie, de personne à qui ne manquaient ni nerfs, ni muscles ni voix pour clamer ses colères.

Il finit par se lasser et descendit, s'en fut au lac, au bois, et se promena à l'aventure, faisant revivre hommes et choses, avant de s'asseoir sur un banc. Il nota que les rares personnes présentes n'étaient pas assises comme à l'habitude, regardant çà et là, lisant le journal, ou assoupies par la veille d'une nuit blanche. Elles étaient debout, parlant entre elles, et ceux qui arrivaient se mêlaient à la conversation sans connaître leurs interlocuteurs ; c'est ce qu'il lui sembla, en tout cas. Il entendit quelques mots isolés, *Deodoro, bataillons, Campo, ministère,* etc. Quelques-uns, dits à haute voix, arrivaient par hasard jusqu'à lui, dans l'espoir d'éveiller sa curiosité et de gagner d'autres oreilles aux nouvelles. Je ne jure pas qu'il en fut ainsi, car cette journée est déjà loin, et les personnes étaient inconnues. Aires lui-même s'il soupçonna quelque chose de ce genre, n'en dit rien à personne ; il ne tendit pas non plus l'oreille pour saisir le reste. Au contraire, se rappelant quelque chose de particulier, il écrivit au crayon une note dans son portefeuille. Cela suffit pour disperser les curieux, non sans quelques épithètes de louanges, les unes envers le gouvernement, les autres envers l'armée : il pouvait être ami de l'un comme de l'autre.

Lorsque Aires sortit du Passeio Público, il se doutait de quelque chose, et continua jusqu'à la Place de la Carioca. Peu de paroles et à voix basse, des gens arrêtés, des visages étonnés, des silhouettes qui rebroussaient chemin, mais aucune nouvelle claire et complète. Rue de l'Ouvidor, il apprit que les militaires avaient fait une révolution, entendit quelques descriptions du défilé et des personnes, et des nouvelles contradictoires. Il revint à la Place, où trois tilburys se disputèrent son choix ; il entra dans le plus proche et ordonna de filer au Catete. Il ne demanda rien au cocher ; ce fut lui qui lui dit tout et le reste. Il parla d'une révolution, de deux ministres morts, un troisième en fuite, les autres emprisonnés. L'Empereur, appréhendé à Petrópolis, venait de quitter la montagne.

Aires regardait le cocher, dont les paroles étaient délicieusement nouvelles. Cette créature ne lui était pas inconnue. Il l'avait déjà vue, sans le tilbury, dans la rue, ou dans les salons, à la messe ou sur un bateau, pas toujours homme, quelquefois femme, vêtue de soie ou d'indienne. Il voulut en savoir plus, se montra intéressé et curieux, et finit par demander au cocher si tout ce qu'il disait s'était réellement passé. Le cocher raconta qu'il avait entendu le tout d'un homme qu'il avait pris Rue des Inválidos et conduit Place de la Glória, en proie à un tel effarement qu'il n'arrivait pas à parler et lui demandait d'aller vite, il lui payerait le double ; et il paya.

— Peut-être s'agissait-il de quelqu'un d'impliqué dans le mouvement, suggéra Aires.

— C'est possible, car il avait le chapeau de travers, et au début, j'ai pensé qu'il avait du sang sur les doigts ; mais j'ai observé, et j'ai vu que c'était de la boue ; il venait sans doute de sauter un mur. Mais, en y réfléchissant bien, je crois que c'était du sang ; la boue n'a pas cette couleur. La vérité est qu'il a payé le double du voyage, et avec raison puisque la ville n'est pas sûre, et on court de grands risques à conduire des gens d'un côté à l'autre...

Ils arrivaient justement à la porte d'Aires, celui-ci fit arrêter le véhicule, paya selon le tarif et descendit. En montant l'escalier, il pensa bien entendu aux événements possibles. En haut, il trouva son domestique qui savait tout, et qui lui demanda si c'était sûr...

— Qu'est-ce qui n'est pas sûr, José ? C'est plus que sûr.

— Qu'ils ont tué trois ministres ?

— Non, il n'y a qu'un blessé.

— J'ai entendu dire qu'il y en avait d'autres encore, on a parlé de dix morts.

— La mort ressemble fort à la vie ; peut-être les morts vivent-ils. En tout cas, ne prie pas pour les âmes, car tu n'es pas un bon catholique, José.

61

En lisant Xénophon

Comment se fait-il qu'ayant entendu parler de la mort de deux ou trois ministres, Aires ait affirmé qu'il n'y avait qu'un blessé, lorsqu'il rectifia la nouvelle de son domestique ? Cela ne peut s'expliquer que de deux façons, — ou par un noble sentiment de pitié, ou par la conviction que toute nouvelle publique croît de deux tiers au moins. Quelle que fût la cause, la version de la blessure était la seule vraie. Peu après, passait rue du Catete la civière qui transportait un ministre, blessé. Apprenant que les autres étaient sains et saufs, et que l'Empereur était attendu, venant de Petrópolis, il ne crut pas au changement de régime qu'il avait entendu du cocher du tilbury et de José, son domestique. Il ramena tout à un mouvement qui allait finir par un simple changement de personnel.

— Nous avons un nouveau cabinet, se dit-il.

Il déjeuna tranquillement, en lisant Xénophon. « Je considérais un jour combien de républiques ont été renversées par des citoyens qui désirent une autre espèce de gouvernement, et combien de monarchies et d'oligarchies sont détruites par le soulèvement des peuples ; et de tous ceux qui montent au pouvoir, les uns sont rapidement renversés, les autres, s'ils tiennent, sont admirés parce qu'habiles et heureux... » Tu connais la conclusion de l'auteur, en faveur de la thèse qui dit l'homme difficile à gouverner ; mais l'exemple de Cyrus vient aussitôt démolir cette conclusion en montrant un seul homme qui en gouverna des millions d'autres, lesquels non seulement le craignaient, mais encore luttaient pour exécuter ses volontés. Tout cela en grec, et avec une telle lenteur qu'il arriva à la fin du déjeuner sans arriver à la fin du premier chapitre.

62

« *Arrêtez-vous au L.* »

— Mais, son Excellence est en train de déjeuner, disait le domestique sur le palier à quelqu'un qui demandait à parler au conseiller.

C'était faux, Aires finissait justement de déjeuner ; mais le domestique savait que son maître aimait à savourer son cigare après le repas, sans être interrompu. Pour l'instant, il était sur le canapé et entendait le dialogue du palier. La personne insistait pour dire juste un mot.

— C'est impossible.

— Bon, j'attends ; dès que Son Excellence aura fini...

— Le mieux est de revenir plus tard, vous n'habitez pas là en face ? Eh bien, revenez d'ici une heure ou deux...

Il s'agissait de Custodio, qui regagna sa maison, mais le vieux diplomate, apprenant qui c'était, n'attendit pas de terminer son cigare ; il lui fit dire de venir. Custodio, sortit, courut, monta et entra, égaré.

— Que se passe-t-il, monsieur Custodio ? lui dit Aires. Vous voilà en train de faire des révolutions ?

— Moi, monsieur ? Ah, monsieur ! Si Votre Excellence savait...

— Si elle savait quoi ?

Custodio s'expliqua. Mieux vaut résumer l'explication.

La veille, étant dans l'obligation de descendre en ville, Custodio était allé Rue de l'Assembléia où l'on peignait l'enseigne. Il était déjà tard ; le peintre avait cessé le travail. Seules quelques lettres étaient peintes — les mots *Salon de thé de* et la lettre *l.*

L'apostrophe et le mot *Empire* étaient seulement dessinés à la craie. Il aima la peinture et la couleur, se réconcilia avec la forme, et en vint presque à ne pas regretter les frais. Il recommanda la célérité. Il voulait inaugurer l'enseigne le dimanche.

Le lendemain au réveil, il n'apprit pas aussitôt ce qui s'était passé en ville, mais peu à peu vinrent les nouvelles ; il vit passer un bataillon et crut qu'ils lui disaient la vérité, ceux qui tenaient pour sûre la Révolution et pour possible la République. Au début, dans l'émoi général, il en oublia l'enseigne. Lorsqu'elle lui revint à l'esprit, il réalisa qu'il fallait arrêter la peinture. Il écrivit en toute hâte un billet et envoya un commis au peintre. Le billet disait seulement ceci : « Arrêtez-vous au *l* ». En effet, il ne fallait pas peindre le reste, qui serait perdu, ni perdre le début, qui pouvait servir. Il y aurait toujours un mot pour occuper la place des lettres restantes. « Arrêtez-vous au l. »

Lorsque le porteur revint, il annonça que l'enseigne était prête.

— Tu l'as vue prête ?

— Oui, patron.

— Avec l'ancien nom écrit ?

— Oui, monsieur, avec « *Salon de thé de l'Empire* ».

Custodio enfila une veste d'alpaga et vola rue de l'Assembléia. L'enseigne était là, couverte d'ailleurs par un morceau d'indienne. Quelques jeunes gens qui l'avaient vue en passant dans la rue, avaient voulu la mettre en pièces, et le peintre, après l'avoir défendue avec de bonnes paroles, avait trouvé plus efficace de la recouvrir. En soulevant le rideau, Custódio lut : « *Salon de thé de l'Empire* ». C'était l'ancien nom, le vrai, le célèbre, mais maintenant c'était la ruine ; il ne pourrait garder l'enseigne un jour de plus, même dans un coin sombre, à plus forte raison rue du Catete...

— Vous allez tout effacer, dit-il.

— Je ne comprends pas. Vous voulez dire que vous payez d'abord les frais ! Ensuite, je peins autre chose.

— Mais que perdez-vous à remplacer le dernier mot par un autre ? Les premiers peuvent rester ; et même le l... Vous n'avez pas lu mon billet ?

— Il est arrivé trop tard.

— Et pourquoi avez-vous peint après de si graves événements ?

— Vous étiez pressé, et je me suis réveillé à cinq heures et demie pour vous rendre service. Quand on m'a appris les nouvelles, l'enseigne était déjà prête. Ne m'aviez-vous pas dit que vous vouliez la suspendre dimanche ? Il m'a fallu mettre beaucoup de siccatif dans la peinture, et outre la peinture, j'ai dépensé du temps et du travail.

Custodio voulut répudier l'œuvre, mais le peintre menaça de mettre le numéro du salon de thé et le nom du propriétaire sur l'enseigne, et de l'exposer ainsi, pour que les révolutionnaires aillent casser ses vitrines au Catete. Il n'eut d'autre remède que de capituler. Qu'il attende, il allait penser à la modification ; en tout cas, il demandait un rabais du prix. Il obtint la promesse du rabais et rentra chez lui. En chemin, il pensa à ce qu'il perdait en changeant de titre — une maison si connue, depuis tant et tant d'années ! Au diable la révolution ! Quel nom lui donner maintenant ? Sur ce, il se souvint de son voisin Aires et se précipita pour le consulter.

63

Nouvelle enseigne

Après avoir rapporté ce qui vient d'être dit, Custodio confessa tout ce qu'il perdait entre le nom et la dépense, le mal que lui causait le fait de conserver le nom de la maison, l'impossibilité d'en trouver un autre, un abîme en somme. Il ne savait que chercher, il lui manquait imagination et paix de l'esprit. S'il l'avait pu, il aurait liquidé le salon de thé. Et en fin de compte, qu'avait-il à voir avec la politique ? Il n'était qu'un simple fabricant et vendeur de gâteaux, estimé par sa nombreuse clientèle, respecté, et par-dessus tout, respectueux de l'ordre public.

— Mais qu'y a-t-il, demanda Aires ?

— La République est proclamée.

— Il y a déjà un gouvernement ?

— Je pense que oui, mais que Votre Excellence me dise : avez-vous jamais entendu quelqu'un m'accuser d'attaquer le gouvernement ? Personne. Et pourtant... Quelle fatalité ! Venez à mon secours, Excellentissime. Aidez-moi à sortir de ce mauvais pas... L'enseigne est prête, le nom peint en entier. — « *Salon de thé de l'Empire* », la peinture est vive et belle. Le peintre s'obstine à me faire payer le travail, avant de le recommencer. Moi, si l'œuvre n'avait pas été terminée, j'aurais changé de titre pour autant que cela m'eût coûté, mais dois-je perdre l'argent que j'ai dépensé ? Votre Excellence croit-elle que s'il reste « Empire », on viendra casser mes vitrines ?

— Je n'en sais rien.

— En vérité, il n'y a pas de motif ; c'est le nom de la maison, un nom qui a trente ans, personne ne la connaît d'une autre façon...

— Mais vous pouvez mettre « *Salon de thé de la République* »...

— J'y ai pensé en chemin, mais j'ai pensé aussi que si d'ici un mois ou deux il y a une nouvelle volte-face, je me retrouve au point où j'en suis aujourd'hui et je perds à nouveau mon argent.

— Vous avez raison... Asseyez-vous.

— Je suis bien debout.

— Asseyez-vous et fumez un cigare.

Custodio refusa le cigare, il ne fumait pas. Il accepta la chaise. Il se trouvait dans le bureau, où quelques curiosités auraient attiré son attention, n'eût été le trouble de son esprit. Il continua à implorer le secours de son voisin. Son Excellence, avec la grande intelligence que Dieu lui avait donnée, pouvait le sauver. Aires lui proposa un moyen terme, un titre qui conviendrait aux deux hypothèses — « *Salon de thé du Gouvernement* ».

— Cela convient aussi bien à un régime qu'à l'autre.

— Je ne dis pas non, et si ce n'était la dépense perdue... Il y a cependant une raison contre. Votre Excellence sait qu'aucun gouvernement ne manque d'avoir une opposition. Les oppositions, si elles descendent dans la rue, peuvent s'en prendre à moi, imaginer que je les défie et briser mon enseigne ; or ce que je cherche, c'est le respect de tous.

Aires avait bien compris que la terreur allait de pair avec l'avarice. Bien sûr, son voisin ne voulait pas de bagarres à sa porte, ni de malveillances gratuites, ni de haines de qui que ce fût ; mais ne l'affligeait pas moins la dépense qu'il devrait faire de temps en temps, s'il ne trouvait pas un titre définitif, populaire et impartial. En perdant ce qu'il avait, il perdait déjà la célébrité, après avoir perdu la peinture et payé davantage. Personne ne lui achèterait une enseigne condamnée. C'était déjà beaucoup d'avoir son nom et son titre dans l'*Almanach de Laemmert*, où quelque mouche du coche pouvait le lire, et venir avec d'autres le punir de ce qui était imprimé depuis le début de l'année...

— Ça, non, l'interrompit Aires ; vous ne devez pas confisquer l'édition d'un almanach.

Et quelques instants après :

— Écoutez, je vous donne une idée qui peut être utilisée, et si vous ne la trouvez pas bonne, j'en ai une autre sous la main et ce sera la dernière. Mais je crois que n'importe laquelle des deux peut servir. Laissez l'enseigne peinte comme elle est, et à droite, dans le coin au-dessous du titre, faites écrire ces mots qui l'expliquent : « Fondé en 1860 ». N'est-ce pas en 1860 que vous avez ouvert la maison ?

— Si, répondit Custodio.

— Eh bien...

Custodio réfléchissait. On ne pouvait lire ni *oui* ni *non* sur son visage ; interdit, bouche entrouverte, il ne regardait ni le diplomate ni le sol, ni les murs ni les meubles, il regardait en l'air. Comme Aires insistait, il se réveilla et avoua que l'idée était bonne. En réalité, elle conservait le titre tout en lui enlevant le côté séditieux qu'augmentait la fraîcheur de la peinture. Toutefois, l'autre idée pouvait être aussi bonne ou meilleure, et il aurait aimé comparer les deux.

— L'autre idée n'a pas l'avantage de mettre la date de la fondation de la maison, elle n'a que celui de définir le titre, qui reste le même, d'une manière étrangère au régime. Laissez-lui le mot *Empire* et ajoutez-lui au-dessous, au centre, ces deux mots, qui n'ont pas besoin d'être gros : *des lois.* Regardez, comme ceci, conclut Aires, en s'asseyant à son bureau, et écrivant ce qu'il disait sur une feuille de papier.

Custodio lut, relut, et trouva l'idée utile ; oui, elle ne lui semblait pas mauvaise. Il ne lui vit qu'un défaut : les lettres du bas étant plus petites, on pourrait ne pas les lire aussi vite et aussi clairement que celles d'en haut, et ce seraient celles-ci qui s'imprimeraient dans l'œil du passant. De là à ce que quelque politicien ou même ennemi personnel ne comprenne pas tout de suite, et... La première idée, à bien la considérer, avait le même défaut et un autre en plus : on aurait l'impression que le pâtissier, en marquant la date de la fondation, se piquait d'être ancien. Qui sait si ce n'était pas pire que rien.

— Tout est pire que rien.

— Cherchons.

Aires trouva un autre titre, le nom de la rue, « *Salon de thé du Catete,* sans réaliser qu'il existait un autre salon de thé dans la même rue, et que c'était attribuer exclusivement à celui de Custodio la désignation locale. Lorsque son voisin lui fit cette remarque, Aires la trouva juste, et aima voir la délicatesse de sentiments de l'homme ; mais il découvrit tout aussitôt que ce qui avait fait parler Custodio, c'était l'idée que ce titre serait commun aux deux maisons. Beaucoup de gens ne feraient pas attention au nom écrit et s'arrêteraient à la première maison qu'ils trouveraient, de sorte qu'il serait le seul à faire les frais de la peinture et par-dessus le marché, il perdrait la clientèle. En réalisant cela, Aires n'en admira pas moins la sagacité d'un homme qui, au milieu de telles tribulations, dénombrait les effets fâcheux d'une équivoque. Il lui dit alors que le mieux serait de payer la dépense faite et de ne rien mettre, à moins qu'il ne préférât son propre nom : « *Salon de thé de Custodio* ». Nombreux étaient sans doute ceux qui ne connaissaient pas sa maison sous une autre dénomination. Un nom, le nom même du propriétaire, n'avait ni signification politique ni contenu historique, ni haine ni amour, rien qui pût attirer l'attention des deux régimes, et mettre en péril ses pets de nonne et encore moins la vie du propriétaire et des employés. Pourquoi n'adopterait-il pas cette suggestion ? Il dépenserait un peu d'argent en substituant un mot à l'autre, *Custodio* au lieu d'*Empire,* mais les révolutions apportent toujours des dépenses.

— Oui, je vais réfléchir, Excellentissime. Peut-être convient-il d'attendre un jour ou deux, pour voir où s'arrêtent les modes, dit Custodio en remerciant.

Il s'inclina, recula et sortit. Aires alla à la fenêtre pour le voir traverser la rue. Il se figura qu'il emportait de la maison du ministre en retraite un lustre particulier qui lui ferait oublier quelques instants la crise de l'enseigne. Tout n'est pas que dépenses dans la vie, et la gloire des relations pouvait adoucir les amertumes de ce monde. Pour une fois, il n'avait pas vu juste. Custodio traversa la rue, sans s'arrêter ni regarder derrière lui, et s'enfonça dans le salon de thé avec tout son désespoir.

64

Paix

Qu'au milieu de si graves événements Aires ait eu assez de calme et de clarté pour prêter de telles pensées à son voisin, cela ne peut s'expliquer que par le scepticisme avec lequel il avait accueilli les nouvelles. Même l'affliction de Custodio ne l'avait pas convaincu. Il avait vu naître et mourir beaucoup de on-dit. L'une de ses maximes était que l'homme vit pour répandre le premier racontar de la rue, et que l'on peut tout faire croire à cent personnes réunies ou séparées. Ce fut à deux heures de l'après-midi seulement, lorsque Santos entra chez lui qu'il crut à la chute de l'Empire.

— C'est vrai, conseiller, j'ai vu descendre les troupes rue de l'Ouvidor, j'ai entendu acclamer la République. Les boutiques sont fermées, les banques aussi, et le pire serait qu'elles n'ouvrent plus et que nous tombions dans le désordre public ; ce serait une calamité.

Aires voulut le rasséréner. Rien ne serait changé ; le régime oui, peut-être, mais on change aussi de vêtements sans changer de peau. Le commerce est nécessaire. Les banques indispensables. Le samedi ou, au pire, le lundi, tout reprendrait sa place de la veille, sauf la Constitution.

— Je ne sais pas, j'ai peur, conseiller.

— N'ayez pas peur. La baronne sait déjà ce qui se passe ?

— Quand j'ai quitté la maison, elle ne savait rien, mais maintenant il est problable que oui.

— Allez donc la tranquilliser ; sans doute est-elle inquiète.

Santos craignait les exécutions ; par exemple, si l'on fusillait l'Empereur, et avec lui les gens de la société ? Il rappela que la Terreur... Aires lui sortit la Terreur de la tête. Les occasions font les révolutions, dit-il sans intention de rimer, mais il aima que cela rime pour donner une forme fixe à l'idée. Ensuite il évoqua le caractère doux du peuple. Le peuple changerait de gouvernement sans toucher aux personnes. Il y aurait des traits de générosité. Pour prouver ce qu'il disait, il fit référence à un cas que lui avait raconté un vieil ami, le Maréchal Beaurepaire Rohan. C'était au temps de la Régence. L'Empereur était allé au théâtre de S. Pedro de Alcântara. A la fin du spectacle, son ami, alors jeune, entendit une grande rumeur du côté de l'Église S. Francisco, et courut voir ce qui se passait. Il parla à un homme qui criait avec indignation, et sut par lui que le cocher de l'Empereur n'avait pas ôté son chapeau au moment où ce dernier était arrivé à la porte pour entrer dans la voiture ; l'homme ajouta : « Je suis *ré...* » En ce temps-là, on appelait ainsi les républicains pour abréger. « Je suis *ré*, mais je n'admets pas que l'on manque de respect à ce petit ! »

Aucun trait de Santos ne montra qu'il appréciait ou comprenait cette saillie anonyme. Au contraire, il semblait tout entier livré au présent, au moment, au commerce fermé, aux banques sans opérations, à la crainte d'une suspension totale des affaires, pour un délai indéterminé. Il croisait et décroisait les jambes. Finalement, il se leva et soupira.

— Alors, il vous semble que... ?

— Tranquillisez-vous.

Santos accepta le conseil, mais il y a loin de l'acceptation à l'accomplissement, et la tête et le cœur n'étaient pas au diapason. Le cœur battait, la tête voyait tout s'écrouler. Il voulut prendre congé, mais fit deux ou trois tentatives avant de mettre le pied hors du bureau et se diriger vers l'escalier. Il implorait la certitude. Bien qu'il eût vu et entendu la République, ce pouvait être... En tout cas, c'était la paix qui était nécessaire, et y aurait-il la paix ?

Aires inclinait à croire que oui, et l'invita à nouveau à se tranquilliser.

— A bientôt, conclut-il.

— Pourquoi ne venez-vous pas dîner avec nous ?

— Je dois dîner avec mon ami, à l'Hôtel des Étrangers. Plus tard peut-être, ou demain. Allez, allez tranquilliser la baronne et les garçons. Seront-ils en paix, eux ? Ils se disputent, sans aucun doute. Allez les calmer.

— Vous, vous pourriez m'aider en cela. Venez ce soir.

— Peut-être ; si je peux, je viens. Demain sûrement.

Santos sortit ; la voiture l'attendait, il y entra et se dirigea vers Botafogo. Il n'emportait pas la paix avec lui, et ne pourrait la transmettre ni à sa femme, ni à sa belle-sœur, ni à ses fils. Il aurait voulu arriver chez lui, par peur de la rue, mais il aurait voulu aussi rester dans la rue, ne sachant quels mots et quels conseils donner aux siens. L'espace de la voiture quoique petit était suffisant pour un homme, mais enfin, il n'allait pas vivre là tout l'après-midi. De plus, la rue était calme. Il voyait des gens à la porte des boutiques. Place du Machado, il en vit d'autres qui riaient, quelques-uns silencieux ; il y avait de l'étonnement, mais il n'y avait pas à proprement parler de l'effroi.

65

Entre les fils

Quand Santos arriva chez lui, Natividade était inquiète, sans nouvelle exacte et définitive des événements. Elle ne savait rien de la République. Elle ne savait rien de son mari et de ses fils. L'un était sorti avant les premiers bruits, les autres allaient en faire autant lorsque les rumeurs arrivèrent. Le premier geste de la mère fut d'empêcher ses fils de sortir, mais sans succès, c'était trop tard ! Ne pouvant les retenir, elle se raccrocha à la Vierge Marie, pour qu'elle les épargnât, et attendit. Sa sœur fit de même. Il était près de midi ; les minutes se mirent alors à paraître des siècles.

L'angoisse de la mère était naturellement plus grande que celle de la tante. Pour Natividade, le temps passait avec des fers aux pieds. Il n'y avait pas d'agitation qui fût capable d'attacher une paire d'ailes à ces longues heures de la pendule de la maison, ni à celles de la montre qu'elle et sa sœur portaient à la ceinture : elles boitaient toutes des deux aiguilles. Enfin, elle entendit les roues d'une voiture sur le sable du jardin ; c'était Santos. Natividade se précipita sur le perron. Santos monta et leurs mains se tendirent et se trouvèrent. Une longue vie commune finit par faire de la tendresse une chose grave et spirituelle. Cependant, le geste du mari semble ne pas avoir été spontané, mais réfléchi, fruit ou imitation de celui de sa femme. Peut-être la corde de la sensibilité était-elle moins vibrante sur sa lyre à lui, si l'on tient compte de cet autre geste dans le coupé, il y avait très longtemps, alors qu'ils revenaient de la messe de S. Domingos, t'en souviens-tu ?... Je viens d'écrire quelques lignes à ce sujet qui ne seraient pas mal, si je les terminais, mais je recule à temps et je les barre. Inutile de se mettre en quête des mots barrés. Encore moins de les remplacer.

Contentons-nous des quatre mains serrées. Natividade s'inquiéta de ses fils. Santos dit qu'elle ne devait pas avoir peur. Il n'y avait rien ; tout semblait être comme la veille, les rues calmes, les visages muets. Le sang ne coulerait pas, le commerce allait continuer. Toute la confiance d'Aires bourgeonnait maintenant en lui, avec la même verdeur et le même style.

Les fils arrivèrent tard, chacun à son tour, et Pedro le premier. La mélancolie de l'un s'accordait à l'âme de la maison, la joie de l'autre détonait, mais l'une et l'autre étaient telles que malgré le débordement de cette dernière, il n'y eut ni répression ni lutte. Au dîner, ils parlèrent peu. Paulo rapportait les faits amoureusement. En parlant à quelques coreligionnaires, il avait appris ce qui s'était passé le soir et le matin, le défilé et le rassemblement des bataillons sur le Campo, les mots d'Ouro Preto au Maréchal Floriano, la réponse de ce dernier, la proclamation de la République. La famille écoutait et posait des questions, sans discuter, et cette modération contrastait avec la gloire de Paulo. Le silence de Pedro surtout était comme un défi. Paulo ignorait que c'était leur mère elle-même qui l'avait demandé à son frère avec beaucoup de baisers, ce qui était alors un crève-cœur supplémentaire pour celui-ci.

Le cœur de Paulo, au contraire, était dilaté et laissait circuler le sang, autant que le bonheur. Les sentiments républicains, dans lesquels s'incrustaient les principes, vivaient là, si forts et si chauds, qu'ils lui laissaient à peine remarquer l'abattement de Pedro et la gêne des autres membres de la famille. A la fin du dîner, il but à la République, mais silencieusement, sans ostentation, regardant seulement le plafond, et levant son verre un tantinet plus haut que de coutume. Personne ne répliqua d'un autre geste ou d'un autre mot.

Sans doute le jeune Pedro voulut-il dire quelque phrase compatissante envers le régime impérial et la famille des Bragance, mais sa mère ne le quittait pratiquement pas des yeux, comme pour imposer ou implorer le silence. De plus, il croyait que rien n'avait changé ; en dépit des décrets et des proclamations, Pedro imaginait que tout pouvait rester comme avant, avec seulement un changement des gens du gouvernement. Il ne faut pas grand-chose, disait-il tout bas à sa mère, en quittant la table ; il suffit que l'Empereur parle à Deodoro.

Paulo sortit aussitôt après le dîner, en promettant de rentrer tôt. Sa mère, craignant de le voir mêlé à des troubles, ne voulait pas qu'il sorte ; mais une autre crainte la fit accepter : celle de les voir finalement se disputer. Ainsi une crainte chasse l'autre, et on finit par donner ce que l'on a refusé. Il n'en est pas moins certain qu'elle réfléchit quelques minutes avant de se décider, de la même façon que j'ai écrit une page avant celle que je vais écrire maintenant ; mais tous deux, Natividade et moi, nous avons fini par laisser les actes suivre leur cours, sans opposition de sa part, ni commentaire de la mienne.

66

Baste et spadille

Arrivèrent des amis de la maison, apportant nouvelles et on-dit, qui variaient peu : dans l'ensemble, il n'y avait aucune certitude quant à l'issue de l'affaire. Personne ne savait si la victoire du mouvement était un bien ou si elle était un mal, à peine savait-on qu'elle était un fait. D'où l'ingénuité avec laquelle quelqu'un proposa l'hombre habituel, et la bonne volonté des autres à l'accepter. Santos, bien qu'ayant déclaré qu'il ne jouait pas, fit disposer les cartes et les jetons, mais les autres déclarèrent qu'il manquait encore un joueur, et que sans lui, le jeu n'était pas intéressant. Il voulut résister ; il n'était pas convenable que le jour même où le régime était tombé, ou allait tomber, il livrât son esprit à des divertissements de société... Il ne pensa cela ni à voix haute ni à voix basse, mais au fond de lui-même, et peut-être le lut-il sur le visage de sa femme. Il aurait trouvé un prétexte pour résister, s'il en avait cherché un ; mais les amis et les cartes l'empêchaient de chercher quoi que ce soit. Santos finit par accepter. Telle était probablement son inclination intime. Parmi celles-ci, nombreuses sont celles qui demandent à être extirpées comme une faveur ou une concession de la personne. Enfin, baste et spadille jouèrent leur rôle ce soir-là, comme les phalènes et les souris, les vents et les vagues, la lueur des étoiles et le sommeil des citoyens.

67

Toute la nuit

En sortant de chez lui, Paulo alla chez un ami, et tous deux partirent à la recherche d'autres gens de même âge et également amis. Ils allèrent aux sièges des journaux, à la caserne du Campo, et restèrent quelque temps devant la maison de Deodoro. Ils étaient contents de voir les soldats, fantassins ou cavaliers, et avec leur permission, leur parlaient, offraient des cigarettes. C'était là l'unique concession des soldats ; aucun ne leur raconta ce qui s'était passé, et certains ne devaient pas tout ignorer.

Peu importe, ils étaient contents et comblés. Paulo était le plus enthousiaste et le plus convaincu. Les autres n'avaient que leur jeunesse, ce qui est déjà un programme, mais pour le fils de Santos toutes les idées du nouveau régime étaient bien vivantes, et il en avait même d'autres qui n'étaient pas encore acceptées ; il se battrait pour elles. Il allait jusqu'à espérer trouver dans la rue quelqu'un qui pousserait un cri, devenu maintenant séditieux, pour lui briser le crâne de sa canne. Remarquez que la canne, il l'avait oubliée ou perdue. Il ne se rendit pas compte qu'elle lui manquait, et s'il s'en était rendu compte, bras et poings lui auraient suffi.

Il leur proposa de chanter la Marseillaise ; les autres ne voulurent pas aller aussi loin, non par peur, mais par fatigue. Paulo, qui résistait plus qu'eux à celle-ci, leur proposa d'attendre l'aurore.

— Allons l'attendre du haut d'une colline ou de la plage de Flamengo ; nous aurons le temps de dormir demain.

— Moi, je ne peux pas, dit l'un.

Les autres se récusèrent également et convinrent de rentrer chez eux. Il était près de deux heures. Paulo les accompagna tous, et ce fut seulement après avoir vu le dernier rentré chez lui qu'il s'en revint tout seul à Botafogo.

En entrant, il découvrit sa mère qui l'attendait, inquiète et regrettant de l'avoir laissé sortir. Paulo ne trouva pas d'excuse et gronda sa mère qui ne dormait pas pour l'attendre. Natividade avoua qu'elle ne pourrait s'endormir tant qu'elle ne le saurait pas rentré sain et sauf. Ils parlaient peu et bas ; ils s'étaient embrassés avant, s'embrassèrent après, et se dirent au revoir.

— Écoute, dit Natividade, si tu trouves Pedro éveillé, ne lui raconte et ne lui demande rien ; dors, et demain nous saurons tout et le reste des événements de la nuit.

Paulo entra dans la chambre sur la pointe des pieds. C'était encore cette vaste chambre où les deux jumeaux s'étaient disputés à cause de deux vieilles gravures, Robespierre et Louis XVI. Maintenant, il y avait plus que les portraits, une révolution de quelques heures et un gouvernement tout frais. Obéissant au conseil de sa mère, Paulo ne voulut pas savoir si Pedro dormait, quoique soupçonnant que non. Effectivement, il ne dormait pas. Pedro vit les précautions de Paulo et obéit lui aussi aux conseils de sa mère ; il fit semblant de ne rien voir. Voilà pour les conseils ; mais un peu de gloriole fit chantonner Paulo tout bas, entre ses dents, pour lui, la première strophe de la Marseillaise que ses amis avaient refusé de chanter dehors :

Allons, enfants de la patrie,
Le jour de gloire est arrivé !

Pedro comprit davantage à l'air qu'aux paroles et en conclut que l'intention de l'autre était de le contrarier. Ce n'était pas cela, mais ce pouvait l'être. Il hésita entre la réplique ou le silence, jusqu'à ce qu'une idée fantastique traversât son cerveau, chantonner, tout bas également, la seconde partie de la strophe : « Entendez-vous dans nos campagnes... » qui fait allusion aux troupes étrangères, mais détournée de son sens historique primitif pour la limiter aux troupes nationales. C'était une revanche vague, l'idée passa vite. Pedro se contenta de simuler l'indifférence suprême du sommeil. Paulo ne finit pas la strophe ; il se déshabilla avec agitation, ne pouvant détacher ses pensées de la victoire de ses rêves politiques. Il ne se mit pas au lit tout de suite ; il alla d'abord près de celui de son frère pour voir s'il dormait. Pedro respirait aussi naturellement que s'il n'avait rien perdu. Paulo eut envie de le réveiller, de lui crier qu'il avait tout perdu, si l'institution renversée représentait quelque chose pour lui. Il recula à temps et alla se glisser entre les draps.

Aucun ne dormait. Alors que le sommeil ne venait pas, ils pensaient aux événements du jour, tous deux étonnés de leur facilité et de leur rapidité. Puis ils pensaient au lendemain et aux effets ultérieurs. Ne vous étonnez pas qu'ils ne soient pas arrivés à la même conclusion.

— Comment diable ont-ils fait cela, sans que personne ne s'en soit rendu compte ? réfléchissait Paulo. Cela aurait pu être plus agité. Il y avait eu une conspiration, certes, mais une barricade n'aurait pas fait de mal. Quoi qu'il en soit, on avait gagné la campagne. Ce qu'il faut, c'est ne pas laisser se refroidir le fer, le battre toujours et lui donner forme nouvelle. Deodoro est une belle figure. On dit que l'entrée du Maréchal à la caserne, et sa sortie à la tête des bataillons, ont été splendides. Trop faciles peut-être ; c'est que le régime était pourri et est tombé de lui-même.

Tandis que la tête de Paulo formulait ces idées, celle de Pedro pensait le contraire : elle traitait le mouvement de crime.

— Un crime et une sottise, outre l'ingratitude ; l'Empereur aurait dû arrêter les principaux meneurs et les faire exécuter. Malheureusement les troupes étaient avec eux. Mais tout n'est pas fini. Ceci n'est que feu de paille ; d'ici peu il sera éteint et ce qui existait auparavant reviendra. Je trouverai deux cents garçons vaillants et prêts, et nous démolirons cette guimbarde. C'est l'apparence qui lui donne cet air de solidité, mais ce n'est rien. Ils verront que l'Empereur ne part pas, et même s'il ne le veut pas, il faudra bien qu'il gouverne ; ou bien ce sera sa fille, et si elle ne veut pas, son petit-fils. L'Empereur a lui aussi gouverné enfant. Demain ce sera le moment ; pour l'instant tout n'est que fleurs. Il y a encore une poignée d'hommes...

Les points de suspension à la fin du discours de chacun signifient que leurs idées devenaient effilochées, brumeuses et répétées, jusqu'à disparaître, tandis qu'ils s'endormaient. Durant leur sommeil, révolution et contre-révolution cessèrent, il n'y eut ni monarchie ni république, ni Dom Pedro II ni Maréchal Deodoro, rien qui eût l'odeur de la politique. L'un et l'autre rêvèrent à la magnifique baie de Botafogo, à un ciel clair, à un clair après-midi et à une seule personne : Flora.

68

Au matin

C'est sur Flora que l'un et l'autre ouvrirent les yeux, et elle s'évanouit si vite que c'est à peine s'ils virent l'ourlet de sa robe et entendirent un petit mot doux et lointain. Ils se regardèrent sans rancune apparente. La crainte de l'un et l'espérance de l'autre firent trêve. Ils se précipitèrent sur les journaux. Paulo, à demi étourdi, craignait quelque trahison sur le matin. Pedro avait une vague idée de restauration et comptait lire dans le journal un décret impérial d'amnistie. Ni trahison ni décret. L'espérance et la crainte s'enfuirent de ce monde.

69

Au piano

Alors qu'ils rêvaient de Flora, celle-ci ne rêvait pas de la République. Elle eut une de ces nuits où l'imagination dort elle aussi sans yeux ni oreilles — ou dans lesquelles tout au plus la rétine donne une vision confuse, et les oreilles confondent le bruit d'une rivière avec l'aboiement lointain d'un chien. Je ne peux donner de meilleure définition, et il n'en est pas besoin ; chacun de nous aura eu de ces nuits muettes et étouffées.

Elle ne rêva même pas de musique ; elle avait d'ailleurs joué auparavant quelques-unes de ses pages préférées. Elle ne les avait pas jouées seulement parce qu'elle les aimait, mais pour fuir la consternation de ses parents, qui était grande. Aucun des deux n'arrivait à croire que les institutions étaient tombées, que d'autres étaient nées, que tout avait changé. Dona Claudia comptait encore sur le lendemain, et demandait à son mari s'il avait bien vu, et ce qu'il avait vu ; il se mordait les lèvres, se frappait la jambe, se levait, faisait quelques pas et recommençait à raconter les événements, les nouvelles placardées à la porte des maisons de presse, l'arrestation des ministres, la situation, tout était fini, fini, fini...

Flora n'était pas hostile à la pitié, ni à l'espérance, comme vous le savez ; mais elle ne partageait pas l'agitation de ses parents et elle s'enferma avec son piano et ses musiques. Elle choisit je ne sais quelle sonate. Cela suffit pour faire s'évanouir le présent. La musique avait pour elle l'avantage de n'être ni présent, ni passé, ni futur ; c'était une chose hors du temps et de l'espace, une pure idéalité. Lorsqu'elle s'arrêtait, il lui arrivait d'entendre quelque phrase isolée de son père ou de sa mère : « ... Mais comment a-t-il pu se faire que... ? » — « Tout en cachette... » — « Y a-t-il du sang ? » Parfois, l'un d'eux faisait un geste et elle ne voyait pas le geste. Son père, l'âme chancelante, parlait beaucoup et de façon incohérente. Sa mère arborait une vigueur nouvelle. Il lui arrivait déjà de se taire quelques instants comme si elle pensait, au contraire de son mari, qui, lorsqu'il se taisait, se grattait la tête, joignait les mains ou soupirait, quand il ne menaçait pas le plafond de son poing.

— La, la, do, ré, sol, ré, ré, la, disait le piano de la jeune fille, avec ces notes ou d'autres, mais c'étaient des notes qui vibraient pour fuir les hommes et leurs dissensions.

On peut aussi trouver dans la sonate de Flora une espèce d'accord avec l'heure présente. Il n'y avait pas de gouvernement définitif. L'âme de la jeune fille s'accordait à cette première lueur du jour ou à ce dernier crépuscule du soir — comme tu voudras — où rien n'est assez clair ou assez sombre pour inviter à quitter son lit ou à allumer les chandelles. Tout au plus y aurait-il un gouvernement provisoire. Flora n'entendait pas grand-chose aux formes et aux noms. La sonate portait la sensation du manque absolu de gouvernement, l'anarchie de l'innocence primitive dans ce coin de Paradis que l'homme a perdu pour avoir désobéi, et qu'il gagnera un jour, lorsque la perfection apportera l'ordre éternel et unique. Il n'y aura alors ni progrès ni recul, mais stabilité. Le sein d'Abraham accueillera toutes les choses et toutes les personnes, et la vie sera un ciel ouvert. Voilà ce que disaient les touches, sans paroles, ré, ré, la, sol, la, la, do...

70

D'une conclusion erronée

Les événements se succédèrent à mesure que naissaient les fleurs. Parmi celles-ci, certaines avaient servi au dernier bal de l'année, d'autres étaient mortes la veille. Les poètes de l'un et l'autre régime en tirèrent une image pour chanter la joie et la mélancolie du monde. La différence est que la seconde étouffait ses soupirs, tandis que la première portait loin ses débordements. Le métal des trompes donnait un autre son que celui des harpes. Les fleurs, elles, continuaient à naître et à mourir, de la même façon et avec la même régularité.

Dona Claudia cueillit les roses du dernier bal de l'année, le premier de la République, et en para sa fille. Flora obéit et les accepta. Père de famille avant tout, Batista accompagna son épouse et sa fille au bal. Paulo y alla aussi, pour la jeune fille et pour le régime. Si, en parlant avec l'ex-président de province, il lui dit tout le bien qu'il pensait du Gouvernement Provisoire, il n'entendit de lui ni mots d'accord ni de contestation. Il n'alla pas plus loin dans la confession de l'homme, car la jeune fille l'attirait et il la préférait à son père.

Flora vit une ressemblance entre le bal de l'île Fiscal et celui-ci, bien que privé et modeste. Donné par quelqu'un qui appartenait à l'époque de la Campagne, il avait reçu la visite d'un ministre, quoique seulement une demi-heure. D'où l'absence de Pedro, bien qu'invité. Flora la ressentit, comme elle avait ressenti celle de Paulo dans l'île. Grande était la ressemblance des deux fêtes : toutes deux portaient l'absence d'un jumeau.

— Pourquoi votre frère n'est-il pas venu ? demanda-t-elle.

Paulo se troubla ; quelques instants plus tard :

— Pedro est obstiné, dit-il. Il s'est obstiné à refuser l'invitation. Il croit naturellement que la monarchie a emporté avec elle l'art de la danse. Ne faites pas attention ; c'est un lunatique.

— Ne dites pas cela.

— Vous trouvez aussi que la danse s'en est allée avec l'Empire ?

— Non, et la preuve, c'est que nous sommes en train de danser. Non, je vous dis de ne pas le traiter ainsi.

— Vous croyez donc que Pedro est un garçon sensé ?

— Certainement, comme vous.

— Mais...

Paulo allait lui demander lequel des deux, si elle avait dû se promettre à l'un ou à l'autre, aurait mérité sa promesse ; mais il s'arrêta à temps. Elle parla alors de la chaleur, et il trouva que oui, il faisait chaud. Il aurait trouvé qu'il faisait froid, si elle s'était plainte du froid. Flora, si elle avait dû céder uniquement à ce qu'elle voyait, aurait été également capable d'accepter toutes les opinions de Paulo pour le suivre. En vérité, Paulo avait maintenant un air brillant et pétulant, il regardait de haut, certain que c'étaient ses écrits vieux d'un an qui avaient fait la République, quoique incomplète, sans certaines idées qu'il avait exposées et défendues et qui finiraient par apparaître un jour, proche. Voilà ce qu'il disait à la jeune fille, et elle écoutait volontiers, sans opinion ; ce n'était que le plaisir de l'écouter. Lorsque le souvenir de Pedro surgissait dans la tête de la jeune fille, la tristesse ternissait la joie, mais la joie l'emportait vite, et ainsi finit le bal. Alors toutes deux, la tristesse et la joie, s'abritèrent dans le cœur de Flora, comme ses filles jumelles qu'elles étaient.

Le bal se termina. Le chapitre, lui, ne se termina pas sans que je laisse un peu d'espace à qui veut penser à cette créature. Ni père ni mère ne pouvaient la comprendre, pas plus que les garçons et, sans doute, Santos et Natividade moins que quiconque. Toi, maîtresse en amours, ou bien élève, toi, qui prêtes l'oreille à plusieurs, tu en conclus qu'elle était...

Il me coûte de donner le nom du métier. N'était l'obligation de raconter l'histoire avec ses véritables mots, je préférerais le taire, mais tu le connais et il paraît ici. Tu en conclus que Flora était une coquette, et tu conclus à tort.

Il vaut mieux, lectrice, le nier déjà, plutôt que d'attendre le moment. Flora ne connaissait pas les douceurs des amourettes, et on aurait pu la traiter moins encore de coquette de métier. La coquette de métier est la plante des espérances et parfois des réalités, si la vocation l'impose et si l'occasion le permet. Il faut aussi avoir en mémoire ce qu'a dit un publiciste, enfant du Minas et d'un autre siècle, qui finit sénateur et écrivait contre les ministres adverses : « Cerisier ne donne pas de nèfles. » Non, Flora n'était pas fille à amourettes.

La preuve en est que dans l'État où elle vécut quelques mois de 1891, avec son père et sa mère, pour la raison que je dirai plus loin, personne n'obtint le moindre de ses regards amis ni même complaisants. Plus d'un jeune homme passa son temps à tenter de se faire remarquer et distinguer. Plus d'une cravate, plus d'une canne, plus d'un monocle lui apportèrent leurs couleurs, leurs moulinets et leurs verres sans obtenir autre chose qu'une attention courtoise et peut-être un mot sans importance.

Flora ne pensait qu'aux jumeaux. Si aucun d'eux ne l'oublia, elle ne les perdit pas de mémoire. Au contraire, elle écrivait à tous les courriers à Natividade pour se rappeler aux deux. Les lettres parlaient peu du pays et des gens, et ne disaient ni du mal, ni du bien. Elles employaient beaucoup le mot nostalgie que chacun lisait pour lui. Eux aussi l'écrivaient dans les lettres qu'ils envoyaient à dona Claudia et à Batista, avec la même intention doublée et mystérieuse, qu'elle comprenait fort bien.

Voilà comment ils étaient, de loin, elle et eux. La vieille dispute, qui les séparait dans la vie, continuait à les séparer dans l'amour. Ils auraient pu aimer chacun une jeune fille, l'épouser, et avoir chacun ses enfants, mais ils préféraient aimer la même et ne pas voir le monde à travers d'autres yeux, ne pas entendre de meilleures paroles, ni une musique différente, avant, pendant et après la mission de Batista.

71

La mission

Le mot m'a échappé. Oui, ce fut une mission confiée à son père et dont je ne sais rien, pas plus qu'elle. Affaire secrète. Flora l'appelait la mission de l'enfer. Son père, sans descendre aussi bas, était mentalement d'accord avec elle ; verbalement, il refusait la définition.

— Ne dis pas cela, Flora ; c'est une mission de confiance à des fins noblement politiques.

Je le crois, mais de là à en connaître l'objet spécial et réel, il y avait un grand pas. De même ignore-t-on comment ce message du gouvernement s'en vint tomber dans les mains de Batista. Ce que l'on sait, c'est qu'il ne désapprouva point le choix, lorsqu'un ami intime courut l'appeler au palais du Généralissime. Il vit que c'était reconnaître en lui beaucoup de finesse et de capacité de travail. Il n'en est pas moins certain, toutefois, que la mission commençait à l'ennuyer, quoique dans la correspondance officielle il eût dit exactement le contraire. Si de tels papiers reflétaient toujours le cœur des gens, Batista, dont les instructions étaient par ailleurs de concorde, semblait vouloir apporter la concorde par le feu et par le sang ; mais le style n'est pas l'homme. Le cœur de Batista se fermait lorsqu'il écrivait, et il laissait sa main aller de l'avant, le cœur bien verrouillé... « Il est temps, soupirait le muscle, il est grand temps d'avoir une place de gouverneur. »

Quant à dona Claudia, elle ne voulait pas voir se terminer la mission qui rendait son époux à l'action politique ; il ne lui manquait qu'une chose : l'opposition. Aucun journal ne disait du mal de lui. Ce plaisir de lire tous les matins les invectives de ses adversaires, les lire et les relire avec leurs méchantes épithètes comme des fouets à pointes multiples qui déchiraient ses chairs et l'excitaient en même temps, ce plaisir, la mission secrète ne le lui donnait pas. Au contraire, il y avait une espèce de pari à trouver le chargé de mission juste, équitable, conciliant et digne d'admiration, modèle civique, caractère sans tache. Tout cela, elle l'avait connu autrefois, mais pour y trouver de la saveur, il lui avait toujours fallu que ce fût entremêlé d'admonestations et de calomnies. Sans elles, ce n'était qu'eau insipide. Elle n'avait pas non plus cette part de cérémonie qu'imposait la charge suprême, mais elle ne manquait pas d'attentions, et c'était quelque chose.

72

Le retour

Lorsque le Maréchal Deodoro prononça la dissolution du Congrès national, le 3 novembre, Batista se souvint du temps des manifestes libéraux et voulut en faire un. Il arriva à le commencer en secret, en employant les belles phrases qu'il connaissait par cœur, des citations latines, deux ou trois apostrophes. Dona Claudia le retint au bord de l'abîme, avec des raisons claires et solides. Avant tout, le coup d'État pouvait être un bien. On sert très souvent la liberté en ayant l'air de l'étouffer. De plus, c'était le même homme qui l'avait proclamée qui invitait maintenant la nation à dire ce qu'elle voulait et à amender la Constitution, sauf sur les points essentiels. La parole du généralissime, comme son épée, suffisait à défendre et à consommer l'œuvre commencée. Dona Claudia n'avait pas un style propre, mais savait communiquer la chaleur de son discours au cœur d'un homme de bonne volonté. Batista, après avoir écouté et réfléchi, lui tapa sur l'épaule impérativement.

— Tu as raison, ma fille.

Il ne déchira point le papier qu'il avait écrit ; il voulait le garder comme simple souvenir, et la preuve en est qu'il allait écrire une lettre au Président. Dona Claudia lui enleva aussi cette idée de la tête. Il n'était pas nécessaire de lui envoyer son suffrage ; il suffisait de conserver la mission.

— Le gouvernement n'est pas satisfait de toi ?

— Il l'est.

— En voyant que tu te maintiens, il en conclut que tu approuves tout, et cela suffit.

— Oui, Claudia, opina-t-il quelques instants après. Au contraire, tout ce que je pourrais écrire contre l'Assemblée séditieuse que le Président vient de dissoudre aurait l'air d'un manque de pitié. Paix aux morts ! Tu as raison, ma fille.

Il resta silencieux, agissant fidèlement aux instructions reçues. Vingt jours plus tard, le Maréchal Deodoro remettait le gouvernement aux mains du Maréchal Floriano, le Congrès était rétabli et tous les décrets du 3 annulés. En apprenant ces faits, Batista pensa mourir. Il resta quelques instants sans paroles et dona Claudia ne trouva pas la moindre parcelle de courage à lui communiquer. Nul n'avait compté sur cette marche rapide des événements, les uns sur les autres, dans une telle bousculade que l'on eût dit une bande de fuyards. Vingt jours seulement. Vingt jours de force et de calme, d'espérances et de futur. Au vingt et unième jour, tout s'écroulait comme maison en ruine.

C'est alors que Batista comprit l'erreur d'avoir prêté l'oreille à sa femme. S'il avait terminé et publié le manifeste le 4 ou le 5, il aurait en main un document de poids pour revendiquer un quelconque poste d'honneur — ou tout au moins d'estime. Il relut le manifeste, alla jusqu'à penser l'imprimer, quoique incomplet. Il y avait de bonnes idées, comme celle-ci : « Le jour de l'oppression est veille de la liberté. » Il citait la belle Mme Roland cheminant vers la guillotine : « Ô liberté, que de crimes on commet en ton nom ! » Dona Claudia lui montra qu'il était trop tard et il partagea son avis.

— Oui, il est trop tard. L'autre jour, non, il n'était pas trop tard, c'était l'heure appropriée pour un effet certain.

Batista froissa distraitement le papier ; puis il le lissa et le rangea. Ensuite, il fit un examen de conscience profond et sincère. Il n'aurait pas dû céder, résister eût été meilleur ; s'il avait résisté aux paroles de sa femme, la situation serait autre. Il se tâta, trouva que oui, il aurait très bien pu lui avoir verrouillé ses oreilles et être passé outre. Il insista fort sur ce point. S'il avait pu, il aurait fait reculer le temps pour montrer comment l'âme choisit d'elle-même le meilleur parti. Nul besoin de rien savoir de ce qui s'était passé antérieurement ; sa conscience lui disait que dans une situation identique à celle du 3, il ferait autre chose... Oh ! sans aucun doute ! Il ferait tout autre chose, et changerait son destin.

Une dépêche — ou un télégramme — vint arracher Batista à la mission politique et secrète. Le retour à Rio de Janeiro fut bref et triste sans les épithètes qui l'avaient réjoui pendant quelques mois, sans l'accompagnement d'amis. Seule une personne rentrait joyeuse, sa fille, qui avait prié toutes les nuits pour que se terminât cet exil.

— On dirait que tu es contente de l'échec de ton père, lui dit sa mère, alors qu'ils étaient déjà à bord.

— Non, maman, je me réjouis de voir que ces tracas sont terminés. Papa peut très bien faire de la politique à Rio de Janeiro, où il est très apprécié. Vous verrez, maman. Moi, si j'étais papa, à peine débarqué, j'irais aussitôt tout expliquer au Maréchal, lui montrer les instructions et dire ce que j'ai fait ; j'ajouterais que le rappel est arrivé fort à propos, de façon à ne pas montrer qu'il avait été peiné... Ensuite, je lui demanderais de travailler sur place...

Dona Claudia, en dépit de l'amertume des temps, aima voir que sa fille pensait et donnait des conseils en politique. Elle ne réalisa pas, comme le lecteur l'a fait, que l'âme du discours de la jeune fille était de ne pas quitter la capitale, de faire là son congrès, qui deviendrait rapidement une seule assemblée législative, comme au Rio Grande do Sul ; mais à laquelle des chambres, Pedro ou Paulo, reviendrait ce pouvoir politique unique ? Voilà ce qu'elle-même ne savait pas.

Tous deux lui apparurent à bord, dès que le bateau entra dans le port de Rio de Janeiro. Ils n'étaient pas venus dans deux barques, mais dans la même, et sautèrent si prestement sur l'échelle qu'ils manquèrent tomber à l'eau. Peut-être eût-ce été le meilleur dénouement pour le livre. Même ainsi, le chapitre ne finit pas mal, car la raison de la prestesse avec laquelle ils sautèrent sur l'échelle fut l'ambition d'être le premier à saluer la jeune fille ; pari d'amour, qui, une fois encore, les rendit égaux dans l'âme de Flora. Enfin, ils arrivèrent, et l'on ne dit pas lequel la salua effectivement le premier ; peut-être les deux.

73

Un eldorado

Sur le quai Pharoux les attendaient trois voitures, — deux *coupés* et un *landau,* avec trois beaux attelages de chevaux. Les Batista furent flattés de la délicatesse des Santos, et entrèrent dans le *landau.* Les jumeaux allèrent chacun dans son *coupé.* La première voiture avait son cocher et son laquais en habit marron, à boutons de métal blanc où l'on pouvait voir les armes de la maison. Chacune des autres avait seulement un cocher avec la même livrée. Et toutes les trois se mirent en marche, le landau précédant les coupés, les animaux allant d'un pas ferme et rythmé, le coup de sabot assuré, comme s'ils avaient répété depuis de longs jours cette réception. De temps à autre, ils rencontraient d'autres équipages, d'autres livrées, d'autres attelages, la même beauté et le même luxe.

La capitale offrait encore aux nouveaux arrivés un spectacle magnifique. On vivait des restes de cet éblouissement et de cette agitation, épopée dorée de la ville et du monde, car l'impression générale était que le monde entier était ainsi. Bien sûr, tu n'en as pas oublié le nom, « encilhamento », la grande époque des entreprises et compagnies de toute espèce. Qui n'a pas vu cela n'a rien vu. Des cascades d'idées, d'inventions, de brevets, roulaient tous les jours, sonores et éclatantes, et devenaient contos (1) de réis, centaines de contos, milliers, milliers de milliers, milliers de milliers de milliers de contos de réis. Tous les papiers, disons les

(1) Un conto de réis = 1 000 000 réis.

actions, sortaient tout frais et éternels des presses. C'étaient chemins de fer, banques, usines, mines, chantiers navals, navigation, construction, exportation, importation, encaissement, emprunts, toutes les unions, toutes les régions, tout ce que ces noms renferment, plus tout ce qu'ils ont oublié. Tout se répandait dans les rues et sur les places, avec statuts, organisateurs et listes. De grandes lettres emplissaient les journaux publics, les titres se succédaient sans se répéter, rare était ce qui mourait et ne mourait que ce qui était faible, mais en principe rien n'était faible. Chaque action portait une vie intense et libérale, parfois immortelle, qui se multipliait de cette autre vie avec laquelle l'âme accueille les religions nouvelles. Et naissaient les actions à prix élevé, plus nombreuses que les anciens nourrissons de l'esclavage, et avec des dividendes infinis.

Des gens de l'époque, voulant exagérer la richesse, disent que l'argent poussait du sol, mais ce n'est pas vrai. Tout au plus tombait-il du ciel. Candide et Cacambo... Ah, notre pauvre Cacambo ! Tu sais que c'est le nom de cet indien que Basílio da Gama a chanté dans « Uruguai ». Voltaire s'en est emparé pour le mettre dans son livre, et l'ironie du philosophe l'a emporté sur la douceur du poète. Pauvre José Basílio ! Tu avais contre toi l'étroitesse du sujet et notre langue si peu connue. Le grand homme ne t'a pas ravi Lindóia, heureusement, mais Cacambo lui appartient, plus qu'à toi, compatriote de mon cœur.

Candide et Cacambo, disais-je, en entrant dans l'Eldorado virent — c'est Voltaire qui le raconte — des enfants en train de jouer dans la rue avec des rondelles d'or, d'émeraude et de rubis ; ils en attrapèrent quelques-unes, et, dans la première auberge où ils mangèrent, voulurent payer le dîner avec deux d'entre elles. Tu sais que le propriétaire de la maison rit à gorge déployée, d'abord parce qu'ils voulaient le payer avec des pierres de la chaussée, ensuite parce qu'en ces lieux personne ne payait ce qu'il mangeait ; c'était le gouvernement qui payait tout. Ce fut cette hilarité de l'aubergiste, en même temps que la libéralité attribuée à l'État qui fit croire à de tels phénomènes chez nous, mais tout est mensonge.

Ce qui semble être vrai, c'est que nos voitures poussaient du sol. L'après-midi, lorsque une centaine d'entre elles se mettait en file

Place S. Francisco de Paula pour attendre les gens, c'était un plaisir de remonter la rue de l'Ouvidor, de s'arrêter et de les contempler. Les attelages faisaient écarquiller les yeux ; ils semblaient tous descendre des rhapsodies d'Homère, bien qu'ils fussent coursiers de paix. Les voitures aussi. Junon les avait sans doute équipées de leurs courroies d'or, freins d'or, rênes d'or, tout d'or incorruptible. Mais pas plus elle que Minerve n'étaient entrées dans les véhicules d'or à des fins guerrières contre Ilion. Tout ici respirait la paix. Cochers et laquais, rasés et graves, attendant droits et compassés, donnaient une belle idée du métier. Aucun n'attendait son patron couché à l'intérieur des voitures, les pieds dehors. L'impression qu'ils donnaient était celle d'une discipline rigide et élégante, apprise en haute école et conservée par la dignité de l'individu.

« Il est des cas — écrivait notre Aires — où l'impassibilité du cocher sur son siège contraste avec l'agitation de son maître à l'intérieur de la voiture, ce qui laisse croire que c'est le patron qui, par jeu, est monté sur le siège et emmène son cocher en promenade. »

74

L'allusion du texte

Avant de continuer, il est nécessaire de dire que notre Aires ne faisait pas allusion vaguement ou de façon générique à quelques personnes, mais à une seule en particulier. Elle s'appelait alors Nóbrega ; autrefois elle ne s'appelait rien du tout, c'était ce simple quêteur pour les âmes que Natividade et Perpétua avaient rencontré rue S. José, au coin de la Misericórdia. Tu n'as pas oublié que la jeune mère avait laissé tomber un billet de deux milréis dans le plateau du quêteur. Ce billet était neuf et beau ; il était passé du plateau à la poche, au fond d'un couloir, non sans quelque combat.

Quelques mois plus tard, Nóbrega abandonna les âmes à elles-mêmes et s'en fut vers d'autres purgatoires, pour lesquels il trouva d'autres robes, d'autres plateaux et finalement d'autres billets, aumônes de piété heureuse. Je veux dire qu'il s'en fut vers d'autres carrières. Il ne tarda pas à quitter la ville, quitta-t-il le pays, on ne le sait pas. Lorsqu'il revint, il apportait quelques paires de contos de réis, que la fortune doubla, redoubla et tripla. Surgit enfin la fameuse ère de l' « encilhamento », et elle fut pour lui la grande robe, le grand plateau, la grande aumône, le grand purgatoire. Qui se souvenait encore du quêteur ? La vieille roue s'était perdue dans l'obscurité et dans la mort. Il était un autre ; ses traits n'étaient pas les mêmes, c'étaient ceux que le temps lui avait composés et améliorés peu à peu.

Que le grand plateau ou l'un des autres ait reçu des billets d'un destin semblable au premier, cela on ne le sait pas, mais c'est possible. Ce fut à cette époque qu'Aires le vit en voiture, le corps presque complètement hors de la portière, saluant beaucoup, épiant tout. Comme le cocher et le laquais (des Écossais, je crois) sauvaient la dignité personnelle de la maison, Aires fit la remarque qui termine l'autre chapitre, sans nulle intention de généraliser.

Bien que ne rencontrant plus aucune de ses anciennes connaissances, Nóbrega avait peur de retourner dans le quartier où il avait fait ses premières quêtes pour les âmes. Un jour, cependant, ses nostalgies furent telles qu'il songea à affronter le danger et en prit le chemin. Cela le démangeait de regarder les rues et les gens, il se rappelait les maisons et les boutiques, un barbier, les demeures à grille de bois, où apparaissait telle ou telle jeune fille... Alors qu'il allait céder, la peur le reprit et il s'engagea d'un autre côté. Il n'y passait qu'en voiture ; ensuite, il voulut tout voir à pied, lentement, en s'arrêtant si possible, en revivant ce qui n'était plus.

Il s'en fut là-bas à pied ; il descendit par la rue S. José, prit celle de la Misericórdia, s'arrêta place de Santa Luzia, tourna rue D. Manuel, s'avança de ruelle en ruelle. Au début, il regardait de biais, rapidement, les yeux baissés. Ici, il voyait la boutique du barbier, et le barbier était un autre. Aux fenêtres des demeures à grille de bois, se penchèrent encore jeunes filles, vieilles dames et petites filles, et aucune n'était la même. Nóbrega reprit peu à peu courage et regarda en face. Peut-être cette vieille dame était-elle jeune fille vingt ans plus tôt ; cette jeune fille tétait peut-être, qui donnait maintenant le sein à un autre petit enfant. Nóbrega finit par s'arrêter et marcher doucement.

Il revint d'autres fois. Seules les maisons, qui étaient les mêmes, semblaient le reconnaître et certaines lui parlaient presque. Ce n'est pas de la poésie. L'ex-quêteur éprouvait le besoin d'être reconnu des pierres — s'en faire admirer, leur raconter sa vie, les obliger à comparer le modeste de naguère au nanti d'aujourd'hui, et entendre leurs paroles muettes : « Regardez, mes sœurs, c'est bien lui. » Il passait devant elles, les fixait, les interrogeait, riait presque, et presque les touchait pour les secouer avec force : « Parlez, que diable, parlez ! »

À un homme, il ne confierait pas ce passé, mais aux murs muets, aux vieilles grilles, aux portes lézardées, aux réverbères anciens, s'il en restait encore, tout ce qui était discret, à tout, il aurait voulu donner des yeux, des oreilles et une bouche, une bouche que lui seul pût entendre et qui proclamât la prospérité de ce vieux quêteur.

Une fois, il vit la Cathédrale S. José ouverte et entra. L'église était la même ; voici les autels, voici la solitude, voici le silence. Il se signa, mais ne pria pas ; il regardait seulement de part et d'autre, en marchant en direction du grand autel. Il craignait de voir apparaître le sacristain, qui pouvait être le même et le reconnaître. Il entendit des pas, recula rapidement et sortit.

En remontant par la rue S. José, il s'appuya à un mur pour laisser passer une voiture. La voiture monta sur le trottoir, il se réfugia dans un couloir. Le couloir aurait pu être quelconque ; c'était celui-là-même où il avait fait l'opération du billet de deux mil-réis de Natividade. Il regarda bien, c'était le même. Au fond, se trouvaient les trois ou quatre marches du premier escalier qui tournait à gauche et débouchait sur le grand. Il sourit du hasard, revit en un éclair ce matin-là, vit dans l'air le billet de deux mil-réis. D'autres allaient tomber dans ses mains de manière pareillement facile, mais aucun ne lui fit oublier cette gracieuse feuille imprimée de tant de symboles, chiffres, dates et promesses, remise par une dame inconnue, Dieu seul sait si ce n'était pas Santa Rita de Cássia en personne. (Il avait une dévotion particulière pour elle). Sans doute avait-il monnayé le billet et l'avait-il dépensé, mais les morceaux dispersés ne firent qu'aller porter à d'autres billets l'invitation à rejoindre la bourse du propriétaire, et ils accoururent tous, par poignées, obéissants et silencieux, de façon qu'on ne les entendît pas croître.

Pour autant qu'il ait jeté des regards en arrière sur sa vie, il ne trouvait pas un cadeau semblable du ciel, ni même de l'enfer. Plus tard, si quelque bijou attira ses yeux, il n'attira pas ses mains. Il avait appris à respecter le bien d'autrui, ou avait gagné de quoi l'acheter. Le billet de deux mil-réis... Un jour, s'enhardissant, il l'appela cadeau de Notre Seigneur.

Non, lecteur, tu ne me surprends pas en pleine contradiction. Je sais bien qu'au début le quêteur avait attribué le billet au plaisir qu'aurait pu procurer à la dame quelque aventure. Je me souviens encore de ses mots : « Ces deux-là ont vu l'oiseau bleu ! » Mais si aujourd'hui il attribuait le billet à la protection de la sainte, il ne mentait ni alors ni maintenant. Il était difficile de découvrir la vérité. La seule vérité incontestable, c'étaient les deux mil-réis ; et encore, on ne peut pas dire qu'elle était la même aux deux moments : le billet de deux mil-réis équivalait alors, au moins, à vingt (rappelle-toi les souliers usagés de l'homme) ; maintenant, il ne dépassait pas le pourboire d'un cocher.

Il n'y a pas non plus de contradiction à parler de sainte maintenant et d'amoureuse autrefois. Le contraire eût été plus naturel, alors que son intimité avec l'église était plus grande. Mais, lecteur de mes péchés, on s'aimait beaucoup en 1871, comme on s'aimait déjà en 1861, 1851, et 1841, pas moins qu'en 1881, 1891 et 1901. Le siècle dira le reste. Et puis, il ne faut pas oublier que l'opinion du quêteur sur Natividade fut antérieure au geste du couloir, lorsqu'il abrita le billet dans sa poche. Il est douteux qu'après le geste l'opinion ait été la même.

75

Proverbe faux

Quelqu'un à qui j'ai lu confidentiellement le chapitre passé, m'écrit en me disant que la cause de tout a été la métisse du Castelo. Sans ses prédictions grandioses, l'aumône de Natividade aurait été minime ou nulle, et le geste du couloir n'aurait pas existé, faute de billet. « L'occasion fait le larron » conclut mon correspondant.

Sa conclusion n'est pas mauvaise. Elle pèche toutefois par injustice ou omission, car les raisons de ce geste auraient toutes été pieuses. En outre, le proverbe peut être faux. L'une des affirmations d'Aires, qui aimait aussi étudier les adages, est que celui-ci n'était pas juste.

— Ce n'est pas l'occasion qui fait le larron, disait-il à quelqu'un ; le proverbe est faux. La forme exacte doit être celle-ci : « L'occasion fait le vol ; le voleur naît voleur. »

76

Peut-être était-ce la même

Nóbrega sortit enfin du couloir, mais fut obligé de s'arrêter, car une femme lui tendait la main :

— Mon bon monsieur, une petite aumône, pour l'amour de Dieu !

Nóbrega mit la main dans le gousset de son gilet, et attrapa une pièce parmi les deux qui se trouvaient là, l'une d'un sou, l'autre de deux. Il prit la première, mais au moment de la donner, il changea d'avis et ne donna pas le sou ; il dit à la vieille d'attendre et s'enfonça dans le couloir. Le dos à la rue, il introduisit sa main dans la poche de ses pantalons et en tira une liasse d'argent ; il chercha et trouva une coupure de deux mil-réis, plus vieille que neuve, aussi vieille que la mendiante, qui la prit avec étonnement ; mais tu sais que l'argent ne perd rien à vieillir.

— Prenez ça, murmura-t-il.

Lorsque la mendiante revint de son étonnement, Nóbrega finissait de restituer la liasse à la poche et se préparait à sortir. Ce que la mendiante dit alors, jaillit entrecoupé de larmes :

— Mon bon monsieur ! Merci, mon bon monsieur ! Dieu vous le rende ! Et la Très Sainte Vierge...

Et elle embrassait le billet, et elle voulait embrasser la main qui lui avait donné l'aumône, mais il la cacha comme dans l'Évangile, en murmurant que non, qu'elle s'en aille. En vérité, les mots de la mendiante avaient un son presque mystique, c'était une espèce de mélodie du ciel, un chœur d'anges, et il était réconfortant de voir ses yeux écarquillés, sa main tremblante qui serrait la coupure.

Nóbrega n'attendit pas qu'elle s'en aille, il sortit, descendit la rue, les bénédictions de la femme derrière lui ; il tourna au coin de la rue d'un pas rapide, et là, se mit à penser Dieu sait quoi.

Il traversa la place, dépassa la cathédrale et l'église du Carmo, et arriva au Carceler, où il donna ses bottes à cirer à un Italien. Mentalement, il regardait vers le haut ou vers le bas, à droite ou à gauche — loin, en tout cas —, et finit par murmurer cette phrase, qui pouvait se rapporter autant à la coupure qu'à la mendiante — mais plus probablement à la coupure :

— C'était peut-être la même !

Aucune faveur, si petite soit-elle, n'est oubliée du bénéficiaire. Il y a des exceptions. Il y a aussi des cas où le souvenir des faveurs tourmente, poursuit et mord, comme les moustiques ; mais ce n'est pas la règle générale. La règle est de les garder dans sa mémoire, comme les bijoux dans leurs écrins ; comparaison juste, car une faveur est très souvent une sorte de bijou, que le favorisé a oublié de rendre.

77

Hospitalité

La famille Batista fut logée chez Santos. Natividade ne put aller à bord et son mari étant occupé à « lancer une compagnie », ils firent dire par leurs fils qu'à la maison de Botafogo, les chambres étaient déjà prêtes. Dès que la voiture se mit à rouler, Batista avoua qu'il allait se sentir gêné pendant quelques jours.

— Une pension eût été préférable, jusqu'à ce qu'on nous libère la maison de S. Clemente.

— Que voulais-tu faire ? Il n'y avait pas d'autre solution qu'accepter, fit remarquer sa femme.

Flora ne dit rien, mais ressentait le contraire de son père et de sa mère. Penser, non, elle ne pensa pas ; elle était si troublée par la vue des garçons que ses idées ne s'alignèrent pas sur cette forme logique qu'est la pensée. Ses propres sensations n'étaient pas claires. C'était un mélange de quelque chose d'oppressif et de délicieux, de trouble et de clair, un bonheur tronqué, une affliction consolatrice, et tout ce que tu pourras trouver d'autre au chapitre des contradictions. Moi, je ne rajoute plus rien. Elle-même n'aurait pas su dire ce qu'elle ressentait. Elle eut des hallucinations extraordinaires.

Maintenant, ce qu'il faut dire, c'est que l'idée de l'hébergement revenait tout entière aux deux jeunes docteurs. Car ils étaient déjà docteurs, bien qu'ils n'eussent pas encore entamé la carrière d'avocat ou celle de médecin. Ils vivaient de l'amour de leur mère et de la bourse de leur père, tous deux inépuisables. Le père fit la sourde oreille à la suggestion, mais les jumeaux insistèrent pour obtenir cette faveur, à tel point que leur mère, contente de les voir d'accord, sortit de son silence et fut de leur avis. L'idée d'avoir la jeune fille tout près d'elle pendant quelques jours et de découvrir lequel était le mieux accepté et lequel l'aimait vraiment, pouvait aussi avoir eu son influence sur l'accord donné à la demande, mais je n'affirme rien à ce sujet. Je ne certifie pas non plus qu'elle ait eu beaucoup de plaisir à accueillir le père et la mère de Flora. La rencontre fut cependant cordiale de part et d'autre. Ce furent des accolades, embrassades, questions, échanges de gentillesses qui n'en finissaient pas. Tous avaient grossi, pris une nouvelle couleur, un autre air. Flora faisait l'enchantement de Natividade et de Perpétua ; ni l'une ni l'autre ne savait où allait s'arrêter cette jeune fille si gracieuse, si svelte, si...

— N'en dites pas plus, interrompit la jeune fille en souriant ; je suis de cet avis.

Santos les accueillit, le soir, avec la même cordialité — peut-être moins apparente, mais l'on pardonne tout à qui brasse de grandes affaires.

— Une idée sublime, dit-il au père de Flora ; celle que j'ai lancée aujourd'hui est des meilleures, et les actions valent déjà de l'or. Il s'agit de laine de mouton et cela commence par l'élevage de ce mammifère dans les prés du Paraná. En cinq ans, nous pourrons vêtir l'Amérique et l'Europe. Vous avez vu le programme dans les journaux ?

— Non, je n'ai pas lu les journaux depuis l'embarquement.

— Eh bien, vous verrez !

Le lendemain, avant le déjeuner, il montra à son hôte le programme et les statuts. Il y avait des liasses et des liasses d'actions, et Santos donnait la valeur de chacune. Batista additionnait mal, en règle générale, et cette fois-ci pire encore. Mais les chiffres croissaient à vue d'œil, grimpaient les uns sur les autres, emplissaient l'espace, du sol aux fenêtres, d'où ils se jetaient, avec un bruit d'or qui assourdissait. Batista sortit de là fasciné, et s'en fut tout répéter à sa femme.

78

Visite au Maréchal

Dona Claudia, lorsqu'il eut fini, lui demanda avec simplicité :
— Tu vas chez le Maréchal aujourd'hui ?
Batista, revenant à lui :
— Naturellement.
Ils avaient convenu qu'il irait voir le Président de la République pour lui expliquer la mission qu'il avait exercée, tout à fait confidentielle et cependant impartiale. Il dirait l'esprit de concorde qui l'avait animé et l'estime qu'il avait acquise. Ensuite, il parlerait de l'intérêt d'un gouvernement qui dépassât par la vigueur et la liberté celui du généralissime ; et pour finir, une phrase bien sentie.
— Cela, sur le moment, dit Batista.
— Non, il vaut mieux l'avoir toute faite. J'ai pensé à celle-ci : « Croyez, Votre Excellence, que Dieu est avec les forts et les bons. »
— Oui, elle n'est pas mal.
— Tu peux ajouter un geste qui montre le ciel.
— Ça, non. Tu sais que je ne suis pas homme à gestes, je ne suis pas comédien. Moi, sans bouger un pied, j'inspire le respect.
Dona Claudia renonça au geste ; il n'était pas essentiel. Elle voulut lui faire écrire la phrase, mais il la savait déjà par cœur. Batista avait bonne mémoire.
Ce même jour, Batista alla voir le Maréchal Floriano. Il ne dit rien aux gens de la maison, il raconterait tout à son retour. Dona Claudia se tut, elle aussi, ce ne serait pas long ; elle se mit à

attendre avec anxiété. Elle attendit deux mortelles heures, en arriva à imaginer qu'on avait emprisonné son époux, par intrigue. Elle n'était pas dévote, mais la peur inspire la dévotion, et du fond de son cœur, elle pria. Enfin, Batista arriva. Elle courut l'accueillir, excitée, le prit par la main, et ils se retirèrent dans leur chambre. Perpétua (voyez ce que sont les témoignages personnels dans l'histoire !) s'écria tout attendrie :

— On dirait deux pigeons !

Batista raconta que la réception avait été meilleure qu'il ne l'espérait, quoique le Maréchal ne lui ait rien dit, mais il l'avait écouté avec intérêt. La phrase ? La phrase était bien sortie, mais avec une correction. N'étant pas sûr de préférer *bons* à *forts,* ou *forts* à *bons...*

— Ce devaient être les deux mots, l'interrompit sa femme.

— Oui, mais j'ai pensé à en employer un troisième : « Croyez, Votre Excellence, que Dieu est avec les dignes ! »

En effet, ce dernier mot pouvait recouvrir les deux autres et avait cet avantage de donner à la phrase un tour qui lui était personnel.

— Mais qu'a dit le Maréchal ?

— Il n'a rien dit ; il m'a écouté avec une attention obligeante et a été jusqu'à sourire — un sourire léger, un sourire approbateur...

— Ou est-ce... Qui sait... Tu n'as pas bien joué, sans doute. Avec moi, il aurait dit quelque chose. Tu lui as tout exposé, comme nous l'avions combiné ?

— Tout.

— Tu as exposé les raisons de la mission, l'exécution, notre modération ?

— Tout, Claudia.

— Et la poignée de main du Maréchal ?

— Il n'a pas tendu la main au début ; il a fait un geste de la tête ; c'est moi qui ai tendu la mienne, en disant : Toujours aux ordres de Votre Excellence.

— Et lui ?

— Lui m'a serré la main.

— Il l'a bien serrée ?

— Tu sais, ce ne pouvait être la poignée de main d'un ami, mais elle devait être cordiale.

— Et pas un mot ? Un « portez-vous bien », au moins ?

— Non, et ce n'était pas nécessaire. Je l'ai salué et je suis parti.

Dona Claudia se laissa aller à ses pensées. La réception ne lui semblait pas avoir été mauvaise, mais elle aurait pu être meilleure. Avec elle, elle aurait été bien meilleure.

79

Fusion, diffusion, confusion

J'ai parlé plus haut des hallucinations de Flora. En vérité, elles étaient extraordinaires.

En chemin, après le débarquement, bien que les jumeaux aillent séparés et seuls, chacun dans son coupé, elle rêva qu'elle les entendait parler ; première partie de l'hallucination. Deuxième partie : les deux voix se confondaient, tant elles étaient semblables et finirent par n'être plus qu'une. Finalement, l'imagination fit des deux garçons une unique personne.

Ce phénomène, je ne le crois pas courant. Qui plus est, il y aura toujours quelqu'un pour refuser absolument de me croire, et prendre pour pure invention ce qui est pure vérité. Or il faut savoir que durant la mission de son père, Flora entendit plus d'une fois les deux voix qui se fondaient dans la même voix et dans la même créature. Et maintenant, à la maison de Botafogo, le phénomène se répétait. Lorsqu'elle entendait les deux, sans les voir, l'imagination complétait la fusion de l'ouïe par celle de la vue, et un seul homme lui disait des mots extraordinaires.

Tout cela n'est pas moins extraordinaire, je le reconnais. Si je consultais mon goût, les deux garçons ne feraient pas plus un seul jeune homme que la jeune fille ne serait une seule demoiselle. Je corrigerais la nature en dédoublant Flora. Cela étant impossible, je consens à l'unification de Pedro et de Paulo. D'autant plus que ce phénomène de vision se répétait en leur présence comme en leur absence, lorsqu'elle se laissait aller à oublier le lieu et laissait vagabonder son esprit. Au piano, dans les conversations, dans les promenades au jardin, à table, elle avait de ces visions soudaines et brèves dont elle-même souriait, au début.

Si quelqu'un voulait expliquer ce phénomène par la loi de l'hérédité, en supposant qu'il était la forme affective des variations politiques de la mère de Flora, il ne serait approuvé ni par moi ni par personne d'autre, je crois. Ce sont des choses différentes. Vous savez les motifs de dona Claudia ; sa fille devait en avoir d'autres qu'elle-même ne connaissait pas. L'unique point de ressemblance étant la fréquence maintenant plus grande du phénomène, tant chez la mère que chez la fille, mais pour la première, cela était dû à la bousculade des événements extérieurs. Aucune révolution ne se fait comme le simple passage d'une salle à une autre ; même les révolutions dites de palais provoquent une agitation qui persiste un certain temps, jusqu'à ce que l'eau retrouve son calme. Dona Claudia cédait à l'inquiétude des temps.

Sa fille devait obéir à quelque autre cause, que l'on ne pouvait immédiatement découvrir, ni même comprendre. C'était un spectacle mystérieux, vague, obscur, où les silhouettes visibles se faisaient impalpables, le double devenait unique, l'unique dédoublé, une fusion, une confusion, une diffusion...

80

Transfusion, enfin

Une transfusion, le terme qui pourrait le mieux définir, par la répétition et la gradation des formes et des états, ce phénomène particulier, tu peux l'employer pour le chapitre précédent et pour celui-ci.

Le phénomène étant exposé, il faut ajouter que Flora, au début, le trouvait amusant. Je mens : dans les premiers temps, comme elle était loin, elle ne lui trouva rien ; ensuite, elle éprouva une espèce d'effroi ou de vertige, mais dès qu'elle s'habitua à passer de deux à un et de un à deux, l'alternance lui parut plaisante, et elle en arrivait à l'évoquer dans le but de distraire sa vue. Finalement, cela n'était même pas nécessaire, l'alternance se faisait d'elle-même. Quelquefois, elle se manifestait plus lentement que d'autres, parfois instantanément, mais pas assez fréquemment pour confiner au délire. Finalement, elle s'y habitua et y prit goût.

Parfois, au lit, avant qu'elle ne s'endormît, le phénomène se produisait malgré une grande résistance de sa part, car elle ne voulait pas laisser passer le sommeil. Mais le sommeil venait, et le rêve complétait la veille. Flora se promenait alors au bras du même jeune homme aimé, Paulo quand ce n'était pas Pedro, et tous deux allaient admirer les étoiles ou les montagnes, ou bien la mer, qui soupirait et tempêtait, et les fleurs et les ruines. Il n'était pas rare qu'ils fussent tous deux seuls devant un coin de ciel illuminé de clair de lune ou tout piqué d'étoiles, comme un drap bleu nuit. C'était à la fenêtre, suppose-le, de dehors venait la chanson des vents calmes, un grand miroir, suspendu au mur, reproduisait leurs silhouettes, à lui et à elle, confirmant ce qu'elle imaginait. Comme c'était un rêve, l'imagination apportait des spectacles inconnus, tels et si nombreux qu'il était difficile de croire que l'espace d'une nuit serait suffisant. Et il l'était. Et il y en avait de reste. Il arrivait que Flora se réveillât soudain, vît disparaître le tableau et la silhouette, et se persuadât que tout n'était qu'illusion, et il était rare alors qu'elle trouvât le sommeil. S'il était tôt, elle se levait, marchait, se fatiguait jusqu'à ce qu'elle se rendormît et rêvât à autre chose.

D'autres fois, la vision demeurait lorsque finissait le rêve, et devant elle une seule silhouette mince, avec la même voix amoureuse, le même geste implorant. Une nuit, alors qu'elle allait poser les bras sur ses épaules, dans le but inconscient de croiser les doigts derrière sa nuque, la réalité, quoique absente, réclama ses droits, et l'unique garçon se dédoubla en deux personnes semblables.

Éveillée, Flora trouva la modification des deux visions empreinte d'une telle fantasmagorie qu'elle eut peur et pensa au Diable.

81

Ah, deux âmes...

Allons, Flora, aide-moi en citant quelque chose, vers ou prose, qui exprime ta situation. Cite Goethe, mon amie, cite un vers de Faust, adéquat :

Ah, deux âmes en mon sein habitent !

La mère des jumeaux, la belle Natividade, aurait pu l'avoir cité aussi, avant leur naissance, lorsqu'elle les sentait se battre à l'intérieur d'elle-même :

Ah, deux âmes en mon sein habitent !

En cela toutes les deux se ressemblent, — l'une les a conçus, l'autre les a adoptés. Maintenant, comment se fait ou se fera le choix de Flora, Méphistophélès lui-même ne nous l'expliquerait pas de façon claire et certaine. Le vers suffit :

Ah, deux âmes en mon sein habitent !

Peut-être ce vieux Placido que nous avons laissé là-bas dans les premières pages, arriverait-il à éclairer les autres. Docteur en matières obscures et compliquées, il savait fort bien la valeur des chiffres, la signification des gestes non seulement visibles, mais invisibles, la statistique de l'éternité, la divisibilité de l'infini. Il était déjà mort depuis quelques années. Tu dois te rappeler que, consulté par le père de Pedro et de Paulo au sujet de l'hostilité originelle des jumeaux, il l'expliqua promptement. Il mourut à son poste : il exposait à trois nouveaux disciples la correspondance des voyelles avec les sens de l'homme, lorsqu'il tomba face contre terre et expira.

Déjà à ce moment-là, les adversaires de Placido — car il en avait dans sa propre secte —, affirmaient qu'il s'était écarté de la doctrine et que par un effet normal, il en était devenu fou. Santos ne suivit jamais ces dissidents de la cause commune, qui finirent par former une autre chapelle dans un autre quartier, où ils prêchaient que la véritable correspondance n'était pas entre les voyelles et les sens, mais entre les sens et les voyelles. Cette autre formule semblant plus claire, de nombreux disciples de la première heure suivirent ceux de la dernière, et proclament maintenant, en conclusion définitive, que l'homme est un alphabet de sensations.

Ceux-ci l'emportèrent, peu nombreux étant ceux qui restèrent fidèles à la doctrine du vieux Placido. Invoqué quelque temps après sa mort, il proclama encore une fois sa formule comme l'unique des uniques, et excommunia tous ceux qui prêcheraient le contraire. Au reste, les dissidents l'avaient également déjà excommunié, déclarant sa mémoire abominable, avec cette haine intraitable qui fortifie parfois l'homme contre la faiblesse et la pitié.

Peut-être le vieux Placido eût-il éclairci le problème en cinq minutes. Mais pour cela il eût fallu l'invoquer, et son disciple Santos s'occupait maintenant de quelques liquidations ultimes et lucratives. L'homme ne vit pas seulement de foi, mais aussi de pain, et de ses composés et similaires.

82

À S. Clemente

Au bout de quelques brèves semaines, la famille Batista quitta la maison Santos, et revint rue S. Clemente. Les adieux furent tendres, les regrets étaient nés avant la séparation, mais l'affection, l'habitude, l'estime — l'obligation, en somme, de se voir souvent, compensèrent la mélancolie, et les Batista emportèrent la promesse des Santos d'aller les voir d'ici peu.

Les jumeaux accomplirent tôt la promesse. L'un des deux, Paulo, semble-t-il, y alla le soir même avec un message de sa mère pour savoir s'ils étaient bien arrivés. On lui dit que oui, Batista ajoutant pour abréger la visite qu'ils étaient passablement fatigués. Les yeux de Flora démentirent cette affirmation ; peu après, ils passaient de la joie à la tristesse ; joie provoquée par la célérité de Paulo, tristesse par l'absence de Pedro. Elle les aurait naturellement voulus tous les deux ; mais comment les deux sensations pouvaient-elles se montrer en même temps, voilà ce que tu comprendras peu ou prou. Ce qui est sûr, c'est que ses yeux se tournaient souvent vers la porte, et une fois, il sembla à la jeune fille entendre un bruit dans l'escalier ; tout n'était qu'illusions. Mais ces gestes, que Paulo ne vit pas tant il était heureux d'avoir devancé son frère, n'étaient pas suffisants pour lui faire oublier le frère présent.

Paulo partit tard, non seulement dans le but de profiter de l'absence de Pedro, mais aussi parce que Flora le faisait s'attarder dans le dessein de voir si l'autre arrivait. De sorte que la même dualité de sensations emplit les yeux de la jeune fille jusqu'à l'heure du départ, où la tristesse l'emporta sur la joie, puisqu'il y avait deux absences au lieu d'une. Conclus ce que tu voudras, ma chère dame ; elle se retira pour dormir et s'aperçut que si l'on ne dort pas avec une tristesse dans l'âme, encore moins avec deux.

83

La grande nuit

Il existe maint remède contre l'insomnie. Le plus commun est de compter de un à mille, deux mille, trois mille ou plus si l'insomnie ne se rend pas aussitôt. C'est un remède qui n'a encore fait dormir personne, semble-t-il, mais peu importe. Jusqu'à maintenant toute médication efficace contre la phtisie va de pair avec la notion que la phtisie est incurable. Il est bon que les hommes affirment ce qu'ils ne savent pas, et par profession, le contraire de ce qu'ils savent ; ainsi se forme cette autre incurable : l'Espérance.

Flora, incurable également, si tu ne préfères pas la définition d'inexplicable que lui avait donnée Aires, la gracieuse Flora eut cette nuit-là *son* insomnie. Mais ce fut quelque peu sa faute. Au lieu de se coucher tranquillement et de dormir comme un ange, elle préféra veiller avec l'un ou les deux, et passer une partie de la nuit, à la fenêtre ou assise, à se souvenir et à penser, à comparer et à compléter, dans son peignoir de lin, les cheveux attachés pour la nuit.

Au début, elle pensa à celui qui était venu, et en évoqua toutes les grâces, rehaussées par la vertu particulière d'être allé la voir le soir, bien qu'ils se soient vus le matin. Elle se sentait reconnaissante. Toute la conversation fut redite là, dans la solitude de l'alcôve, avec les intonations diverses, les changements de sujet et les interruptions fréquentes, soit des autres, soit d'elle-même. Elle, en vérité, ne s'interrompait que pour penser à l'absent — sans toutefois faire autre chose que convertir le dialogue en monologue, lequel à son tour finissait en silence et contemplation.

Maintenant, en pensant à Paulo, elle voulait savoir pourquoi elle ne le choisissait pas pour fiancé. Il avait une qualité supplémentaire, le côté aventureux de son caractère, et ce trait ne lui déplaisait pas. Inexplicable ou non, elle se laissait emporter par les élans du garçon qui voulait changer le monde et le temps par d'autres plus purs et plus heureux. Cette tête, qui n'était pas encore celle d'un homme, était destinée à changer la marche du soleil, qui ne tournait pas comme il fallait. La lune non plus, qui demandait un contact plus fréquent avec les hommes, moins de quartiers, le dernier ne diminuant pas de moitié. Visible toutes les nuits, sans que cela entraînât l'éclipse des étoiles, elle continuerait modestement son travail et ferait rêver les yeux sans sommeil ou seulement fatigués de dormir. Tout cela, l'âme de Paulo, affamée de perfection, l'accomplirait. Un bon mari, en somme. Flora ferma les paupières, pour mieux le voir, et le trouva à ses pieds, ses mains entre les siennes, souriant et extasié.

— Paulo, mon cher Paulo !

Elle s'inclina pour le voir de plus près, et ne perdit ni son temps ni l'occasion. Vu ainsi, il était plus beau que lorsqu'il parlait simplement de choses ordinaires et fugitives. Elle plongea ses yeux dans les siens et se retrouva à l'intérieur de l'âme du garçon. Ce qu'elle y vit, elle ne sut pas bien le dire ; tout fut si nouveau et si rayonnant que sa malheureuse rétine ne pouvait rien fixer avec sûreté et continuité. Les idées étincelaient comme sortant d'un foyer que l'on attiserait, les sensations se battaient en duel, les réminiscences montaient toutes fraîches, avec quelques regrets et surtout des ambitions, quelques ambitions aux grandes ailes qu'il suffisait d'agiter pour faire du vent. Sur tout ce mélange et cette confusion pleuvait de la tendresse, encore de la tendresse...

Flora retira ses yeux, Paulo était dans la même position ; mais du côté de la porte, enfoncée dans la pénombre, la silhouette de Pedro apparaissait, tout aussi belle, mais un rien triste. Flora se sentit touchée par cette tristesse. Il semble que si elle avait aimé exclusivement le premier, le second aurait pu pleurer des larmes de sang sans mériter d'elle la moindre sympathie. Car l'amour, selon les nymphes anciennes et modernes, est sans pitié. Lorsqu'il y a pitié pour l'autre, disent-elles, c'est que l'amour n'est pas encore véritablement né, ou qu'il est déjà complètement mort, et ainsi le cœur se soucie peu de revêtir cette première chemise de l'attachement. Pardonne-moi cette figure ; elle n'est ni noble ni claire, mais la situation ne me laisse pas le temps de me mettre en quête d'une autre.

Pedro s'approcha, à pas lents, s'agenouilla lui aussi et prit ses mains que Paulo serrait entre les siennes. Paulo se redressa et disparut par l'autre porte. La chambre en avait deux, entre lesquelles se trouvait le lit. Peut-être Paulo était-il en train de rugir de colère ; elle, elle n'entendit rien, si doucement vivant était le geste de Pedro, qui avait maintenant perdu toute mélancolie et dont les yeux étaient aussi extasiés que ceux de son frère. Ils ne risquaient pas d'avoir le goût de l'aventure, comme ceux de ce dernier. Ils avaient la tranquillité de qui ne veut pas d'autre soleil ou d'autre lune que ceux qui sont là, qui se contente des deux, et s'il les trouve divins, ne s'occupe pas de les changer pour de nouveaux. C'était, si tu veux, l'ordre, la stabilité, l'accord entre soi et les choses, non moins sympathiques au cœur de la jeune fille, soit parce qu'ils portaient en eux l'idée d'un bonheur perpétuel, soit parce qu'ils donnaient le sentiment d'une âme capable de résister.

Les yeux de Flora n'en renoncèrent pas pour autant à pénétrer dans ceux de Pedro, jusqu'à atteindre l'âme du garçon. Le motif secret de cette autre entrée pouvait être le scrupule de comparer les deux pour les juger, à moins que ce ne fût seulement le désir de ne pas paraître moins curieuse de l'une que de l'autre. Les deux raisons sont bonnes, mais peut-être aucune n'est-elle vraie. Le plaisir de fixer les yeux de Pedro était si naturel qu'il n'exigeait aucune intention particulière, et il suffisait de les fixer pour glisser et tomber au fond de l'âme aimée. Elle était jumelle de l'autre ; elle n'y vit ni plus ni moins que dans la première.

Seulement — et je touche ici le point scabreux du chapitre — elle trouva ici quelque chose d'indéfinissable qu'elle n'avait pas ressenti là-bas ; en contrepartie, elle avait ressenti là-bas autre chose qui ne s'était pas produit ici. Indéfinissable, ne l'oublie pas.

Et scabreux, parce qu'il n'y a rien de pire que de parler de sensations sans nom. Crois-moi, mon ami, et toi qui n'es pas moins mon amie, crois-moi, je préférerais raconter les dentelles du peignoir de la jeune fille, ses cheveux retenus en arrière, les fils du tapis, les lattes du plafond, et enfin les crépitements de la lampe qui se meurt... Ce serait lassant, mais on comprendrait.

Oui, la lampe se mourait, mais elle pouvait encore éclairer le retour de Paulo. Lorsque Flora le vit entrer et s'agenouiller à nouveau, au pied de son frère, et que tous deux se partagèrent ses mains, calmes et raisonnables, elle resta un long moment sans parole. Le temps d'un credo, comme disaient nos anciens, lorsqu'il y avait plus de religion que de pendules. Revenant à elle, elle retira ses mains, puis les étendit sur leur tête, comme pour en tâter la différence, le quid, le quelque chose, l'indéfinissable. La lampe se mourait... Pedro et Paulo lui parlaient par exclamations, par exhortations, par suppliques, auxquelles elle répondait mal et de travers, non qu'elle ne les comprît point, mais pour ne pas les blesser, ou peut-être parce qu'elle ne savait auquel des deux répondre le mieux. La dernière hypothèse a tout l'air d'être la plus probable. En tout cas, c'est le prologue de ce qui arriva lorsque la lampe eut ses derniers soubresauts.

Tout se mélange, dans la semi-obscurité ; peut-être était-ce la cause de la fusion des silhouettes qui, de deux qu'elles étaient, ne furent plus qu'une. Flora, n'ayant vu sortir aucun des jumeaux, pouvait difficilement croire qu'ils forment maintenant une seule personne, mais finit par le croire, surtout puisque cette unique et même personne semblait la compléter intérieurement, mieux qu'aucune des autres séparément. C'était beaucoup faire et défaire, former et transformer. Elle pensa se tromper, mais non ; c'était une seule personne, faite des deux autres et d'elle-même, où elle sentait battre son cœur. Les émotions l'avaient tellement fatiguée qu'elle tenta de se lever et de sortir, mais sans succès, ses jambes semblaient de plomb et collées au sol. Elle resta ainsi, jusqu'à ce que la lampe, dans son coin, mourût tout à fait. Flora eut un sursaut dans le fauteuil et se dressa.

— Que se passe-t-il ?

La lampe s'éteignit. Elle alla l'allumer. Elle vit alors qu'elle était sans l'un ni l'autre, sans deux ni un seul fait des deux confondus. Toute la fantasmagorie s'était défaite. La lampe (maintenant nouvelle) éclairait sa chambre à coucher et c'était son imagination qui avait tout créé. Ce fut ce qu'elle supposa, et le lecteur le sait. Flora comprit qu'il était tard, et un coq en chantant confirma cette opinion ; d'autres coqs firent de même.

— Oh, mon Dieu ! s'exclama la fille de Batista.

Elle se mit au lit, et si elle ne s'endormit pas aussitôt, elle ne tarda guère ; elle ne tarda pas à retrouver les anges. Elle rêva du chant des coqs, d'un carrosse, d'un lac, d'une scène du voyage en mer, d'un discours et d'un article. L'article était vrai. Sa mère vint l'éveiller à dix heures du matin, en la traitant de marmotte, et là même, au lit, lui lut un journal du matin qui recommandait son mari au gouvernement. Flora écouta avec satisfaction, c'était la fin de la grande nuit.

84

Le vieux secret

Natividade dormit tranquille à Botafogo, mais se réveilla en pensant à ses fils et à la jeune fille de S. Clemente. Elle venait de les observer tous les trois. Il lui semblait d'abord que Flora n'acceptait ni l'un ni l'autre, aussitôt après qu'elle les acceptait tous les deux, et plus tard l'un et l'autre alternativement. Elle en conclut qu'elle ne devait encore éprouver rien de particulier et de décisif ; naturellement, avec le temps elle finirait par voir lequel des deux la méritait vraiment. Eux, oui, semblaient éprouver la même inclination et la même jalousie. D'où quelque possible catastrophe. La séparation ne supprimerait pas le problème ; mais outre le fait que Flora n'en aurait pas le sujet sous les yeux, si les familles étaient séparées, les visites pourraient être moins fréquentes et même rares. Natividade aurait ainsi ce qu'elle voulait.

De plus, allait arriver le moment du départ pour Petrópolis ; à proprement parler, il était arrivé. Natividade pensait monter avec ses fils. Il y aurait toujours là-haut des dames élégantes, des distractions, de la gaieté. Peut-être trouveraient-ils des fiancées, il suffisait d'une pour l'un des deux. L'autre aurait la liberté d'épouser Flora. Calculs de mère ; il en vint d'autres qui les modifièrent et d'autres qui les fortifièrent. Que celle qui a été mère lui jette la première pierre.

Aucune autre mère ne jeta la première pierre à notre amie. Je veux croire que la raison en fut seulement la propre discrétion de Natividade. Doutes et calculs demeuraient en son cœur. Elle tut le tout et attendit.

Finalement, Flora aimait de plus en plus Natividade. Elle l'aimait comme si elle était sa mère, doublement mère puisqu'elle n'avait encore choisi aucun des fils. Peut-être aussi parce que leurs deux caractères s'accordaient mieux que ceux de Flora et de dona Claudia. Au début, elle éprouva je ne sais quelle envie amicale, ou plutôt désir, lorsqu'elle voyait que les formes de Natividade, quoique fatiguées par le temps, conservaient encore quelque trait de la sculpture ancienne. Peu à peu, elle découvrit en elle-même l'introït d'une beauté qui devrait être longue et fine et d'une vie qui pourrait être grande...

Flora connaissait la prédiction de la métisse du Castelo concernant les deux jumeaux. La prédiction n'était plus un secret pour personne. Santos en avait parlé à l'époque, en cachant seulement la montée de Natividade au Castelo ; il corrigea la vérité en disant que c'était la métisse qui était venue à Botafogo. Le reste fut révélé à des gens de confiance comme le défunt Placido, et encore après quelque lutte. Trois ou quatre fois, il attaqua et recula. Un jour, il tourna sept fois sa langue dans sa bouche et le secret sortit, craintif et chuchoté, mais la peur fut chassée par le plaisir de montrer que les garçons seraient de grands hommes. Finalement, on oublia le secret. Mais Perpétua, pour une raison ou une autre, l'avait maintenant raconté à la demoiselle Batista, qui l'écouta, incrédule. Que pouvait-elle savoir du futur, la métisse ?

— Elle savait, et la preuve en est qu'elle a deviné d'autres choses que je ne peux raconter et qui étaient vraies. Vous ne pouvez pas imaginer comme cette diable de métisse voyait loin. Et elle avait des yeux à vous embrocher le cœur.

— Je n'y crois pas, dona Perpétua. Donc, maintenant le futur... Et grands comment ?

— Cela, elle ne l'a pas dit, pour autant que Natividade le lui ait demandé ; elle a seulement dit qu'ils seraient grands et iraient très haut. Peut-être finiront-ils par être ministres d'État.

Perpétua semblait avoir emprunté à la métisse ses yeux. Elle les enfonçait dans son amie jusqu'au cœur, qui d'ailleurs ne battait ni avec force ni avec rapidité, mais aussi régulièrement que de coutume. Toutefois, comme il n'était pas impossible que les deux garçons atteignissent les hauteurs de ce monde, Flora cessa ses objections et accepta la prédiction sans autre parole qu'un geste — tu le connais, je crois — de la bouche, coins abaissés, accompagné d'un léger haussement d'épaules et les mains ouvertes comme si elle disait : Enfin, c'est possible.

Perpétua ajouta que le régime ayant changé, il était naturel que Paulo atteignît le premier la grandeur — et là elle planta bien ses yeux. C'était une façon de saisir les sentiments de Flora en lui montrant l'ascension de Paulo, car il se pouvait qu'elle en vint à préférer le destin à la personne. Elle ne découvrit rien. Flora demeura impénétrable. N'attribue pas cela à un calcul de sa part, ce n'était pas du calcul. Sérieusement, elle ne pensait à rien qui ne fût elle.

85

Trois constitutions

— Tu crois vraiment que nous deviendrons de grands hommes ? avait demandé Pedro à Paulo avant la chute de l'Empire.

— Je ne sais pas ; toi, tu pourras être au moins Premier ministre.

Après le 15 novembre, Paulo répéta la question et Pedro répondit comme son frère, en corrigeant la fin :

— Je ne sais ; toi tu pourras devenir président de la République.

Deux ans avaient passé. Maintenant ils pensaient plus à Flora qu'à l'ascension. La morale nous demande de placer la chose publique au-dessus des personnes, mais les jeunes ressemblent aux vieux et aux hommes d'âge mûr en ceci qu'ils pensent souvent plus à eux qu'à la communauté. Il est des exceptions, certaines nobles, d'autres noblissimes. L'histoire en conserve beaucoup, et les poètes, épiques et tragiques, sont pleins de cas et de modèles d'abnégation.

Pratiquement, ce serait beaucoup exiger de Pedro et de Paulo que de les faire se préoccuper plus de la constitution du 24 février que de la demoiselle Batista. Ils pensaient aux deux, c'est vrai, et la première avait déjà donné lieu à quelque échange de paroles acerbes. La constitution, si elle avait été une personne vivante et tout près d'eux, aurait entendu les affirmations les plus opposées de ce monde, car Pedro allait jusqu'à la considérer comme un puits d'iniquités, et Paulo comme Minerve en personne, née de la tête de Jupiter. Je parle par métaphore, pour être à la hauteur du style. En vérité, ils employaient des mots moins nobles et plus emphatiques, et cela se terminait par l'échange des moins nobles. Dans la rue, où la rencontre de manifestations politiques était chose courante et les nouvelles à la porte des journaux fréquentes, tout était occasion de débat.

Toutefois, lorsque l'image de Flora apparaissait entre eux en imagination, la discussion faiblissait mais les injures continuaient, croissaient même, sans que fût avoué le nouveau motif, qui était plus grand encore que le premier. Effectivement, ils en arrivaient au point où ils donneraient les deux constitutions, la républicaine et l'impériale, pour l'amour exclusif de la jeune fille, si on en avait exigé autant. Chacun ferait d'elle sa constitution, meilleure que n'importe quelle autre au monde.

86

Avant que je n'oublie

Une chose à dire avant que je n'oublie. Tu sais que les deux jumeaux étaient beaux et toujours semblables ; de ce côté, ils ne supposaient pas avoir entre eux de motif d'envie. Au contraire, l'un et l'autre trouvaient en soi quelque chose qui accentuait, si cela ne les améliorait pas, les grâces communes. Ce n'était pas la vérité, mais ce n'est pas la vérité qui triomphe, c'est la conviction. Convaincs-toi d'une idée et tu mourras pour elle, écrivit Aires à cette époque dans le *Mémorial,* et il ajouta : « La grandeur des sacrifices n'est rien d'autre, mais si la vérité va de pair avec la conviction, alors naît le sublime, et après lui, l'utilité... » Il ne termina ni n'expliqua cette phrase.

87

Entre Aires et Flora

Cette citation du vieil Aires me fait évoquer un point sur lequel la jeune Flora et lui étaient encore plus éloignés que par l'âge. J'ai déjà raconté qu'avant la mission de son père, elle défendait Pedro et Paulo chaque fois que l'un disait du mal de l'autre. Naturellement, elle faisait maintenant la même chose, mais le changement de régime lui donna l'occasion de défendre aussi monarchistes et républicains, selon qu'elle entendait les opinions de Paulo ou celles de Pedro. Esprit de conciliation ou de justice, elle calmait la colère ou le dédain de son interlocuteur : « Ne dites pas cela... Ce sont aussi des patriotes... Il faut pardonner certains excès... » Ce n'étaient que des phrases, sans élan de passion, ni poussée de principes ; et son interlocuteur concluait toujours :

— Vous êtes trop bonne.

Or la nature d'Aires était à l'opposé de cette contradiction bienveillante. Tu dois te souvenir qu'il avait coutume d'être toujours d'accord avec son interlocuteur, non par dédain de la personne, mais pour ne pas s'opposer et se disputer. Il avait observé que les convictions, lorsqu'elles sont contrariées, donnent aux gens une figure décomposée, et il ne voulait ni voir le visage des autres ainsi, ni donner au sien un aspect abominable. Si on y trouvait quelque profit, soit ; mais s'il n'y en avait aucun, il préférait rester en paix avec Dieu et avec les hommes. D'où l'harmonie de gestes et de phrases affirmatifs qui laissaient les partis sereins et lui plus serein encore.

Un jour, alors qu'il était avec Flora, il parla de cette habitude qu'elle avait, en lui disant qu'elle lui semblait étudiée. Flora nia qu'elle le fût ; c'était un penchant naturel à défendre les absents, qui ne pouvaient en rien répondre ; de plus, elle calmait ainsi celui des jumeaux qui lui parlait, et l'autre par la suite.

— Là aussi, je suis d'accord.

— Et pourquoi faut-il que vous soyez toujours d'accord ? demanda-t-elle en souriant.

— Je peux être d'accord avec vous, parce que c'est un régal de partager vos opinions et qu'il serait de mauvais goût de les réfuter ; mais en vérité, il n'y a pas de calcul. Avec les autres, si je suis d'accord, c'est parce qu'ils disent ce que je pense.

— Je vous ai déjà surpris en contradiction.

— C'est possible. La vie et le monde ne sont rien d'autre. Sans doute ne le comprenez-vous pas bien parce que vous êtes jeune et naïve, mais croyez que c'est tout à votre avantage. La naïveté est le meilleur livre et la jeunesse la meilleure école. Pardonnez-moi cette pédanterie ; elle est parfois un mal nécessaire.

— Ne vous disculpez pas, conseiller. Vous savez que je n'ai rien contre vos paroles ou contre vous-même ; et la contradiction que je trouve en vous est même agréable.

— Là encore, je suis d'accord.

— Vous êtes d'accord sur tout.

— Écoute, Flora ; vous permettez, conseiller ?

J'ai oublié de dire que cette conversation se déroulait à la porte d'une boutique de tissus et confection, rue de l'Ouvidor. Aires se dirigeait vers la place de S. Francisco de Paula, et vit à l'intérieur la mère et la fille assises en train de choisir un tissu. Il entra, les salua et vint à la porte avec la jeune fille. L'appel de dona Claudia interrompit la conversation quelques instants. Aires regarda encore la rue où montaient et descendaient des femmes de toutes classes, des hommes de tous métiers, outre les personnes arrêtées des deux côtés et au centre. Il n'y avait ni grand vacarme ni calme pur, un moyen terme.

Peut-être Aires connaissait-il certaines personnes qui le saluèrent ; mais il avait l'âme tellement repliée sur elle-même, que s'il parla à une ou deux, ce fut le maximum. De temps à autre, il tournait la tête vers l'intérieur où Flora et sa mère prenaient conseil. Il entendait encore les paroles échangées. Il se sentait curieux de savoir si la jeune fille choisirait finalement l'un des jumeaux, et lequel. Pour tout dire, ce qu'il commençait à craindre, c'était que ce ne fût aucun des deux, car il se moquait de savoir s'il s'agirait de Pedro ou de Paulo. Il aurait voulu la voir heureuse, si son bonheur était le mariage, et heureux le mari, malgré l'exclusion. L'exclu serait consolé. Maintenant, était-ce parce qu'il les aimait, eux ou elle, cela on ne peut à proprement parler le dire avec exactitude. Tout au plus, pour lever le coin du voile, faudrait-il entrer dans son âme, encore plus profondément que lui-même. Peut-être y découvrirait-on, parmi les ruines d'un semi-célibat, une fleur fanée et tardive de paternité, ou plus exactement, de nostalgie de paternité...

Flora apporta à nouveau la rose fraîche et pourpre de la première heure. Ils ne parlèrent plus de contradiction, mais de la rue, des gens et du jour. Pas un mot au sujet de Pedro ou de Paulo.

88

Non, non et non

Eux, où qu'ils fussent à ce moment-là, pouvaient parler comme ne pas parler ! En vérité, si aucun d'eux ne consentait à renoncer à la jeune fille, aucun ne comptait non plus la conquérir, pour autant qu'ils l'aient pensée éprise. Ils avaient déjà convenu que celui qui serait repoussé accepterait son sort et abandonnerait le terrain au vainqueur. La victoire tardant, ils ne savaient comment résoudre la bataille. Le plus facile serait d'attendre, à condition que la passion ne grandisse pas, mais la passion grandissait. Peut-être n'était-ce pas exactement de la passion, si nous donnons à ce mot le sens de violence, mais si nous lui reconnaissons un fort penchant d'amour, un amour adolescent ou à peine plus, c'était le cas. Pedro et Paulo auraient abandonné la main de la jeune fille s'ils avaient dû écouter seulement la raison, et plus d'une fois ils furent sur le point de le faire ; bref éclair, qui disparaissait aussitôt. L'absence était déjà insupportable, la présence nécessaire. N'eût-été ce qui arriva et qui sera raconté dans les pages suivantes, il y aurait eu matière à ne pas achever le livre ; il suffisait de dire que oui et que non, et ce que tous deux pensèrent et éprouvèrent, et ce qu'elle éprouva et pensa, jusqu'à ce que l'éditeur dise : suffit ! Ce serait un livre riche de morale et de vérité, mais l'histoire commencée ne connaîtrait pas de fin. Non, non et non... Force est de la continuer et de la terminer. Commençons par dire ce que les deux jumeaux décidèrent entre eux, peu de jours après ce rêve — ou ce délire — de la jeune Flora, la nuit, dans sa chambre.

89

Le dragon

Voyons ce qu'ils décidèrent. Ils venaient de tuer le temps, un soir au théâtre, en compagnie d'Aires. Vous connaissez ce dragon ; tout le monde lui a donné les plus forts coups de pied possibles, il gigote, expire et renaît. Ce fut ce qui se passa ce soir-là. Je ne sais quel était le théâtre ; encore moins la pièce ou le genre ; quoi qu'il en soit, la question était de tuer le temps, et tous trois le laissèrent étendu à terre.

De là, ils allèrent à un *restaurant* (1). Aires leur dit que jadis, lorsqu'il était jeune, il finissait la soirée avec des amis de son âge. C'était le temps d'Offenbach et de l'opérette. Il raconta des anecdotes, parla des pièces, décrivit les dames et les cavaliers, il se surprit presque à répéter un morceau, paroles et musique. Pedro et Paulo écoutaient avec attention, mais ne ressentaient rien de ce qui éveillait des échos dans l'âme du diplomate. Au contraire, ils avaient envie de rire. Que leur importait d'entendre parler d'un vieux café de la rue Uruguaiana, transformé ensuite en théâtre et maintenant en rien, de gens qui vécurent et brillèrent, passèrent et moururent avant qu'eux ne vinssent au monde ? Le monde avait commencé vingt ans avant ce soir-là et ne se terminerait jamais, comme une pépinière de jeunes gens éternels qu'il était.

Aires sourit, car lui aussi avait réagi de même, à vingt-deux ans, et il se souvenait encore du sourire de son père, déjà vieux, lorsqu'il lui avait dit quelque chose de semblable. Plus tard, ayant

(1) En français dans le texte.

acquis du temps la notion idéaliste qu'il possédait maintenant, il comprit que ledit dragon était à la fois vivant et mort, et qu'il était aussi bon de le tuer que de le nourrir. Toutefois, les réminiscences étaient douces, et nombre d'entre elles demeuraient encore fraîches, comme nées de la veille.

La différence d'âge était grande, il ne pouvait se perdre en détails avec eux. Il se contenta de ses souvenirs et parla d'autre chose. Pedro et Paulo, cependant, craignant qu'il ne les devinât et comprît le dédain que leur inspiraient les nostalgies de temps révolus et étrangers, lui demandèrent des renseignements, et il donna ceux qu'il pouvait donner sans se livrer.

En fin de compte, la conversation valut mieux que ce résumé, et la séparation leur coûta quelque peu. Paulo lui demanda encore Offenbach, Pedro une description des parades du 7 septembre et du 2 décembre, mais le diplomate trouva le moyen de revenir au présent et en particulier à Flora, qu'il loua comme une belle créature. Les yeux des deux garçons convinrent qu'elle était très belle. Il loua aussi ses qualités morales, la finesse de son esprit, dons que Pedro et Paulo reconnurent également, d'où la conversation et pour finir la décision à laquelle j'ai fait allusion au commencement de ce chapitre et qui en appelle un autre.

90

La décision

— Pour moi, l'un de vous l'aime, sinon les deux, dit Aires.

Pedro se mordit les lèvres, Paulo consulta sa montre ; ils étaient déjà dans la rue. Aires acheva de dire ce qu'il savait, oui, tous les deux l'aimaient, et il le dit sans la moindre hésitation, en ajoutant que la jeune fille n'était pas comme la République, que l'un pouvait défendre et l'autre attaquer ; il s'agissait de la gagner ou de la perdre une fois pour toutes. Que feraient-ils, une fois le choix annoncé ? Ou bien le choix était-il déjà fait, et l'exclu s'obstinait à la ramener à lui ?

Aucun ne parla tout de suite, quoique ressentant tous deux le besoin d'expliquer quelque chose. Ils pensaient que le choix n'était pas clair ou décisif. Qu'il leur restait en outre le droit d'espérer avoir la préférence, et qu'ils feraient des pieds et des mains pour l'obtenir. Ces pensées et d'autres encore, couraient silencieusement à l'intérieur d'eux-mêmes, sans en sortir. On en comprend la raison — et elle ne devait pas être unique —, d'abord le sujet de la conversation, ensuite la gravité de l'interlocuteur. Pour autant qu'Aires eût ouvert la porte à la franchise des garçons, ceux-ci étaient jeunes et lui vieux. Mais le sujet était en lui-même si attirant, le cœur, malgré tout, si indiscret, qu'ils n'eurent d'autre solution que de parler, mais de parler en niant.

— Ne niez pas, interrompit Aires ; les gens mûrs connaissent les ruses de la jeunesse, et devinent facilement ce qu'ils font. Point n'est besoin de deviner, il suffit de voir et d'entendre. Vous l'aimez.

Ils souriaient maintenant déjà avec tant d'amertume et d'embarras qu'ils montraient le chagrin d'une rivalité qu'ils connaissaient, du reste. Cette rivalité était connue aussi d'autres personnes, et devait l'être de Flora, et la situation leur paraissait maintenant plus compliquée et plus fermée qu'auparavant.

Ils étaient arrivés place de la Carioca ; il était une heure du matin. Une victoria de Santos y attendait les garçons, sur le conseil et par ordre de leur mère, qui recherchait toutes les occasions et tous les moyens de les faire aller ensemble et en bons termes. Elle s'obstinait à corriger la nature. Elle les emmenait souvent en promenade, au théâtre, en visites. Ce soir-là, comme elle avait appris qu'ils allaient au théâtre, elle fit préparer la victoria qui les conduisit en ville et les attendit.

— Entrez, conseiller, dit Pedro, la voiture est assez grande pour trois ; je monte sur le siège de devant.

Ils entrèrent et partirent.

— Bon, continua Aires, il est certain que vous l'aimez, et il est également certain qu'elle n'a pas encore choisi entre les deux. Elle ne sait probablement quoi faire. Un troisième résoudrait la crise, car vous, vous vous consoleriez vite ; moi aussi, je me suis consolé, lorsque j'étais jeune. Comme il n'y a pas de troisième, et que la situation ne peut se prolonger, pourquoi ne décidez-vous pas quelque chose ?

— Décider quoi ? demanda Pedro en souriant.

— N'importe quoi. Décidez une façon de trancher ce nœud gordien. Que chacun suive sa vocation. Toi, Pedro, tu essayeras d'abord de le défaire ; s'il n'y parvient pas, toi, Paulo, tu prends l'épée d'Alexandre et tu tranches. Tout sera réglé et terminé. Alors le destin, qui vous attend avec deux belles créatures, viendra les conduire par la main jusqu'à vous, et voilà comme tout s'arrange sur la terre comme au ciel.

Aires dit d'autres choses avant de mettre pied à terre devant chez lui. Une fois en bas, il leur demanda encore :

— Nous sommes d'accord ?

Tous deux firent un signe de tête affirmatif, et restés seuls, ne dirent plus rien. Qu'ils aient eu à penser, c'est naturel, et sans doute le temps leur parut-il court entre le Catete et Botafogo. Ils arrivèrent à la maison, montèrent l'escalier du jardin, parlèrent de la température que Pedro trouvait délicieuse et Paulo abominable, mais ils ne le dirent pas pour ne pas se fâcher mutuellement. C'était l'expectative de la décision qui les conduisait à une modération relative et passagère. Vive les fruits pendants du lendemain !

Leur chambre était là qui les attendait, un bijou d'ordre et de grâce, de commodité et de repos. C'était leur mère qui, chaque jour, mettait la touche finale : elle s'occupait des fleurs qui seraient mises dans les vases de porcelaine, et elle allait elle-même les placer à l'extérieur des fenêtres pour qu'ils ne les respirent pas en dormant. Les bougies étaient là, au pied de chaque lit, enfoncées dans leurs chandeliers d'argent, l'un avec le nom de Pedro gravé, l'autre avec celui de Paulo. Descentes de lit faites de ses mains, embrasses mises par elle aux rideaux, et enfin son portrait et celui de son mari pendus au mur, entre les deux lits, à l'endroit même où il y avait eu ceux de Louis XVI et de Robespierre, achetés rue de la Carioca.

Au pied de chaque chandelier, ils trouvèrent un petit mot de Natividade. Voici ce qu'elle disait : « L'un de vous veut-il venir à la messe avec moi, demain ? C'est l'anniversaire de la mort de votre grand-père, et Perpétua est souffrante. » Natividade avait oublié de leur en parler auparavant, et d'ailleurs elle se passait très bien d'eux, surtout en voiture ; mais elle aimait beaucoup les avoir auprès d'elle.

Pedro et Paulo rirent de l'invitation et de la forme, et l'un d'eux proposa qu'ils aillent tous deux à la messe pour faire plaisir à leur mère. L'acceptation de la proposition vint promptement, ce n'était déjà plus de l'harmonie, c'était une sorte de dialogue à l'intérieur d'une même personne. Le ciel semblait écrire le traité de paix que tous deux devraient signer ; ou si tu préfères, la nature corrigeait les caractères et les deux querelleurs commençaient à faire s'ajuster l'être et le paraître. Je ne jure pas cela non plus, je dis ce que l'on peut seulement déduire de l'apparence des choses.

— Allons à la messe, répétèrent-ils. Suivit un grand silence. Chacun ruminait la décision et la façon de la proposer. Enfin, d'un lit à l'autre, ils dirent ce qui leur semblait le meilleur, proposèrent, discutèrent, corrigèrent et conclurent sans acte notarié, seulement par acceptation verbale. Peu de clauses. Avouant qu'ils ne pouvaient être sûrs du choix de Flora, ils acceptèrent de l'attendre pendant un court délai : trois mois. Le choix connu, l'exclu s'engageait à ne plus rien tenter. Comme ils avaient la certitude finale du choix, l'accord était facile ; chacun ne ferait qu'exclure l'autre. Toutefois, au cas où il n'y aurait aucun choix à la fin du délai, il convenait d'adopter une dernière clause. La première qui leur vint à l'esprit fut d'abandonner tous deux la place, mais elle ne les séduisit pas. Ils pensèrent avoir recours au sort, et celui qu'il désignerait abandonnerait la place à son rival. Ainsi passa une heure de conversation, après quoi ils songèrent à dormir.

91

On ne doit pas que la vérité aux mères

Le lendemain matin à neuf heures, Natividade était prête pour aller à la messe qu'elle faisait dire à la cathédrale de la Glória ; aucun de ses fils ne se présenta.

— On dirait qu'ils dorment. Et deux, trois, quatre, cinq fois, elle alla jusqu'à la porte de la chambre guetter si elle entendait du bruit, en réponse au billet qu'elle avait laissé. Rien. Elle en conclut qu'ils avaient dû rentrer tard, sans toutefois deviner qu'ils s'étaient endormis sur LA décision, ni quelle était la décision. Du moment que c'était dans un lit douillet, tout allait bien. Finalement, elle acheva d'enfiler ses gants, descendit, entra dans la voiture, et s'en fut à l'église.

C'était une messe anniversaire, comme disait le billet. Vieille coutume ; le père avait sa messe, la mère une autre, les frères et parents la leur. Elle n'oubliait pas plus les dates obituaires qu'elle n'oubliait les dates de naissance, qu'elles fussent d'amis ou de parents ; elle les savait toutes par cœur. Douce mémoire ! Il y a des gens que tu n'aides pas et ils en arrivent à se battre avec eux-mêmes et avec les autres parce que tu les abandonnes. Heureux ceux que tu protèges ; ceux-là savent ce qu'est le 24 mars, le 10 août, le 2 avril, les 7 et 31 octobre, le 10 novembre, l'année tout entière, ses tristesses et ses joies particulières.

En regagnant la maison, Natividade vit ses deux fils dans le jardin, qui l'attendaient. Ils coururent ouvrir la portière de la voiture et après l'avoir fait descendre et lui avoir baisé la main, ils expliquèrent leur absence. Ils avaient décidé d'y aller tous les deux, mais le sommeil...

— Le sommeil et la paresse, conclut leur mère en riant.

— Seulement le sommeil, dit Pedro.

— Nous venons tout juste de nous réveiller, acheva Paulo.

Ils se disputèrent son bras ; Natividade leur donna satisfaction en en donnant un à chacun. Chez elle, en changeant de vêtements, Natividade réfléchit que si Flora leur avait demandé quelque chose, ils se seraient réveillés tôt, pour aussi tard qu'ils se fussent couchés ; la mémoire aurait fait office de réveille-matin. Une ombre rapide passa, mais elle eut tôt fait d'oublier la différence. Ainsi donc, ce ne fut pas par jalousie, mais pour les conduire vers d'autres séductions et les éloigner de la guerre causée par la belle Flora, que la mère s'obstina à amener ses fils à Petrópolis. Ils monteraient dans la première semaine de janvier. La saison serait excellente ; elle annonça des fêtes, cita des noms, leur fit remarquer que Petrópolis était la ville de la paix. Le gouvernement peut changer, ici en bas et dans les provinces...

— Quelles provinces, maman ? coupa Paulo.

Natividade sourit et corrigea :

Dans les États. Pardonne les inattentions de ta mère. Je sais bien que ce sont des États ; ils ne sont pas comme les anciennes provinces, ils n'attendent pas que le Président leur vienne de la Cour...

— Quelle Cour, baronne ?

Là, ils rirent tous deux, la mère et le fils. Le rire passé, Natividade continua :

— Petrópolis est la ville de la paix ; comme le disait l'autre jour le conseiller Aires, c'est la ville neutre, la ville des Nations. Si la capitale de l'État était là, il n'y aurait pas de renversement de gouvernement. Petrópolis — remarquez que le nom, malgré son origine, est resté et restera — est à tous. On dit que la saison va être délicieuse.

— Je ne sais pas si je vais pouvoir y aller tout de suite, dit Paulo.

— Ni moi, ajouta Pedro.

Encore une fois, ils étaient d'accord, mais ici l'accord portait probablement le germe du divorce, pensa la mère, et le plaisir que ces deux mots lui avaient donné mourut aussitôt. Elle leur demanda pour quelle raison ils restaient, et jusqu'à quand. S'ils étaient établis, l'un avec son cabinet médical et l'autre avec son bureau d'avocat, passe ; mais puisque aucun d'eux n'avait encore commencé sa carrière, qu'allaient-ils faire ici en bas, alors qu'elle et son mari...

— Justement ; je dois faire quelques études de clinique à l'Hôtel-Dieu, répondit Pedro.

Paulo s'expliqua. Il n'allait pas commencer à plaider, mais il lui fallait consulter certains documents du XVIIIe siècle à la Bibliothèque Nationale ; il allait écrire une histoire des terres occupées.

Rien n'était vrai, mais on ne doit pas que la vérité aux mères. Natividade objecta qu'ils pouvaient faire tout cela entre les deux bateaux pour Petrópolis, ils descendaient, déjeunaient, travaillaient et à quatre heures remonteraient comme les autres. En haut, ils trouveraient visites, musique, bals, mille choses agréables, sans compter les matinées, la température et les dimanches. Ils défendirent la thèse selon laquelle on étudiait mieux en plusieurs heures suivies.

Natividade ne s'obstina point. Mais elle se mettrait vite à espérer que ses fils en finissent avec les documents de la Bibliothèque et la clinique de l'Hôtel-Dieu. Cette idée lui fit considérer la nécessité de voir établis le jeune médecin et le jeune avocat. Ils travailleraient avec d'autres professionnels de réputation, et iraient de l'avant et plus haut. Peut-être serait-ce la carrière scientifique qui leur donnerait la grandeur annoncée par la métisse du Castelo, et non pas la politique ou une autre. Dans tous les domaines, on peut briller et monter. Sur ce point, elle fit sa propre critique, elle qui avait imaginé que Batista faciliterait la carrière politique de l'un d'eux, sans réaliser que le père de Flora continuerait difficilement sa propre carrière, obscure, du reste. Mais l'idée du pouvoir s'emparait à nouveau de l'esprit de la mère, et imprégnés de cette idée, ses yeux fixaient tantôt Pedro, tantôt Paulo.

Ils parvinrent à un accord. Ils monteraient le samedi et descendraient le lundi, de même à l'occasion de jours fériés et de fêtes de gala. Natividade comptait sur l'habitude et les attractions.

Sur le bateau et à Petrópolis, il n'était question que de la différence entre les fils, qui ne venaient qu'une fois par semaine, et le père, qui malgré le poids de tant d'affaires, montait tous les après-midis. Que faisaient-ils donc en bas, alors que quelques yeux auraient pu les attirer et les retenir là-haut ? Natividade défendait les jumeaux, en disant que l'un allait à l'Hôtel-Dieu et l'autre à la Bibliothèque Nationale, et qu'ils étudiaient beaucoup le soir. L'explication était acceptable, mais outre le fait qu'elle faisait perdre un sujet de conversation aux jolies langues de l'été, ce pouvait être une invention des garçons ; sans doute couraient-ils le jupon.

La vérité est qu'ils faisaient du bruit à Petrópolis, durant les quelques heures qu'ils y passaient. En plus de tout le reste, ils avaient la ressemblance et la grâce. Les mères faisaient des compliments à Natividade, et demandaient la véritable raison qui les retenait dans la capitale, non comme je le dis, tout cru, mais avec un art fin et insidieux, art en pure perte, car leur mère insistait sur la Bibliothèque et l'Hôtel-Dieu. De cette façon, le mensonge, déjà servi en première main, était servi en seconde, et pas mieux accepté pour autant.

92

Secret dévoilé

Enfin, existe-t-il un secret qui ne soit pas découvert ? Sagacité, bonne volonté, curiosité, appelle cela comme tu voudras, il y a une force qui pousse au-dehors tout ce que les gens essaient de cacher. Les secrets eux-mêmes se lassent de se taire — se taire ou dormir ; restons-en à cet autre verbe, qui convient mieux à l'image. Ils se lassent, et aident à leur manière ce que nous avons imputé à l'indiscrétion des autres.

Lorqu'ils ouvrent les yeux, l'obscurité leur fait mal. Un rayon de soleil suffit. Alors ils demandent aux dieux (car les secrets sont païens) un soupçon de crépuscule, d'aurore ou d'après-midi, quoique l'aurore porte la promesse du jour, tandis que l'après-midi retombe dans la nuit, mais aussi tard que ce soit, le tout est de respirer de la clarté. Car les secrets, mon amie, sont aussi des humains ; ils naissent, vivent et meurent. Maintenant, ce qui arrive lorsqu'un éclair de soleil pénètre dans leur solitude, c'est qu'il en ressort difficilement, et généralement croît, déchire, inonde, et les tire par l'oreille à l'extérieur. Gênés par le grand jour, au début, ils vont d'une oreille à l'autre, chuchotés, parfois écrits sur des billets, quoique d'une façon si vague et anonyme que l'on devinerait avec peine ce qu'ils sont. C'est la période de l'enfance, qui passe rapidement ; la jeunesse chasse l'adolescence et les secrets apparaissent forts et répandus, aussi connus que par les journaux. Enfin, si la vieillesse arrive et s'ils n'ont pas honte des cheveux blancs, ils s'emparent du monde et arrivent parfois, je ne dis pas à se faire oublier, mais à engendrer l'indifférence, ils entrent dans la famille même du soleil, qui se lève pour tout le monde, comme disait une morale de mon enfance.

Morales de mon enfance, ah, ces morales ! J'aurais voulu conclure sur elles mon chapitre, mais le sujet n'aurait ni noblesse ni intérêt, et nous interromprions une fois de plus notre histoire. Restons-en au secret divulgué ; cela suffit. Une estivante élégante ne put dissimuler son étonnement en apprenant que les deux frères étaient d'accord sur un point qui séparerait les meilleurs amis du monde. Un secrétaire de légation insinua que ce pouvait être une plaisanterie des deux.

— Ou des trois, ajouta une autre estivante.

Ils allaient en promenade à Quitandinha, à cheval, Aires les accompagnait et ne disait rien. Lorsqu'on lui demanda si Flora était jolie, il répondit que oui, et parla de la température. La première estivante lui demanda s'il serait capable de supporter une telle situation. Aires respira, comme pour reprendre souffle, et déclara que devant un prêtre, il lui faudrait mentir, si grands étaient ses péchés ; mais là, sur la route, à l'air libre, au milieu des dames, il avoua qu'il avait tué plus d'un rival. Si sa mémoire était bonne, il avait sept morts sur le dos, avec armes diverses. Les dames rirent ; il parlait sombrement. Une fois seulement, il avait failli mourir le premier, et il inventa une anecdote napolitaine. Il fit l'apologie du poignard. Un poignard qui lui avait appartenu, il y avait très longtemps, le meilleur acier du monde, il lui avait fallu l'offrir à un bandit qui était son ami, lorsqu'il lui prouva qu'il avait accompli la veille son vingt-neuvième assassinat.

— Le voici pour le trentième, lui avait-il dit en lui remettant l'arme.

Quelques jours après, il apprit que le bandit, avec ce poignard-là, avait tué le mari d'une dame et ensuite la dame, qu'il aimait sans espoir.

— Je l'ai laissé à trente et un crimes de premier ordre.

Les dames continuèrent à rire ; c'est ainsi qu'il réussit à faire dévier la conversation de Flora et de ses amoureux.

93

Ne lie ni ne délie

Tandis que l'on s'inquiétait d'elle à Petrópolis, la situation morale de Flora était la même — le même conflit d'affinités, le même équilibre de préférences. Conflit terminé et équilibre rompu, la solution viendrait vite, et pour autant que cela fît souffrir l'un des amoureux, l'autre serait vainqueur, à moins que n'intervînt le poignard de l'anecdote d'Aires.

Ainsi passèrent quelques semaines, après la montée de Natividade. Lorsque Aires venait à Rio de Janeiro, il ne manquait pas d'aller la voir à S. Clemente, où il la trouvait comme elle était avant, excepté une pointe de silence dans lequel il la vit plongée une fois. Le lendemain, il reçut une lettre de Flora, lui demandant pardon pour son inattention, s'il y en avait eu, et lui envoyant ses souvenirs. « Maman vous demande également de ne pas l'oublier auprès du mari et de la famille de la baronne. » Cette recommandation exprimait le consentement qu'elle avait obtenu de sa mère pour lui écrire la lettre. Lorsqu'il revint à Rio, il courut à S. Clemente et Flora lui paya d'une grande joie le silence de cet autre matin. Cependant, elle n'était ni spontanée ni constante ; elle avait ses absences de mélancolie. Aires revint encore quelquefois, dans la même semaine. Flora montrait la joie habituelle, et vers la fin, la même altération que celle des derniers jours.

Peut-être la cause des syncopes de la conversation était-elle le voyage que l'esprit de la jeune fille faisait à la maison de la famille Santos. Une fois, son esprit revint pour dire ces paroles à son cœur : « Qui es-tu, toi qui ne lies ni ne délies ? Il vaut mieux que tu renonces à eux pour de bon. Ce ne sera pas difficile, car le souvenir de l'un finira par détruire celui de l'autre et tous deux iront se perdre dans le vent, qui entraîne les feuilles mortes et les nouvelles, outre les particules de choses si légères et si petites qu'elles échappent à l'œil humain. Va, oublie-les, et si tu ne peux les oublier, arrange-toi pour ne plus les voir ; le temps et la distance feront le reste. »

Tout était fini. Il suffisait d'écrire dans le cœur les paroles de l'esprit, afin qu'elles lui servent de rappel. Flora les écrivit, la main tremblante et la vue trouble ; dès qu'elle eut fini, elle vit que les mots ne s'accordaient pas, les lettres se confondaient pour ensuite mourir, pas toutes, mais d'une façon désordonnée, jusqu'à ce que le cœur les eût expulsées. Pour le courage et l'élan, le cœur pouvait être comparé au jumeau Paulo ; l'esprit par son art et sa finesse étant le jumeau de Pedro. Voilà ce qu'elle comprit au bout de quelque temps, grâce à quoi elle expliqua l'inexplicable.

Malgré tout, elle n'arrivait pas à comprendre la situation, et décida d'en finir avec celle-ci, ou avec elle-même. Cette journée fut tout entière inquiète et compliquée. Flora pensa aller au théâtre pour ne pas être vue des jumeaux le soir. Elle irait tôt, avant l'heure de la visite ; sa mère fit louer la loge et son père approuva la distraction, lorsqu'il vint dîner, mais la jeune fille finit par avoir la migraine et la loge fut perdue.

— Je vais l'envoyer aux jeunes Santos, insinua Batista.

Dona Claudia s'y opposa et garda la loge. Raison de mère : quoique attendant avec impatience le choix et le mariage, elle voulait les voir là, avec elle, parlant, riant, se disputant même, les yeux rivés sur sa fille. Batista ne comprit pas tout de suite, et plus tard non plus ; mais pour ne pas déplaire à son épouse, il renonça à faire ce cadeau aux garçons. Une si belle occasion ! Ce n'était pas beaucoup pour eux, qui avaient de quoi dépenser et qui dépensaient ; le cadeau était dans le geste et aussi dans le billet qu'il leur aurait écrit en envoyant la loge. Il alla jusqu'à le rédiger mentalement, quoique ce fût déjà inutile. Sa femme, le voyant silencieux et sérieux, crut qu'il était fâché et voulut faire la paix ; son mari l'écarta doucement de la main. Il rédigeait le billet, mettait dans le texte un trait d'esprit bien pensé, pliait le papier et y jetait cette en-tête jumelle : « Aux jeunes apôtres Pedro et Paulo. » Le travail intellectuel fit paraître plus dur encore le refus de dona Claudia. Un si joli billet !

94

Gestes opposés

Comment un seul toit peut-il recouvrir des pensées si diverses ? De même que ce ciel clair ou changeant, autre toit si vaste qui les recouvre avec autant de zèle que la poule ses poussins... Sans oublier le propre crâne de l'homme qui les recouvre également, non seulement diverses, mais opposées.

Flora, dans sa chambre, ne s'occupait alors ni de billet ni de loges ; elle ne se préoccupait pas non plus de la migraine, qu'elle n'avait pas. Elle en avait parlé parce que c'était là une raison immédiate et acceptable, brève ou longue selon la nécessité de l'occasion. Ne t'imagine pas qu'elle est en train de prier, quoiqu'il y ait là un oratoire et un crucifix. Elle n'irait pas demander à Jésus qu'il délivre son âme de cette inclination malvenue. Installée au bord du lit, les yeux au sol, elle pensait naturellement à quelque chose de grave, à moins que ce ne fût à rien, ce qui fixe aussi les yeux et les pensées d'une personne. Elle mordit ses lèvres, sans colère ; elle posa sa tête entre ses mains, comme si elle avait voulu arranger ses cheveux ; mais ses cheveux étaient et restaient comme auparavant.

Lorsqu'elle se leva, il faisait tout à fait nuit, et elle alluma une bougie. Elle ne voulait pas de gaz. Elle voulait une douce clarté qui donnât peu de vie à la chambre et à ses meubles, qui en laissât quelques parties dans une semi-obscurité. Le miroir, pour sa part, ne reflèterait pas sa beauté de tous les jours, avec la bougie placée sur un bureau ancien, un peu éloigné. Il montrerait une note de pâleur et de mélancolie, c'est vrai, mais notre jeune amie ne se savait pas pâle et ne se sentait pas mélancolique. Elle avait dans la tristesse désorientée de cet instant une pointe d'abattement. Comment s'arrangeait tout cela, je n'en sais rien, et elle encore moins. Au contraire, Flora semblait parfois en proie à de l'étonnement, à d'autres moments à une inquiétude vague, et si elle cherchait le repos d'un fauteuil à bascule, c'était pour l'abandonner aussitôt. Elle entendit sonner huit heures. Dans peu de temps, sans doute Pedro et Paulo arriveraient-ils. Elle pensa aller dire à sa mère de ne pas la faire appeler ; elle était au lit. Cette idée ne dura pas le temps que je mets à l'écrire, et d'ailleurs, j'en suis déjà à la ligne suivante. Elle recula à temps.

— C'est une énormité, se dit-elle ; il suffit de ne pas se montrer. Maman dira que je suis souffrante, au point de nous faire manquer le théâtre, et si elle vient ici, je lui dirai que je ne peux pas me montrer.

Ces derniers mots lui échappèrent à voix haute, pour mieux soutenir sa résolution. Elle pensa s'allonger déjà sur le lit ; puis elle trouva préférable de le faire lorsqu'elle entendrait le pas de sa mère dans le couloir. Toutes ces hésitations pouvaient naître d'elles-mêmes ; cependant, il n'est pas impossible que la jeune fille ait trouvé là un moyen de secouer certains souvenirs pénibles. Flora craignait de s'abandonner à eux.

95

Le troisième

Craignant de s'abandonner à eux, que pouvait faire Flora ? Elle ouvrit l'une des fenêtres de la chambre, qui donnait sur la rue, s'appuya à la grille et jeta un regard vers le haut et vers le bas. Elle vit la nuit sans étoiles, peu de gens qui passaient, silencieux ou bavards, quelques pièces ouvertes, éclairées, et l'une avec un piano. Elle ne vit pas certaine silhouette d'homme sur le trottoir opposé, immobile, regardant la maison de Batista. Elle ne la vit pas, et savoir qui elle était n'eût été d'aucune importance pour elle. La silhouette, dès l'instant où elle vit Flora, tressaillit, et n'en détacha pas plus ses regards que ses pieds du sol.

Te souviens-tu de cette estivante de Petrópolis qui avait attribué un troisième amoureux à notre jeune amie ? « L'un des trois » avait-elle dit. Eh bien, voici le troisième amoureux, et il se peut qu'il en apparaisse encore un autre. Ce monde appartient aux amoureux. On peut s'y passer de tout, un jour viendra où l'on se passera même de gouvernements, l'anarchie s'organisera d'elle-même, comme aux premiers jours du paradis. Pour ce qui est de la nourriture, il arrivera de Boston ou de New York un procédé pour que les gens se nourrissent de la simple respiration de l'air. Les amoureux, eux, seront éternels.

Celui-là était fonctionnaire de ministère. Généralement, les employés de ministère se marient tôt. Gouveia était célibataire et courtisait les jeunes filles. Un dimanche, à la messe, il remarqua la fille de l'ex-président et sortit de l'église tellement épris qu'il ne voulut pas d'autre promotion. Beaucoup lui avaient plu, il en avait fréquenté quelques-unes, celle-ci fut la première à le blesser vraiment. Il pensait à elle nuit et jour. La rue S. Clemente était le chemin qui le conduisait à son bureau et l'en ramenait. S'il la voyait, il la regardait longuement, s'arrêtait à quelques pas à l'entrée d'une maison, ou alors feignait de suivre des yeux une voiture qui passait pour les poser ensuite sur la jeune fille.

Lorsqu'il était gratte-papier, il faisait des vers ; nommé fonctionnaire, il perdit cette habitude, mais l'un des effets de la passion fut de la lui rendre. Seul, chez sa mère, il dépensait du papier et de l'encre pour versifier ses espérances. Les vers coulaient de la plume, et la rime avec eux ; les strophes suivaient tout droit, bien alignées, comme des compagnies de bataillons ; le titre en serait le colonel et l'épigraphe la musique, puisqu'elle réglait la marche des pensées. Cette force serait-elle suffisante pour la conquête ? Gouveia publia dans quelques journaux avec cette dédicace. « A quelqu'un. » Même ainsi, la place ne se rendait pas.

Il lui vint une fois à l'esprit d'envoyer une déclaration d'amour. La passion engendre l'extravagance. Il écrivit deux lettres, d'un style non pas identique, mais plutôt opposé. La première était d'un poète ; il lui disait « tu », comme dans les vers, adjectivait beaucoup, l'appelait déesse, par allusion au nom de Flore, et citait Musset et Casimiro de Abreu. La seconde lettre fut une revanche du fonctionnaire sur le gratte-papier. Elle lui vint avec le style des informations et des dépêches, grave, respectueux, plein d'Excellences. En comparant les deux lettres, il ne put se décider à en choisir une. Ce ne fut pas seulement le texte différent et opposé, ce fut surtout l'absence d'encouragement qui l'amena à déchirer les lettres. Flora ne le connaissait pas, ou tout au moins, ne faisait rien pour le connaître. Ses yeux, lorsqu'ils se posaient sur les siens, se retiraient aussitôt avec indifférence. Une seule fois, il crut qu'ils portaient l'intention de pardonner. Que ce bref rayon de lumière ait fait éclore en lui les fleurs de l'espérance (je commence à parler le langage de la première lettre), c'était possible, et même certain ; tellement certain qu'il arriva en retard au bureau. Heureusement, c'était un excellent employé ; le directeur allongea le quart d'heure de tolérance et prit en considération le mal de tête, cause de la malheureuse insomnie.

— Je me suis endormi sur le matin, acheva le fonctionnaire.

— Signez.

Là-dessus, voici que meurt le parrain de Gouveia, laissant par testament à son filleul trois contos de réis. N'importe qui y aurait trouvé un bénéfice, Gouveia en trouva deux : le legs et l'occasion de nouer des relations avec le père de Flora. Il courut lui demander d'accepter la procuration de légataire, réglant aussitôt les honoraires et les frais. Peu de temps après, il alla le trouver chez lui, et dans l'espoir de voir l'avocat parler du mandataire à sa famille, il employa force propos subtils et charmants, raconta des anecdotes de son parrain, exposa des concepts philosophiques et tout un programme de candidat au mariage. Il décrivit également sa situation administrative, la promotion imminente, les louanges reçues, les commissions et gratifications, tout ce qui le distinguait de ses compagnons. Du reste, personne au bureau ne lui voulait de mal. Ceux-là même qui s'étaient crus lésés, finissaient par reconnaître que la préférence envers Gouveia était juste. Tout ne devait pas être exact, il ne croyait pas tout, il ne démentit rien. Il perdit du temps et de l'énergie. Flora ne sut rien de la conversation.

Elle ne sut rien de la conversation, et maintenant ne remarqua pas la silhouette, comme je l'ai déjà dit. J'ai dit aussi que la nuit était sombre. J'ajoute qu'il commença à tomber une pluie fine et à souffler un vent frais. Gouveia, qui portait un parapluie, allait l'ouvrir, mais il hésita. Ce qui se passa alors dans son âme fut une lutte semblable à celle des deux textes de la lettre. Le fonctionnaire voulait s'abriter, le gratte-papier voulait se mouiller, autrement dit, le poète renaissait face aux intempéries sans crainte de la maladie, prêt à mourir pour sa dame, comme aux temps de la chevalerie. Un parapluie était ridicule ; s'épargner le rhume démentait l'adoration. Telle fut la lutte, tel le dénouement ; le gratte-papier l'emporta, tandis que la pluie tombait dru et que les autres passaient vite, en s'abritant. Flora rentra et ferma la fenêtre. Le gratte-papier attendit encore quelque temps, jusqu'à ce que le fonctionnaire ouvrît le parapluie et fît comme les autres. De retour à la maison, il trouva sa mère, triste consolation.

96

Retenue

Cette soirée se termina sans incident. Les jumeaux vinrent, Flora ne se montra pas, et le lendemain, deux billets demandaient à dona Claudia comment allait sa fille. Bien, répondit la mère. Flora ne les reçut pas pour autant avec la joie habituelle. Il y avait en elle quelque chose qui la rendait taciturne. Ils lui demandèrent de la musique, elle joua ; ce fut une bonne chose, parce que c'était un moyen de s'enfermer en elle-même. Elle ne répondit pas aux serrements de main comme elle leur semblait le faire jusqu'alors. Ainsi se passa cette soirée-là, ainsi se passèrent les autres. Tantôt l'un, tantôt l'autre arrivait le premier, persuadé que l'embarras de la jeune fille était dû à la présence du rival, mais il ne servait à rien d'être le premier.

97

Un Christ particulier

Tout cela lui était si pénible qu'elle finit par demander à son Christ une place de gouverneur pour son père, — ou une quelconque mission loin d'ici. Jésus-Christ ne distribue pas les gouvernements de ce monde. C'est le peuple qui les remet à qui les mérite, par l'intermédiaire de bulletins fermés, mis dans une urne de bois, comptés, ouverts, lus, additionnés et multipliés. La mission pouvait arriver, certes, mais la question est de savoir si Jésus-Christ peut satisfaire tous ceux qui lui demandent la même chose. Les chargés de mission seraient infiniment plus nombreux que les missions. Cette objection fut aussitôt repoussée de l'esprit de Flora, parce qu'elle faisait sa demande à son Christ, un Christ d'ivoire ancien, hérité de sa grand-mère, un Christ qui ne lui avait jamais rien refusé, et que les autres ne venaient pas importuner de leurs suppliques. Sa mère elle-même avait le sien propre, confident des ambitions, consolation des désillusions ; elle ne recourait pas à celui de sa fille. Telle était la foi naïve de Flora.

Sans doute lui avait-elle déjà demandé qu'il la délivrât de cette complication de sentiments qui n'arrivaient pas à l'emporter l'un sur l'autre, de cette hésitation fatigante, de cet élan qui la poussait des deux côtés. Elle ne fut pas entendue. Peut-être parce qu'elle n'avait pas donné à sa demande la forme claire dont je la revêts ici, au scandale du lecteur. Effectivement, ce n'était pas une demande facile à exprimer avec une suite de mots, dits ou seulement pensés ; Flora ne formula pas sa supplique. Elle posa ses yeux sur la statuette et s'oublia totalement, afin que la statuette lise en elle son désir. C'était trop ; demander les faveurs du ciel et l'obliger à deviner de quoi il s'agissait... Ce fut l'opinion de Flora, et elle résolut de se corriger. Elle n'y parvint pas ; elle n'osa pas dire à Jésus ce qu'elle ne se disait pas à elle-même. Elle pensait aux deux, sans l'avouer à aucun. Elle sentait la contradiction sans oser longtemps la regarder en face.

98

Le docteur Aires

Il sembla un jour à la mère que sa fille était nerveuse. Elle l'interrogea, et découvrit seulement que Flora souffrait de vertiges et d'absences. Ce fut justement un jour où Aires leur fit une visite, apportant un message de Natividade. La mère lui parla d'abord et lui confia ses angoisses. Elle lui demanda de l'interroger à son tour. Aires joua le rôle du médecin, et lorsque la jeune fille parut et que la mère les laissa dans le salon, il se proposa de l'interroger prudemment.

Vains propos, car elle lança elle-même la conversation en se plaignant de migraine. Aires fit remarquer que la migraine est une maladie de jeune fille jolie, et ayant confessé que c'était là une banalité, il lui avoua le motif. Il ne voulait pas laisser passer l'occasion de lui dire ce que tout le monde savait et disait, non seulement ici, mais aussi à Petrópolis.

— Pourquoi n'allez-vous pas à Petrópolis ? conclut-il.

— J'espère faire un autre voyage plus long, un très long voyage...

— Vers l'autre monde, je parie ?

— Vous avez gagné.

— Vous avez déjà pris le billet ?

— Je l'achèterai le jour de l'embarquement.

— Peut-être n'en trouverez-vous pas. Il y a beaucoup d'affluence pour ces contrées-là ; il vaut mieux l'acheter d'avance et si vous êtes d'accord, je m'en charge ; j'en achèterai un autre pour moi et nous partirons ensemble. La traversée, lorsqu'il n'y a personne de connu, doit être fastidieuse, parfois les gens connus eux-mêmes agacent, comme il arrive dans ce monde. Les regrets de la vie, eux, sont agréables. Le personnel de bord est ordinaire, mais le commandant inspire confiance. Il n'ouvre pas la bouche, donne ses ordres par gestes et, à ma connaissance, n'a jamais fait naufrage.

— Vous êtes en train de vous moquer de moi ; je crois même que j'ai de la fièvre.

— Laissez-moi voir.

Flora lui tendit son poignet ; lui, d'un air grave :

— Vous en avez ; une fièvre de quarante-sept degrés, la main est brûlante, mais cela même prouve que ce n'est rien, car ces voyages se font avec les mains froides. Ce doit être un rhume, parlez-en à votre mère.

— Maman ne guérit pas.

— Elle peut guérir, il existe des remèdes de bonne femme ; en tout cas, si vous le lui demandez, elle peut faire appeler un médecin.

— Un médecin donne des tisanes, et moi, je n'aime pas les tisanes.

— Moi non plus, mais je les supporte. Pourquoi n'essayez-vous pas l'homéopathie, qui n'a pas de goût, ou l'allopathie ?

— Laquelle vous semble la meilleure ?

— La meilleure ? Seul Dieu est grand.

Flora sourit, d'un sourire pâle, et le conseiller saisit quelque chose qui n'était ni tristesse passagère, ni tristesse d'enfant. De nouveau, il lui parla de Petrópolis, mais n'insista pas. Petrópolis était l'aggravation du moment présent.

— Petrópolis souffre de la maladie des pluies, continua-t-il. Moi, à votre place, je quitterais cette maison et cette rue ; allez dans un autre quartier, dans une maison amie, avec ou sans votre mère...

— Mais où ? demanda anxieusement Flora.

Et elle continua à le regarder, attendant. Elle n'avait pas de maison amie — ou il ne lui en venait pas à l'esprit — et voulait qu'il lui en choisisse une lui-même, où qu'elle fût, et plus elle serait loin, mieux ce serait. Ce fut ce qu'il lut dans les yeux fixes.

C'est lire beaucoup, mais les bons diplomates gardent le talent de savoir tout ce que leur dit un visage silencieux, et même le contraire. Aires avait été un excellent diplomate, malgré l'aventure de Caracas, à moins que celle-ci justement n'ait aiguisé sa vocation de déceler et de celer. Toute la diplomatie est là, dans ces deux verbes parents.

99

À titre de changement d'air

— Je vais vous trouver une bonne maison, dit-il en prenant congé.

Depuis qu'il était à Petrópolis, Aires n'allait pas dîner à Andaraí le jeudi avec sa sœur, comme il l'avait convenu et comme il est dit au chapitre 32. Il y revint alors et cinq jours plus tard, Flora s'installait chez elle, à titre de changement d'air. Dona Rita ne consentit point à ce que dona Claudia lui amène sa fille ; elle alla elle-même la chercher à S. Clemente, et Aires les accompagna toutes trois.

La jeunesse de Flora dans la maison de dona Rita fut comme une rose née au pied d'un vieux mur. Le mur rajeunit. La simple fleur, quoique pâle, égaya l'argile lézardée et les pierres nues. Dona Rita était enchantée ; Flora payait l'accueil de la maîtresse de maison de tant d'ingénuité et de grâce, que celle-ci finit par lui dire qu'elle la volerait à son père et à sa mère, et ce fut pour toutes les deux une nouvelle occasion de rire.

« Tu m'as fait un joli cadeau avec cette jeune fille, écrivait dona Rita à son frère ; c'est une âme neuve, qui est arrivée au bon moment, car la mienne est déjà décrépite. Elle est toute douce, elle parle, joue et dessine, c'est un plaisir, elle a fait ici des esquisses de choses diverses, et je sors avec elle pour lui montrer des vues intéressantes. Parfois, elle montre un visage triste, regarde dans le vague et soupire, mais si je lui demande si ce sont des nostalgies de S. Clemente, elle sourit et fait un geste d'indifférence. Je ne lui parle pas de ses nerfs, pour ne pas la chagriner, mais je crois qu'elle va mieux... »

Flora écrivit elle aussi au conseiller Aires, et les deux lettres arrivèrent en même temps à Petrópolis. Celle de Flora était un remerciement grand et cordial, qu'entrecoupait à peine quelque mot nostalgique : elle confirmait ainsi la lettre de l'autre, bien que ne l'ayant pas lue. Aires les compara, relisant celle de la jeune fille pour voir si elle cachait autre chose que ce que disait le papier. Somme toute, il avait confiance dans le remède.

— Ne les voyant pas, elle les oublie, pensa-t-il ; et s'il y a dans le voisinage quelqu'un qui s'avise de l'aimer, peut-être finira-t-elle par se marier.

Il répondit aux deux le soir même, en leur disant qu'il viendrait déjeuner avec elles le jeudi. Il écrivit à dona Claudia en lui envoyant la lettre de sa sœur, et alla passer la soirée chez Natividade à qui il donna les cinq lettres à lire. Natividade approuva le tout. Elle remarqua seulement que ses fils ne lui écrivaient pas et qu'ils devaient être désespérés.

— L'Hôtel-Dieu guérit, la Bibliothèque Nationale également, répliqua Aires.

Le jeudi, Aires descendit et alla déjeuner à Andaraí. Il les trouva telles qu'il les avait vues à travers les lettres. Il les interrogea séparément pour entendre de leur bouche les aveux du papier, c'étaient les mêmes. Dona Rita semblait encore plus enchantée. La cause récente étant sans doute la confidence faite par la jeune fille la veille. Comme elles parlaient de cheveux, dona Rita rapporta ce qui est dit également au chapitre 32, à savoir qu'elle avait coupé les siens pour les mettre dans le cercueil de son mari, au moment de l'enterrement. Flora l'empêcha de poursuivre ; elle lui prit les mains et les serra fort.

— Aucune autre veuve n'aurait fait cela, dit-elle.

Là, ce fut dona Rita qui lui prit les mains, les mit sur ses épaules et conclut le geste par une étreinte. Toutes les personnes avaient loué l'abnégation de son acte ; celle-ci était la première à la trouver unique. D'où une autre étreinte, encore plus longue...

100

Deux têtes

Si longue fut l'étreinte qu'elle occupa le reste du chapitre. Celui-ci commence sans elle ni aucune autre. Quant au serrement de main d'Aires et de Flora, s'il se prolongea, il eut aussi une fin. Le déjeuner prit un peu plus de temps que de coutume, car Aires, outre le fait d'être un parleur émérite, ne se lassait pas de les écouter toutes les deux, surtout la jeune fille. Il lui trouvait une touche de langueur, abattement ou quelque chose d'approchant, que je ne trouve pas dans mon vocabulaire.

Flora lui montra les dessins qu'elle avait faits, paysages, personnages, un morceau de la route de la Tijuca, une fontaine ancienne, une « Maison inachevée ». C'était une de ces maisons que quelqu'un avait commencée plusieurs années auparavant, que personne n'avait achevée, et dont il ne restait que deux ou trois murs, ruine sans histoire. Il y avait encore d'autres dessins, un vol d'oiseaux, un vase sur une fenêtre. Aires les feuilletait un à un, plein de curiosité et de patience ; l'intention remplaçait la perfection, et la fidélité devait être approchante. Enfin, la jeune fille attacha les cordons du carton. Aires, ayant l'impression qu'il était resté un dernier dessin caché, lui demanda de le lui faire voir.

— C'est une ébauche, cela n'en vaut pas la peine.

— Tout vaut la peine ; je veux suivre les tentatives de l'artiste : laissez-moi voir.

— Cela n'en vaut pas la peine.

Aires insista, elle ne put refuser davantage, ouvrit le carton et sortit un morceau de papier épais où étaient dessinées ensemble deux têtes réunies et semblables. Elles n'avaient certainement pas la perfection qu'elle aurait souhaitée ; elles n'avaient cependant pas besoin de noms. Aires considéra l'œuvre durant quelques minutes, et leva deux ou trois fois les yeux vers celle qui en était l'auteur. Flora était déjà toute attente et interrogation ; elle voulait entendre la louange ou la critique, mais elle n'entendit rien du tout. Aires finit d'observer les deux têtes et plaça le dessin entre les papiers.

— Ne vous avais-je pas dit que c'était une ébauche ? demanda Flora dans l'espoir de lui arracher un mot.

Mais l'ex-ministre préféra ne rien dire. Au lieu de trouver l'influence des jumeaux presque éteinte, il la découvrait transformée en consolation de l'absence, et si vivante que la mémoire était suffisante, sans la présence des modèles. Les deux têtes étaient réunies par un lien caché. Flora, voyant se prolonger le silence d'Aires, comprit peut-être une partie de ce qu'il pensait. D'un geste vif, elle saisit le dessin et le lui donna. Elle ne lui dit rien et moins encore ne lui écrivit un mot quelconque. Quel qu'il fût, il aurait été indiscret. En outre, c'était l'unique dessin où elle n'avait pas mis de signature. Elle le lui donna comme s'il avait été un gage de repentir. Ensuite, elle attacha à nouveau les rubans du carton, tandis qu'Aires déchirait silencieusement le dessin et en mettait les morceaux dans sa poche. Flora resta immobile un instant, bouche entrouverte, mais aussitôt après lui serra la main avec reconnaissance. Elle ne put éviter de laisser tomber deux minuscules larmes, — comme autant de rubans qui attachaient à jamais pour elle le carton du passé.

L'image n'est ni bonne, ni vraie, mais elle vint à l'esprit du conseiller qui rentrait à pied d'Andaraí. Il finit par l'écrire dans le *Mémorial,* puis la barra, et écrivit une réflexion moins définitive : « Peut-être était-ce une larme pour chaque jumeau. »

— Cela peut passer avec le temps, pensa-t-il en regagnant le bateau de Petrópolis. Quoi qu'il en soit, c'est une affaire embrouillée.

101

Une affaire embrouillée

Les jumeaux, eux aussi, trouvaient l'affaire embrouillée. Lorsqu'ils allaient à S. Clemente, ils avaient des nouvelles de la jeune fille, sans obtenir l'assurance de son retour. Le temps passait ; le moment n'allait pas tarder où il leur faudrait consulter le sort, comme deux anciens.

Ils pouvaient, à la rigueur, ne pas compter les semaines d'interruption, du moment que le choix ne se faisait pas, et la consultation leur donnerait peut-être tout autre chose que l'inclination définitive de la jeune fille. Réflexion juste, quoique intéressée. Chacun d'eux voulait seulement prolonger la bataille en espérant être vainqueur. Toutefois, ils ne se confiaient pas cette pensée jumelle, comme eux. Tous deux se sentaient élus, l'affection avait maintenant sa pudeur et le besoin de se taire. Ils ne parlaient plus de Flora.

Et pas seulement de Flora. L'opposition croissant, ils recouraient au silence. Ils s'évitaient ; s'ils le pouvaient, ne mangeaient pas ensemble, et s'ils mangeaient ensemble, parlaient peu ou pas du tout. Parfois, ils parlaient pour ôter tout soupçon aux domestiques, mais sans réaliser qu'ils parlaient d'une façon peu naturelle et forcée, et que les domestiques allaient commenter leurs paroles et leur façon de parler à l'office. La satisfaction avec laquelle ces derniers communiquaient leurs découvertes et conclusions fait partie des rares plaisirs qui adoucissent le service domestique, généralement rude. Ils n'allaient pas, toutefois, jusqu'à pousser à bout tout ce qui les rendait chaque fois plus opposés, la pointe de haine qui croissait avec l'absence de leur mère. C'était plus que Flora, comme vous le savez, c'étaient leurs propres personnes inconciliables. Un jour, il y eut à l'office et à la cuisine une grande nouveauté. Pedro, sous prétexte d'avoir plus chaud que Paulo, changea de chambre et s'en fut mal dormir dans une autre, pas moins chaude que la première.

102

Les visions demandent de la pénombre

Cependant la belle jeune fille ne les chassait pas de sa propre alcôve, pour autant qu'elle ait vraiment cherché à les fuir. La mémoire les amenait par la main, ils entraient et restaient. Ils s'en allaient ensuite, soit d'eux-mêmes, soit poussés par elle. Lorsqu'ils revenaient, c'était par surprise. Un jour, Flora profita de leur présence pour faire un dessin semblable à celui qu'elle avait donné au conseiller, plus parfait cette fois-ci, bien mieux fini.

Elle se fatiguait aussi. Elle quittait alors la chambre et se dirigeait vers le piano. Ils l'accompagnaient, s'asseyaient à côté ou restaient debout face à elle, et écoutaient avec une attention religieuse, tantôt un nocturne, tantôt une tarentelle. Flora jouait au goût de chacun, sans choisir ; c'étaient ses doigts qui obéissaient à la mécanique de l'âme. Pour ne pas les voir, elle penchait la tête sur le clavier ; mais elle les gardait dans son champ de vision, quand ce n'était pas leur respiration qu'elle sentait, où qu'ils fussent. Telle était la finesse de ses sens.

Si elle fermait le piano et descendait au jardin, il arrivait qu'elles les y trouvât en train de se promener, et ils la saluaient de si bonne façon qu'elle en oubliait quelques instants son impatience. Puis, sans qu'elle le leur ait demandé, ils s'en allaient. Les premiers temps, Flora avait peur qu'ils ne l'aient tout à fait abandonnée, et les appelait à l'intérieur d'elle-même. Tous deux revenaient aussitôt, si dociles, qu'elle finit par se convaincre que la fuite n'en était pas une, et qu'ils ne la dédaignaient pas : elle ne les évoqua plus. Au jardin, la disparition était plus rapide, peut-être à cause de l'extrême clarté du lieu. Les visions demandent de la pénombre.

103

La chambre

Je sais, je sais, trois fois je sais, qu'il y a beaucoup de visions de ce genre dans les pages précédentes. Ulysse avoue à Alcinoos qu'il lui est fastidieux de raconter les mêmes choses. A moi aussi. J'y suis cependant obligé, car sans elle, notre Flora ne serait pas Flora, elle serait une autre personne que je n'ai pas connue. J'ai connu celle-ci avec ses obsessions, ou appelle-les comme tu voudras.

Ce n'est pas pour autant, ni même parce qu'elle était en proie à quelque abattement et nervosité, que Flora cessait de se parer, d'embellir et d'avoir plus d'un amoureux, inconnu, qui soupirait pour elle. Il n'en manquait pas pour l'admirer en passant, et pour aller la voir, tout au moins sur le banc vert à la porte du jardin, à côté de la sœur d'Aires. Il se peut qu'elle en reconnût un, Gouveia par exemple ; en vérité c'était comme si elle ne les voyait pas.

L'un d'eux se faisait remarquer par sa voiture — tirée par un bel attelage de chevaux —, le capitaliste du quartier. Sa maison était un petit palais, avec meubles faits en Europe, style empire, objets de Sèvres et d'argent, tapis de Smyrne, et une vaste chambre à deux lits, l'un à une place, l'autre à deux places. Le second attendait l'épouse.

« L'épouse, la voici » pensa-t-il un jour en voyant Flora.

C'était un homme mûr, au visage battu par les vents de la vie, malgré toutes les eaux de toilette ; son corps n'était plus très droit, et ses manières n'avaient ni grâce ni naturel. C'était Nóbrega, l'homme au billet de deux mil-réis, billet fécond, qui avait donné naissance à beaucoup d'autres, plus de deux mille contos de réis.

Quant aux billets récents, leurs aïeux se perdaient dans la nuit des temps. Maintenant, les temps étaient clairs, le matin doux et pur.

Lorsqu'il vit la jeune fille et fit la réflexion citée plus haut, il s'étonna lui-même. Il avait vu d'autres dames, dont plus d'une avait le vide du cœur écrit dans les yeux. Celle-ci était la première qui eût véritablement paralysé sa volonté et accaparé ses pensées. Il revint la voir ; les voisins remarquèrent probablement l'assiduité récente du capitaliste. Nóbrega finit par avoir ses entrées chez dona Rita, au mécontentement des habitués de sa maison, qui se voyaient ainsi délaissés par leur amphytrion. Nóbrega, toutefois, avait donné des ordres suffisants pour qu'ils soient tous servis et accueillis comme s'il était présent.

L'absence ne lui ferait pas perdre les louanges de ses amis. Au contraire, les serviteurs pouvaient témoigner de ce qu'ils pensaient tous du « grand homme ». Tel était le nom que lui avait donné son secrétaire particulier, et il lui était resté. Nóbrega ne connaissait rien en orthographe et moins que rien en syntaxe, notions utiles certes, mais qui ne valaient pas celles de morale, et la morale, disaient-ils tous, d'accord avec le secrétaire, était le principal et le plus grand de ses mérites. Le fidèle scribe ajoutait que s'il lui fallait enlever sa chemise pour la donner à un mendiant, Nóbrega le ferait, la chemise fût-elle brodée.

Même maintenant, cet amour était finalement un geste de charité. En peu de temps, cet attachement d'un regard devint une grande passion, si grande qu'il ne put la contenir et se résolut à l'avouer. Il hésita entre le faire à la jeune fille elle-même, ou à la maîtresse de maison. Le courage lui manquait pour l'une et pour l'autre. Une lettre suppléait le tout, mais la lettre demandait style, chaleur et respect. Si, au moins, l'attitude de Flora révélait quelque chose, même peu, bon ; la lettre serait alors une réponse. Mais elle ne révélait rien, l'attitude de la jeune fille. Elle était simplement courtoise et gracieuse ; cela n'allait pas au-delà de ces deux expressions.

Dona Rita comprit l'inclination de Nóbrega et trouva que c'était la meilleure solution du monde pour son hôtesse. Toutes les incertitudes, angoisses et mélancolies venaient finir dans les bras d'un richard, estimé et respecté, dans un palais avec une voiture à sa disposition. Elle faisait d'elle-même valoir ce gros lot de la loterie.

Finalement, le secrétaire de Nóbrega rédigea avec le meilleur langage qu'il possédât une lettre où le capitaliste demandait à dona Rita la faveur de consulter la jeune fille aimée.

— N'écrivez pas de mots doux, recommanda-t-il à son secrétaire. J'aime cette jeune fille d'un sentiment protecteur avant toute chose. Ce n'est pas une lettre d'amoureux. Style grave...

— Une lettre sèche, conclut le secrétaire.

— Totalement sèche, non, corrigea Nóbrega, une lettre flatteuse, sans oublier que je ne suis plus un enfant.

Ainsi fut fait. Et même davantage ; Nóbrega opta pour un style un tantinet amène ; il ne serait pas mauvais de mettre deux ou trois mots appropriés à l'objet, *beauté, cœur, sentiment...* Ainsi fut fait, finalement, et la lettre emportée vers son destin. Dona Rita fut enchantée. Juste ce qu'elle voulait. Elle avait conçu le dessein de terminer, par un acte personnel, une histoire mélancolique à laquelle elle apporterait en dernière page, une conclusion éclatante. Il ne lui vint pas à l'esprit de le dire d'abord à son frère, pour la bonne raison qu'elle voulait qu'il reçoive la nouvelle complète, affaire réglée et conclue. Elle relut la lettre et se prépara à agir tout de suite, mais il est des gens pour qui l'adage qui dit que « l'attente est la moitié du plaisir » résume toute la saveur de la vie. Dona Rita était de cet avis. Elle comprit toutefois que de telles lettres ne sont pas de celles qui se gardent longtemps, ni d'ailleurs de celles que l'on communique sans précaution. Elle attendit vingt-quatre heures. Le lendemain matin après le petit déjeuner, elle lut la lettre à la jeune fille. Il eût été naturel que Flora fût étonnée. Elle le fut, mais il fallut peu de temps pour qu'elle se mette à rire, d'un rire franc et sonore, comme elle n'avait pas encore ri à Andaraí. Dona Rita fut stupéfaite. Elle supposait qu'à défaut de la personne, les avantages et circonstances plaideraient en faveur du candidat. Elle oubliait ses cheveux confiés au tombeau de son mari. Elle donna des conseils à la jeune fille, mit en relief la position du prétendant, le présent et le futur, la situation splendide que lui donnerait ce mariage, et pour finir, les qualités morales de Nóbrega. La jeune fille écouta silencieusement et finit par rire de nouveau.

— Savez-vous si je serai heureuse ? demanda-t-elle.

— Je crois que oui ; maintenant, c'est l'avenir qui dira oui ou non.

— Attendons qu'arrive l'avenir, encore qu'il me paraisse bien lent. Je ne nie pas les qualités de cet homme, il a l'air bon et il est plein d'attentions pour moi, mais je ne veux pas me marier, dona Rita.

— Bien sûr, l'âge... Mais ne voulez-vous pas réfléchir au moins quelques jours ?

— C'est tout réfléchi.

Dona Rita attendit encore un jour. Cette réponse négative, dans le cas où elle changerait d'avis, pouvait être une catastrophe pour Flora. J'utilise les propres termes qu'elle employa au fond d'elle-même, « véritable catastrophe, situation splendide, sentiments profonds ». Dona Rita se laissait aller aux extrêmes, devant ce seigneur des dernières années du siècle.

104

La réponse

Ne voulant pas donner la réponse toute crue, dona Rita consulta la jeune fille qui lui répondit simplement :

— Dites que je n'ai pas l'intention de me marier.

Lorsque Nóbrega reçut les quelques lignes que lui envoya dona Rita, il fut stupéfait. Il ne s'attendait pas à un refus. Au contraire, il était tellement sûr du consentement qu'il avait déjà établi un programme de mariage. Il imaginait la jeune fille, le regard timide, bouche close, le voile recouvrant son joli minois, et pour sa part, la délicatesse et les mots qu'il lui dirait en rentrant dans la maison. Il avait déjà composé une invocation à Notre Dame pour qu'elle les rende heureux : « Je lui donne voiture, bijoux, beaucoup de bijoux, les plus beaux bijoux du monde » se disait-il. Nóbrega ne se faisait pas une idée exacte du monde ; c'était une expression : « Je lui donnerai tout, des sandales de soie, des bas de soie que je lui enfilerai moi-même... » Il frémissait en lui enfilant les bas. Il baisait ses pieds et ses genoux.

Il s'était imaginé qu'en lisant la lettre, elle serait si étonnée et reconnaissante que dans un premier temps elle ne pourrait répondre à dona Rita ; mais qu'aussitôt après, les mots jailliraient en gerbes de son cœur. « Oui, madame, elle voulait, elle acceptait ; elle n'avait rêvé que de cela. » Il aurait aussitôt écrit au père et à la mère de la jeune fille pour demander leur permission ; ils arriveraient en courant, incrédules, mais en voyant la lettre et en entendant leur fille et dona Rita, ils ne douteraient pas de la vérité et donneraient leur consentement. Peut-être le père viendrait-il en personne le lui donner. Et rien, rien, rien, absolument rien, un simple refus, refus impudent, parce qu'enfin qui était-elle, malgré sa beauté, une créature sans le sou, modestement vêtue, sans pendants d'oreilles, jamais il ne lui avait vu des pendants aux oreilles, même pas deux petites perles. Et pourquoi lui avait-on percé les oreilles, si on n'avait pas de pendants à lui donner ? Nul doute que les plus pauvres petites filles du monde se font percer les oreilles pour les pendants qui pourraient leur tomber du ciel. Et voilà celle-ci qui refuse les plus riches pendants que le ciel allait faire pleuvoir sur elle...

Au dîner, les amis de la maison remarquèrent qu'il était préoccupé. Le soir, il alla faire un tour à pied en compagnie de son secrétaire, et de l'air le plus froid et le plus indifférent possible, presque joyeux, il lui annonça que Flora ne voulait pas se marier. Inutile de décrire l'étonnement du secrétaire, puis sa consternation et enfin son indignation. Nóbrega répondait, magnanime :

— Ce n'est pas un mal ; peut-être est-ce parce qu'elle s'est jugée au-dessous, bien au-dessous de la fortune. Je crois que c'est une bonne fille. Il se peut aussi, — qui sait ? — que son cœur ait été mauvais conseiller. Cette jeune fille est malade.

— Malade ?

— Je ne l'affirme pas ; je dis que c'est possible.

Le secrétaire opina.

— La maladie seule, dit-il, peut expliquer l'ingratitude, parce qu'il s'agit là d'un acte de pure ingratitude.

Là-dessus revint la note d'indignation, note sincère, comme les autres. Nóbrega aima l'entendre ; c'était de la compassion. Finalement, il mit à exécution l'idée qu'il avait eue en quittant la maison ; il augmenta son salaire. Ce pouvait être le paiement de la sympathie ; le bénéficiaire alla plus loin, il trouva que c'était le prix du silence, et personne ne sut rien.

105

La réalité

La maladie, donnée comme explication au refus de mariage, devint réalité au fil des jours. Flora fut légèrement souffrante ; dona Rita, pour ne pas alarmer les parents, pensa la soigner avec des remèdes de bonne femme ; puis elle fit appeler un médecin, son médecin, et celui-ci ne montra pas un visage réjoui, loin de là. Dona Rita, qui avait l'habitude de lire la gravité de ses maladies sur son visage et les trouvait toujours extrêmement graves, se chargea de prévenir les parents de la jeune fille. Ils vinrent aussitôt ; Natividade descendit elle aussi de Petrópolis, pour quelque temps seulement ; on craignait là-haut que quelque mouvement ne se produise en ville. Elle vint rendre visite à la jeune fille, et sur sa demande, resta quelques jours.

— Vous seule pouvez me guérir, dit Flora ; je ne crois pas aux remèdes que l'on me donne. Vos paroles, elles, sont bonnes, et votre tendresse... Maman aussi, et D. Rita, mais je ne sais pas, il y a une différence, quelque chose... Voyez ; il me semble que j'arrive déjà à rire.

— Oui, oui, riez encore.

Flora sourit, de ce sourire pâle qui apparaît sur les lèvres du malade lorsque la maladie le permet ou qu'il l'emporte sur le sérieux propre à la douleur. Natividade lui disait des mots d'encouragement ; elle lui fit promettre d'aller en convalescence à Petrópolis. La maladie commença à reculer. Dona Claudia accepta l'offre de dona Rita et s'installa chez elle. Natividade partait, le soir pour Botafogo et revenait le matin. Aires descendait de Petrópolis un jour sur deux.

Les jumeaux venaient également prendre des nouvelles de la malade. Maintenant plus que jamais, ils sentaient la force du lien qui les attachait à la jeune fille. Pedro, déjà médecin quoique n'ayant pas encore pratiqué, mettait plus d'autorité dans ses questions, tirait de meilleures conclusions des symptômes, mais les espérances et les craintes étaient le lot de l'un et de l'autre. Quelquefois, ils parlaient plus haut que de coutume et qu'il ne convenait. La raison, pour égoïste qu'elle fût, était pardonnable. Supposez que les cartes de visite puissent parler ; certaines, plus empressées, proclameraient leurs noms pour que l'on soit aussitôt au courant de leur présence, courtoisie et anxiété. Un tel souci de la part des deux garçons était inutile, car elle les savait là et recevait les messages qu'ils lui laissaient.

Ainsi passaient les jours pour Flora. Elle voulait Natividade toujours près d'elle pour la raison qu'elle a déjà donnée, et pour une autre qu'elle n'avait pas dite et qu'elle ne savait peut-être même pas, mais que nous pouvons deviner et imprimer. Il y avait là le ventre béni qui avait porté les deux jumeaux. Instinctivement, elle trouvait en elle quelque chose de particulier. Quant à l'influence qu'elle exerçait sur elle pour cette raison ou toute autre, Natividade l'ignorait ; elle se contentait de voir que même maintenant et dans une telle crise, Flora n'avait pas perdu l'amitié qu'elle lui portait. Elles passaient les heures ensemble, en parlant, si parler ne fatiguait pas, ou bien en se tenant les mains. Lorsque Flora s'endormait, Natividade restait à la contempler, le visage pâle, les yeux enfoncés, les mains chaudes, mais sans perdre la grâce des jours de santé. Quant aux autres, elles entraient dans la chambre sur la pointe des pieds, tendaient le cou pour la voir dormir, parlaient par gestes ou si bas que seul le cœur les eût devinées.

Lorsqu'elle sembla aller mieux, Flora demanda un peu plus de lumière et de ciel. L'une des fenêtres fut alors grande ouverte et la malade s'emplit de vie et de rire. Non que la Fièvre s'en fût allée tout à fait. Cette sorcière livide se tenait au coin de la chambre, les yeux rivés sur elle ; mais, par fatigue ou par obligation, elle sommeillait souvent et longuement. La malade ne sentait alors que la chaleur du Mal que le médecin graduait à trente-neuf ou trente-neuf et demi après avoir consulté le thermomètre. La Fièvre, en voyant ce geste, riait sans bruit, riait doucement.

106

Quels tous les deux ?

Nous en sommes restés au point où l'une des fenêtres de la chambre apporta la dose de lumière et de ciel que Flora avait réclamée, malgré la fièvre, d'ailleurs faible. Ce qui se passa encore mériterait un livre. Ce ne fut pas immédiat, cela demanda de longues heures et même quelques jours. Il y eut assez de temps pour qu'aient lieu, entre la vie et Flora, les retrouvailles ou les adieux. Les uns et les autres pouvaient être longs, ils pouvaient aussi être courts. J'ai connu un homme qui est tombé malade dans sa vieillesse — à moins que ce ne fût de vieillesse —, et qui mit un temps presque infini à atteindre la fin. Il réclamait déjà la mort, mais lorsqu'il voyait le visage décharné de la compagne dernière qui l'épiait par la porte entrouverte, il retournait le sien de l'autre côté et bredouillait une chanson de son enfance, pour la tromper et rester en vie.

Flora ne faisait pas appel à de telles chansons, pour elle si proches. Lorsqu'elle voyait le ciel et un morceau de soleil sur le mur, elle se réjouissait tout naturellement ; une fois, elle voulut dessiner, mais on ne le lui permit pas. Si la mort l'épiait à la porte, elle avait un frisson, c'est vrai, et fermait les yeux. Quand elle les ouvrait, elle fixait le triste visage, sans le fuir ni l'appeler.

— Demain, vous serez guérie, et dans huit jours, ou plus tôt, nous allons à Petrópolis, dit Natividade en dissimulant ses larmes, mais la voix disait ce que niaient les yeux.

— Petrópolis ? soupira la malade.

— Là-haut, vous aurez de quoi dessiner.

Il était sept heures du matin. La veille, lorsque les jumeaux étaient partis, il était déjà tard, les craintes de la mort grandissaient ; mais les craintes ne suffisent pas, il faut que la réalité vienne à la rescousse, d'où les espérances. Les espérances ne suffisent pas non plus, la réalité est toujours pressante. Le matin apporta quelque repos ; à sept heures, après ces paroles de Natividade, Flora put dormir.

Lorsque Pedro et Paulo revinrent à Andaraí, la malade était réveillée et le médecin, sans donner de grands espoirs, fit faire des applications qu'il déclara énergiques. Tous les visages portaient la trace des larmes. Le soir, Aires vint avec des nouvelles d'agitation en ville.

— Que se passe-t-il ?

— Je ne sais pas ; les uns parlent de manifestation en faveur du Maréchal Deodoro, d'autres, de conspiration contre le Maréchal Floriano. Il se passe quelque chose

Natividade demanda à ses fils de ne pas se mêler à l'agitation ; tous deux promirent et tinrent leur promesse. En voyant l'aspect de certaines rues, avec groupes, patrouilles, armes, deux mitrailleuses, l'Itamarati illuminé, ils eurent l'envie de savoir ce qui s'était passé et ce qui se passait encore, vague curiosité qui ne dura pas deux minutes. Ils coururent s'enfermer chez eux, où ils passèrent une mauvaise nuit. Le lendemain matin, les domestiques apportèrent les journaux avec les nouvelles de la veille.

— Y a-t-il eu un message d'Andaraí ? demanda l'un d'eux.

— Non, monsieur.

Ils voulurent encore lire un peu à voix haute. Impossible ; ils étaient anxieux de sortir et d'avoir des nouvelles de la nuit. Bien qu'ayant pris les journaux, ils n'arrivèrent pas à lire clairement et de façon suivie. Ils virent les noms des personnes arrêtées, un décret, des mouvements de gens et de troupes, le tout si confus, qu'ils se retrouvèrent chez dona Rita avant d'avoir compris ce qui s'était passé. Flora vivait encore.

— Maman, vous êtes plus triste aujourd'hui que ces derniers jours.

— Ne parle pas tant, ma fille, répliqua dona Claudia. Triste, je le suis toujours quand tu es malade. Guéris et tu verras.

— Guérissez, guérissez, intervint Natividade. Moi, quand j'étais jeune, j'ai eu une maladie semblable qui m'a terrassée pendant deux semaines, puis je me suis levée, alors que personne ne l'espérait.

— Vous n'espérez donc plus que je me lève ?

Natividade voulut rire de la conclusion si vive, pour lui redonner courage. La malade ferma les yeux, les ouvrit peu de temps après, et demanda que l'on regarde si elle avait de la fièvre. On regarda : elle en avait, et beaucoup.

— Ouvrez-moi la fenêtre en grand.

— Je ne sais pas si cela lui fera du bien, réfléchit dona Rita.

— Cela ne peut pas faire du mal, dit Natividade.

Et elle alla ouvrir la fenêtre, non pas en grand, mais à demi. Flora, quoique déjà très abattue, fit un effort et se tourna du côté de la lumière. Elle resta dans cette position, immobile ; ses yeux, vagues au début, s'arrêtèrent, puis restèrent fixes. Les gens entraient dans la chambre lentement et en étouffant leurs pas, apportant et emportant des messages ; dehors, ils guettaient le médecin.

— Il tarde, il devrait être déjà là, disait Batista.

Pedro était médecin, il proposa d'aller voir la malade ; Paulo ne pouvant entrer lui aussi, objecta que cela déplairait au médecin traitant, et qu'en outre il manquait de pratique. L'un et l'autre voulaient assister à la mort de Flora, si elle devait arriver. Leur mère qui les entendit, vint dans le salon et apprenant de quoi il s'agissait, répondit négativement. Ils ne pouvaient entrer ; il valait mieux qu'ils aillent appeler le médecin.

— Qui est-ce ? demanda Flora, en la voyant regagner la chambre.

— Ce sont mes fils qui voulaient entrer tous les deux.

— Quels tous les deux ? demanda Flora.

Ce mot fit croire que c'était le délire qui commençait, à moins qu'il ne se terminât, car en vérité, Flora ne proféra plus rien. Natividade penchait pour le délire. Aires, lorsqu'on lui répéta le dialogue, écarta le délire.

La mort ne tarda pas. Elle vint plus vite qu'on ne le craignait maintenant. Les femmes accoururent toutes, ainsi que le père, autour du lit où les signes d'agonie se précipitaient. Flora finit comme l'un de ces courts après-midis, pas assez courts cependant pour que les regrets du jour ne se fassent davantage sentir ; elle finit si sereinement que l'expression de son visage lorsqu'on lui ferma les yeux était moins celle d'une défunte que d'une statue. Les fenêtres, grandes ouvertes, laissaient entrer le soleil et le ciel.

107

État de siège

Il n'y a pas de nouveauté dans les enterrements. Celui-là eut la particularité de parcourir les rues en état de siège. A bien y réfléchir, la mort n'est rien d'autre qu'une cessation de la liberté de vivre, cessation perpétuelle, tandis que le décret de ce jour-là ne valut que pour 72 heures. Au bout de 72 heures, toutes les libertés seraient rétablies, excepté celle de revivre. Qui est mort est bien mort. C'était le cas de Flora ; mais quel crime avait-elle commis, cette jeune fille, à part celui de vivre et peut-être d'aimer, on ne sait pas qui, mais d'aimer ? Pardonnez-moi ces questions obscures, qui ne s'accordent pas et se contrarient plutôt. La raison en est que je n'évoque pas cette mort sans peine, et que j'ai encore devant les yeux l'image de l'enterrement.

108

Vieilles cérémonies

Voici le cercueil qui va sortir. Tous les hommes se découvrent, dès qu'il paraît à la porte. Les gens qui passent s'arrêtent. Les voisins se penchent aux fenêtres : dans certaines on s'entasse, quand il y a plus de famille que de place ; aux portes, les domestiques. Tous les yeux examinent les personnes qui tiennent les poignées du cercueil, Batista, Santos, Aires, Pedro, Paulo, Nóbrega.

Ce dernier, bien que ne fréquentant plus la maison, avait fait prendre des nouvelles de la malade et avait été convié à porter le gracieux corps. Dans la voiture, où avait pris place son secrétaire et qui était tirée par un attelage incomparable, le plus beau du cortège, Nóbrega rappelait à son secrétaire :

— Ne vous disais-je point qu'elle était malade ? Elle était très malade.

— Très.

Je n'irai pas jusqu'à affirmer qu'il fut content de la mort de Flora, ne serait-ce que pour lui avoir donné raison dans l'annonce de sa maladie, alors qu'elle était parfaitement saine. Mais que nul ne soit son mari, voilà qui fut une sorte de consolation. Plus encore ; en supposant qu'elle ait accepté et qu'ils se soient mariés, il pensait maintenant au splendide enterrement qu'il lui aurait fait. Il dessinait en imagination le corbillard, le plus riche de tous, les chevaux et leurs plumets noirs, le cercueil, une infinité de choses qui, à force de les organiser, lui semblaient faites. Ensuite, le caveau : marbre, lettres d'or... Le secrétaire, pour l'arracher à sa tristesse, parlait des choses de la rue.

— Votre Excellence se souvient-elle de la fontaine qui se trouvait là il y a quelques années ?

— Non, marmonnait Nóbrega.

Encore une fois, il n'y a pas de nouveauté dans les enterrements. D'où le probable ennui des fossoyeurs, qui ouvrent et referment des tombes tous les jours. Ils ne chantent pas, comme ceux de Hamlet, qui tempèrent les tristesses du métier par les couplets du même métier. Ils apportent la caisse de chaux et la truelle pour les invités, et pour eux les pelles avec lesquelles ils jettent la terre dans la tombe. Le père et quelques amis restèrent au pied de celle de Flora, à regarder tomber la terre, d'abord avec ce choc funèbre, ensuite avec cette lenteur lassante, même si ces pauvres hommes se hâtent. Enfin, toute la terre tomba, et ils posèrent au-dessus les gerbes des parents et amis. « A notre fille chérie » ; — « A notre sainte amie Flora, les regrets de son amie Natividade » ; — « A Flora, un vieil ami » etc. Lorsque tout fut fini, ils prirent le chemin de la sortie ; le père, entre Aires et Santos qui lui donnaient le bras, chancelait. Au portail, ils prirent leurs voitures et partirent. Sans se rendre compte de l'absence de Pedro et de Paulo qui étaient restés au pied de la tombe.

109

Au pied de la tombe

Aucun des deux ne mesura le temps passé en ce lieu. Ils savent seulement qu'il fut fait de silence, de contemplation, et de regret. Je ne l'affirme pas, pour ne pas les vexer maintenant, mais il se peut qu'ils aient pleuré aussi. Ils avaient un mouchoir à la main, s'essuyaient les yeux ; puis, les bras baissés, les mains serrant le chapeau, ils regardaient apparemment les fleurs qui couvraient la sépulture, mais en réalité, la créature qui était dessous.

Ils songèrent enfin à s'arracher à ces lieux et à dire adieu à la défunte ; avec quels mots, et étaient-ils semblables, on l'ignore ; le sens devait en être le même. Comme ils étaient face à face, il leur vint l'idée d'une poignée de mains au-dessus de la tombe. C'était une promesse, un serment. Ils se rapprochèrent et descendirent le chemin en silence. Avant d'arriver au portail, ils traduisirent en paroles le geste de leurs mains sur la tombe : ils se juraient une entente perpétuelle.

— Elle nous a séparés, dit Pedro ; maintenant qu'elle a disparu, qu'elle nous unisse.

Paulo approuva de la tête.

— Peut-être est-ce justement pour cela qu'elle est morte, ajouta-t-il.

Ensuite, ils s'étreignirent. Pas plus le geste que les mots ne contenaient d'emphase ou d'affectation ; ils étaient simples et sincères. L'ombre de Flora les vit et les entendit sûrement, et inscrivit cette promesse de réconciliation sur les tablettes de l'éternité. Tous deux, d'une commune impulsion, tournèrent la tête pour voir une fois encore la tombe de Flora, mais la tombe était loin et cachée par de grands tombeaux, des croix, des colonnes, tout un monde de gens morts, presque oubliés. Le cimetière avait un air presque joyeux, avec toutes ces couronnes de fleurs, bas-reliefs, bustes, et le blanc des marbres et de la chaux. Comparé à la tombe récente, il semblait une renaissance de vie, oubliée dans un coin de la ville.

Il leur fut difficile de quitter le cimetière. Ils ne pensaient pas être à ce point attachés à la défunte. Chacun entendait la même voix, avec une égale douceur et des paroles particulières. Ils étaient arrivés au portail et la voiture vint les chercher. Le visage du cocher était radieux.

Cette expression du cocher ne s'explique que de cette façon : inquiet de leur retard et ne pensant pas que ses deux clients puissent rester si longtemps au pied de la tombe, il avait commencé à craindre qu'ils aient accepté l'invitation de quelque ami et soient rentrés chez eux. Il avait déjà décidé d'attendre encore quelques minutes, puis de s'en aller, mais le pourboire ? Le pourboire fut double, comme la douleur et comme l'amour ; jumeau, disons.

110

Vole

De même que la voiture s'en vint en volant du cimetière, de même volera ce chapitre, destiné à dire d'abord que la mère des jumeaux parvint à les amener à Petrópolis. Ils n'alléguèrent plus la clinique de l'Hôtel-Dieu, ni les documents de la Bibliothèque Nationale. Clinique et documents reposent maintenant dans la tombe N° ... Je ne mets pas le numéro, afin que le curieux qui trouverait ce livre à ladite Bibliothèque se donne la peine de chercher et de compléter le texte. Le nom de la défunte suffit, et il a été dit et redit.

Que vole ce chapitre, comme le train de Mauá, à l'assaut de la montagne jusqu'à la ville du repos, du luxe et de la galanterie. Que Natividade aille avec ses fils, et qu'Aires les accompagne. En haut, le soir, lorsque ce dernier revint chez le baron, il put voir les effets de la paix jurée, la réconciliation finale. Il ne savait rien du pacte des deux garçons. Ni père ni mère ne savait quoi que ce soit. Ce fut un secret gardé dans le silence et le désir sincère d'évoquer une créature qui, en mourant, les avait unis.

Natividade était maintenant entichée de ses fils. Elle les emmenait partout, ou les gardait pour elle, afin de savourer plus encore les charmes de leur présence, de montrer son approbation par des actes, d'aider l'œuvre corrective du temps. Nouvelles et on-dit de Rio de Janeiro étaient l'objet des conversations dans les maisons où ils allaient, sans que cela les fît sortir de leur retenue volontaire. Les distractions les occupèrent peu à peu, quelque promenade en voiture ou à cheval, ainsi que d'autres diversions qui les gardaient unis.

Ainsi vécurent-ils jusqu'au moment où la famille Santos descendit, malgré l'opposition de Natividade. Elle craignait que plus près du gouvernement la discorde politique ne sonnât la fin de la récente harmonie de ses fils, mais elle ne pouvait rester là-haut. Tout le monde rentrait. Santos aspirait à ses vieilles habitudes, et donna quelques bonnes raisons que Natividade entendit ensuite d'Aires lui-même. Peut-être une simple coïncidence d'idées, mais si elles étaient bonnes, elles devaient être acceptées.

Natividade comptait sur le temps pour parfaire l'œuvre. Elle croyait au temps. Moi, quand j'étais petit, je l'ai toujours vu peint comme un vieillard barbu, la faucille à la main, qui me faisait peur. Quant à toi, mon cher ami, ou ma chère amie, selon le sexe de la personne qui me lit, à moins qu'elles ne soient deux et des deux sexes — un couple de fiancés, par exemple — curieux de savoir comment Pedro et Paulo purent s'en tenir au même credo... Ne parlons pas de ce mystère... Contente-toi de savoir que ce qu'ils avaient à l'esprit, c'était de tenir la promesse faite en ce lieu et en cette occasion. Avec le temps vint la fin de la saison, comme les autres années, et Petrópolis abandonna Petrópolis.

111

Un résumé d'espérances

« Quand l'un refuse, deux ne se battent pas », tel est le vieux proverbe que j'ai entendu dans ma jeunesse, le meilleur âge pour entendre des proverbes. Dans l'âge mûr, ils doivent déjà faire partie du bagage de la vie, fruits de l'expérience ancienne et quotidienne. J'avais foi dans celui-là ; mais ce n'est pas à lui que je dois la résolution de ne jamais me battre. Ce fut parce qu'il était en moi que je l'ai cru. Même s'il n'avait pas existé, ç'aurait été la même chose. Quant à la façon de refuser, je ne réponds pas, je ne sais pas. Personne ne me forçait. Tout le monde s'entendait avec moi, j'ai eu peu de différends, et je n'ai perdu qu'une ou deux amitiés, de façon d'ailleurs si pacifique que les amis perdus n'ont pas cessé d'ôter leur chapeau et de me saluer. L'un d'eux m'a demandé pardon dans son testament.

Dans le cas des jumeaux, c'étaient les deux qui refusaient ; il leur semblait entendre une voix venue d'en haut ou du dehors qui leur demandait constamment la paix. Une force plus grande, donc, et un changement de formule : « Si personne ne veut, personne ne se bat. »

Naturellement, les actes du gouvernement étaient approuvés et désapprouvés, mais la certitude que cela pouvait enflammer à nouveau leurs haines faisait que les opinions de Pedro et de Paulo ne sortaient pas du cercle de leurs amis personnels. L'un en présence de l'autre, ils ne pensaient rien. Les divergences de théâtre ou de rue étaient aussitôt refrénées, pour autant que leur coutât le silence. Il ne devait pas coûter autant à Pedro qu'à Paulo, mais il fallait toujours souffrir de quelque chose. En changeant de sujet, ils oubliaient tout, et le sourire de leur mère était leur récompense à tous deux.

Leurs carrières différentes allaient vite les séparer, bien que la communauté de domicile les maintînt unis. Tout pouvait s'arranger ; pour cela, les intérêts du métier seraient utiles, les relations personnelles aussi, et finalement l'habitude, qui a beaucoup d'importance. Je résume là, comme je peux, les espoirs de Natividade. Elle en avait d'autres, que j'appellerai conjugaux. Les garçons, toutefois, ne semblaient pas être portés vers eux ; quant à leur mère, si on avait exploré son cœur, on aurait senti une jalousie anticipée des belles-filles.

112

Le premier mois

La veille du jour où se termina le premier mois de la mort de Flora, Pedro eut une idée qu'il ne communiqua point à son frère. Il n'aurait rien perdu à le faire, car Paulo eut la même idée et la tut également. D'où ce chapitre. Sous prétexte d'aller rendre visite à un malade, Pedro quitta la maison avant sept heures. Paulo sortit peu après, sans aucun prétexte. Pieuse lectrice, tu devines qu'ils allèrent tous deux au cimetière ; tu ne devines pas, — ce n'est pas facile à deviner — que chacun portait une gerbe de fleurs. Je ne dis pas que les fleurs étaient les mêmes, non seulement pour respecter la vérité, mais aussi pour éloigner quelque idée intentionnelle de symétrie dans l'action et dans le hasard. L'une était de myosotis, l'autre d'immortelles, je crois. Laquelle appartenait à l'un, laquelle à l'autre, on ne le sait pas et cela est sans intérêt pour le récit. Aucune ne portait d'inscriptions.

Lorsque Paulo arriva au cimetière et qu'il vit son frère de loin, il eut la sensation d'être volé. Il attendit quelques instants ; réalisant qu'il pouvait être vu, il prit un autre chemin, s'enfonça entre les tombes, et alla se placer derrière un tombeau. Il attendit là près d'un quart d'heure. Pedro ne se décidait pas à s'arracher à cet endroit ; il semblait parler et écouter. Enfin, il dit adieu et descendit.

Paulo, lentement se dirigea vers le caveau. Au moment de déposer la gerbe, il vit l'autre, placée là récemment, et comprenant que c'était celle de son frère, il eut envie de le rattraper et de lui demander des comptes sur ses pensées et sur sa visite au cimetière.

Ne prends pas mal cette envie, elle passa immédiatement. Que fit-il : il plaça la couronne qu'il portait du côté correspondant aux pieds de la défunte, de façon qu'elle ne fraternisât point avec l'autre, qui était du côté de la tête.

Il ne vit pas, et ne devina même pas, que Pedro allait s'arrêter un instant pour tourner la tête et adresser un dernier regard à la jeune fille enterrée. Ainsi fut fait, mais quand Pedro découvrit son frère à la même place que lui, les yeux au sol, il eut aussi l'impulsion d'aller le chercher et de l'écarter de cette tombe sacrée. Il préféra se cacher et attendre. Les gestes de piété, quels qu'ils fussent, il avait été le premier à les donner à l'aimée commune. Il avait été le premier à évoquer l'ombre de Flora, à lui parler, à l'entendre, à pleurer avec elle la séparation éternelle. Il était venu avant l'autre ; il s'était souvenu d'elle plus tôt.

Ainsi consolé, il pouvait reprendre son chemin ; Paulo, s'il partait derrière lui et le voyait, comprendrait qu'il avait fait sa visite après lui, et ce serait le coup de grâce. Il fit quelques pas en direction du portail, s'arrêta, recula et se cacha à nouveau. Il voulait voir les gestes de l'autre, voir s'il priait, s'il se signait, pour le confondre lorsqu'il l'entendrait se moquer des cérémonies ecclésiastiques. Il comprit aussitôt que c'était une erreur ; il n'irait avouer à personne qu'il l'avait vu prier au pied de la tombe de Flora. Au contraire, il serait capable de le démentir — ou tout au moins de faire un geste d'incrédulité...

Tandis que ces pensées lui traversaient la tête, se défaisant les unes après les autres, tout en discourant sans paroles, acceptant, repoussant, attendant, il ne quittait pas son frère des yeux, pas plus que celui-ci ne quittait la tombe. Paulo ne faisait pas un geste, ne remuait pas les lèvres, avait les bras croisés et le chapeau à la main. Cependant, il pouvait être en train de prier. Il pouvait aussi parler en silence, à l'ombre ou à la mémoire de la défunte. La vérité est qu'il ne quitta pas les lieux. Alors, Pedro vit que la conversation, — évocation, adoration, — tout ce qui attachait Paulo à la tombe, était beaucoup plus longue que ses propres prières. Il n'avait pas compté son temps, mais celui de Paulo était déjà nettement plus grand. Même en ne comptant pas l'impatience, qui allonge toujours les minutes, il semblait certain que

Paulo prodiguait plus de regrets que lui. De cette façon, il gagnait, par la durée de sa visite, ce qu'il avait perdu à l'arrivée au cimetière. Pedro, à son tour, se sentit volé.

Il voulait sortir; mais une force qu'il ne savait expliquer l'empêchait de lever les pieds, et de quitter son frère des yeux. Ce fut péniblement qu'il put enfin détourner son regard et le promener sur les autres caveaux où il lut quelques épitaphes. L'une de 1865, impossible de lire s'il s'agissait d'un tribut d'amour filial ou conjugal, maternel ou paternel, l'adjectif étant déjà effacé. Mais c'était un tribut, la formule ayant été adoptée par les marbriers pour épargner le style aux clients. Remarquant que l'adjectif était mangé par le temps, Pedro se dit que son amour, lui, était un substantif éternel, qui ne demandait rien d'autre pour être défini.

Il pensa à d'autres choses pour masquer son humiliation. Il avait tout fait au pas de course. S'il s'était attardé un peu plus, ce serait l'autre qui serait aux aguets, maintenant. Le temps passait, le soleil tapait sur le visage de son frère, et il ne bougeait pas d'une semelle. Enfin, il parut vouloir quitter la tombe, mais ce fut pour en faire le tour et s'arrêter des quatre côtés, comme s'il cherchait le meilleur endroit pour voir ou évoquer la personne qui y était enfermée.

Ceci fait, Paulo s'éloigna, descendit et partit, chargé des anathèmes de Pedro. Celui-ci eut une idée qu'il méprisa aussitôt, et tu ferais de même, lecteur; c'était de revenir au caveau pour ajouter un morceau supplémentaire au temps qu'il y avait passé antérieurement. Ayant repoussé cette idée, il erra quelques minutes, et finit par sortir sans trouver trace de Paulo.

113

Une Béatrice pour deux

Il est probable que Flora, si elle les avait vu faire, serait descendue du ciel, et aurait cherché un moyen de les écouter perpétuellement, une Béatrice pour deux. Mais elle ne les vit pas ou ne jugea pas bon de descendre. Peut-être n'éprouvait-elle pas le besoin de revenir ici-bas pour parrainer un duel qu'elle avait abandonné au beau milieu.

Quant à ce dernier, s'il devait continuer, ce n'était pas pour la même cause… N'oublie pas que ce fut au pied de cette même tombe qu'il se jurèrent tous deux une paix éternelle, et quoique la tombe ne l'ait pas compromise, il est certain qu'elle avait rallumé un peu de l'ancienne colère. Tu me diras, et apparemment avec raison, que si, enterrée, elle les séparait encore, elle les séparerait davantage si elle descendait là en esprit. Pure erreur, mon ami. Au commencement au moins, ils promettraient ce qu'elle demanderait.

114

Cabinet de médecin et d'avocat

Quelques mois plus tard, Pedro ouvrit un cabinet médical, où venaient des malades, Paulo un cabinet d'avocat, où se rendaient les affamés de justice. L'un promettait la santé, l'autre gain de cause, et ils réussissaient souvent, car ils ne manquaient ni de talent, ni de chance. De plus, ils ne travaillaient pas seuls, mais chacun avec un collègue de renom et d'expérience.

Au milieu des événements de l'époque, parmi lesquels se détachaient la rébellion de l'escadre et les combats du sud, la fusillade contre la ville, les discours enflammés, arrestations, musiques et autres rumeurs, ils ne manquaient pas de terrains de désaccord. Il n'y avait même pas besoin de politique, et sujets et occasions de dispute étaient maintenant de plus en plus nombreux. Même lorsqu'ils s'accordaient par hasard et en apparence, c'était pour être en désaccord aussitôt et définitivement, non pas délibérément, mais parce qu'il ne pouvait en être autrement.

Fini leur accord, fait par raison, juré par amour, en l'honneur de la jeune fille défunte et de leur mère vivante. Tout juste supportaient-ils de se voir, difficilement de s'entendre. Ils prirent soin d'éviter tout ce que le lieu et les circonstances auraient pu ménager pour les séparer davantage. Ainsi, la profession dévia leur chemin et partagea leurs relations. Natividade n'aurait pas dû remarquer la mauvaise volonté de ses enfants puisque tous deux semblaient décidés à lui faire plaisir, mais elle la remarquait, et tentait de les unir étroitement et complètement. Santos se réjouissait de se perpétuer par la médecine et le barreau exercés par ses fils. Il n'avait qu'une seule crainte : que Paulo, étant donné ses penchants politiques, ne recherchât une fiancée jacobine. N'osant rien dire à ce sujet, il se réfugiait dans la religion, et n'entendait pas une messe sans y placer une prière particulière et secrète pour obtenir la protection du ciel.

115

Échange d'opinions

Et voici que Natividade perçut les premiers signes d'un changement d'inclination qui semblait plus volontaire que naturel. Et pourtant, il était tout à fait naturel. Paulo se mit à faire de l'opposition au gouvernement, au moment ou Pedro modérait son ton et ses paroles et finissait par accepter le régime républicain, objet de tant de différends.

L'acceptation de ce dernier ne fut ni rapide ni totale ; elle était suffisante toutefois pour faire comprendre qu'il n'existait pas un abîme entre lui et le nouveau gouvernement. Naturellement, le temps et la réflexion accomplirent cet effet dans l'esprit de Pedro, à moins que l'on n'admette que l'ambition d'un grand destin, espoir de sa mère, n'ait pris le dessus en lui. Natividade fut en effet enchantée. Elle aussi avait changé, à supposer qu'il y eût quelque chose à changer dans sa simple âme maternelle, pour laquelle tous les régimes étaient bons pour la gloire de ses fils. Pedro, du reste, ne se donnait pas tout entier, il écartait ce qui le gênait des personnes et du système, mais acceptait le principe, et cela suffisait ; le reste viendrait avec l'âge, disait-elle.

L'opposition de Paulo n'était pas contre le principe, mais contre l'exécution. Là n'est pas la République de mes rêves, disait-il, et il se proposait de la réformer en trois temps, avec la fine fleur des institutions humaines, non pas présentes ou passées, mais futures. Lorsqu'il parlait de celles-ci, on voyait la conviction sur ses lèvres et dans ses yeux, qu'il avait allongés comme l'âme d'un prophète. C'était une nouvelle occasion pour les deux de ne pas s'entendre.

Dona Claudia pensait que c'était un calcul de leur part pour ne jamais s'accorder — opinion que Natividade aurait finalement acceptée, s'il n'y avait eu celle d'Aires.

Il avait lui aussi remarqué ce changement, et était prêt à accepter l'explication, par pure commodité : en étant d'accord avec les opinions d'autrui, il n'était jamais lassé ni agacé. À plus forte raison, si l'accord se faisait d'un simple geste. Cette fois-ci, toutefois, l'individu l'emporta.

— Non, baronne, dit-il, je ne crois pas aux intentions.

— Mais de quoi s'agit-il, alors ?

Aires prit un certain temps à choisir ses mots, de façon qu'ils ne soient pas pédants ni insignifiants ; il voulait dire ce qu'il pensait. Parler n'est parfois pas plus difficile que de penser. Au bout de trois minutes, il confia à Natividade :

— La raison me paraît être que l'esprit d'inquiétude habite Paulo, et celui de conservation Pedro. L'un se contente déjà de ce qui est, l'autre trouve que c'est peu, et bien peu, et voudrait aller jusqu'à un point que les hommes n'ont pas atteint. En somme, peu importe pour eux les formes de gouvernement, pourvu que la société demeure solide, ou aille de l'avant. Si vous n'êtes pas de mon avis, soyez de l'avis de dona Claudia.

Aires ne connaissait pas le triste péché de l'entêtement, peu lui importait d'être approuvé ou non. Ce n'est pas la première fois que je le dis, mais c'est probablement la dernière. En vérité, la mère des jumeaux ne voulut pas d'autre explication. La discorde ne cesserait pas pour autant entre eux, qui changeaient seulement d'armes pour continuer le même duel. En entendant cette conclusion, Aires fit un geste affirmatif, et attira l'attention de Natividade sur la couleur du ciel, qui était la même, avant et après la pluie. Supposant qu'il y avait là quelque chose de symbolique, elle se mit à le chercher, et tu aurais fait de même, lecteur, si tu avais été là ; mais il n'y avait rien.

— Ayez confiance, baronne, poursuivit-il peu après. Comptez sur les circonstances qui sont aussi des fées. Comptez plus encore sur l'imprévu. L'imprévu est une sorte de dieu isolé, à qui il faut faire quelques actions de grâce ; il peut avoir un vote décisif à l'Assemblée des événements. Supposez un despote, une cour, un message. La cour discute le message, le message canonise le despote. Chaque courtisan se charge de définir l'une des vertus du despote, la mansuétude, la pitié, la justice, la modestie... Arrive le tour de la grandeur d'âme ; arrive en même temps la nouvelle que le despote est mort d'apoplexie, qu'un citoyen a pris le pouvoir et que la liberté a été proclamée du haut du trône. Le message est approuvé et couché sur papier. Un gratte-papier suffit à inverser l'Histoire ; le tout, c'est que le nom du nouveau chef soit connu, et le contraire est impossible ; personne ne monte sur le trône sans cela, et vous ne savez pas ce qu'est la mémoire d'un gratte-papier. Comme dans les messes funèbres, on change seulement le nom de celui pour qui l'on prie — Petrus, Paulus...

— Oh ! Ne portez pas malheur à mes fils, s'exclama Natividade.

116

De retour

— Alors, ils ont été élus députés ?

— Oui, et ils occupent leur siège jeudi. S'ils n'étaient pas mes enfants, je dirais que vous allez les trouver plus beaux que vous ne les avez quittés, il y a un an.

— Dites, dites, baronne ; considérez que ce sont mes fils.

Aires rentrait d'Europe, où il était parti en promettant de ne rester que six mois. Il se trompa ; il en passa onze. Natividade, elle, avait parlé d'un an pour arrondir l'absence qui lui avait vraiment pesé ainsi qu'à dona Rita. Le sang pour l'une, l'habitude pour l'autre, rendit la séparation difficile à supporter. Il était parti sous prétexte d'eaux, et bien qu'on lui eût recommandé celles du Brésil, il ne voulut pas les essayer. Il n'était pas habitué aux appellations locales. Il avait cette impression que les eaux de Carlsbad ou de Vichy, sans ces noms-là, ne guériraient pas autant. Dona Rita insinua qu'il partait pour voir comment allaient les jeunes filles qu'il y avait laissées, et elle conclut :

— Elles seront aussi vieilles que toi.

— Peut-être davantage, qui sait ? Leur métier est de vieillir, répliqua le conseiller.

Il voulut rire, mais ne put aller au-delà de l'ébauche. Ce n'était pas l'évocation de sa propre vieillesse, ni de la décrépitude d'autrui, c'était l'injustice du sort qui envahit sa vision intérieure. Les jeunes filles, il le savait bien, capitulaient devant le temps comme les villes et les institutions, et encore plus vite qu'elles. Toutes n'illustreraient certes pas tout de suite l'adage qui attribue à l'amour des Dieux la mort prématurée des personnes, mais il en avait vu quelques-unes, et maintenant lui revenait en mémoire la douce Flora, qui s'en était allée avec ses grâces délicates... Il ne put dépasser l'ébauche du rire.

Elles voulurent toutes deux le retenir, Santos aussi, qui perdait avec lui un habitué de ses soirées ; mais notre homme résista, s'embarqua et partit. Comme il écrivait toujours à sa sœur et à ses amis, il donnait la cause exacte de son retard, et ce n'étaient pas les amours, à moins qu'il n'ait menti ; mais il avait passé l'âge de mentir. Il affirma, oui, qu'il avait récupéré quelques forces et on s'en rendit compte lorsqu'il débarqua, onze mois plus tard, quai Pharoux. Il avait le même air de vieil homme élégant, frais et bien mis.

— Mais alors, élus ?

— Oui, et ils occupent leur siège jeudi.

117

Cérémonie d'investiture

Le jeudi, lorsque les jumeaux occupèrent leur siège à la Chambre, Natividade et Perpétua assistèrent à la cérémonie. Pedro — ou Paulo — leur procura une tribune. La mère souhaita qu'Aires vienne aussi. Lorsqu'il arriva, il les trouva déjà assises, Natividade scrutant à la jumelle le président et les députés. L'un d'eux parlait du procès-verbal et personne ne l'écoutait. Aires s'assit légèrement en retrait, et après quelques minutes, dit à Natividade :

— Vous m'avez écrit qu'ils étaient candidats de deux partis adverses.

Natividade confirma la nouvelle ; ils avaient été élus dans deux partis opposés. Tous deux soutenaient la République, mais Paulo demandait plus qu'elle n'était et Pedro trouvait que cela suffisait, et largement. Ils se montraient sincères, ardents, ambitieux ; ils étaient estimés de leurs amis, studieux, instruits...

— En fin de compte, s'aiment-ils ?

— Ils s'aiment en moi, répondit-elle après avoir formulé cette phrase dans sa tête.

— Eh bien, ce terrain ami est suffisant.

— Ami, mais caduc ; je peux leur manquer demain.

— Vous ne leur manquerez pas ; vous avez encore de longues, longues années de vie. Faites un voyage en Europe avec eux, et vous verrez que vous reviendrez encore plus solide. Moi, je me sens un homme neuf, même s'il en coûte à ma modestie ; mais la modestie pardonne tout. Et ensuite, lorsque vous les verrez établis, et grands hommes...

— Pourquoi la politique doit-elle les séparer ?

— Oui, ils auraient pu être grands dans les Sciences, un grand médecin, un grand jurisconsulte...

Natividade ne voulut pas avouer que les Sciences ne suffisaient pas. La gloire scientifique lui semblait comparativement obscure ; elle était muette, de cabinet, connue de peu de gens. La Politique, non. Elle ne voulait que la politique, mais qu'ils ne luttent pas, qu'ils s'aiment, qu'ils montent main dans la main. Voilà ce qu'elle pensait, tandis qu'Aires, abandonnant la science, finit par déclarer que sans amour, on ne ferait rien.

— Avec de la passion, dit-il, on fait la moitié du chemin.

— La politique est leur passion ; passion et ambition. Peut-être pensent-ils déjà à la présidence de la République.

— Déjà ?

— Non, c'est-à-dire oui ; gardez-le pour vous. Je les ai interrogés séparément ; ils m'ont avoué que c'était là leur rêve impérial. Reste à savoir ce que fera l'un si l'autre monte le premier.

— Il le renversera, naturellement.

— Ne plaisantez pas, conseiller.

— Ce n'est pas une plaisanterie, baronne. Vous craignez que la politique ne les sépare ; franchement, non. La politique est un incident, comme la jeune Flora en fut un autre...

— Ils pensent encore à elle.

— Encore ?

— Ils ont été à la messe anniversaire et je les soupçonne d'être allés aussi au cimetière, mais pas ensemble, ni à la même heure. S'ils y sont allés, c'est qu'ils l'aimaient vraiment ; ce ne fut donc pas un incident.

En dépit de ce que Natividade pouvait attendre de lui, Aires n'insista pas sur sa propre opinion, mais releva celle de Natividade en soulignant la visite au cimetière.

— Je ne sais pas s'ils y sont allés, rajouta Natividade, je les en soupçonne.

— Ils doivent y être allés ; ils aimaient vraiment la petite. Elle aussi les aimait ; la différence est que n'arrivant pas à les unir comme elle les avait unis en elle-même, elle préféra fermer les yeux. Ne cherchez pas à comprendre ce mystère. Il en est d'autres plus obscurs.

— On dirait que la cérémonie va commencer, dit Perpétua qui observait la salle.

— Avancez-vous, conseiller.

C'était la cérémonie habituelle. Natividade pensa qu'elle allait les voir entrer ensemble et prêter ensemble le serment réglementaire. Ils arriveraient comme elle les avait amenés dans son ventre et dans la vie. Elle se contenta de les admirer séparément, Paulo en premier, Pedro ensuite, tous deux graves, et d'en haut les entendit répéter la formule d'une voix claire et assurée. La cérémonie éveilla la curiosité des galeries, à cause de la ressemblance des jumeaux ; pour la mère, elle fut émouvante.

— Les voilà législateurs, dit Aires à la fin.

Natividade avait les yeux pleins de gloire. Elle se leva et demanda à son vieil ami de les raccompagner, Perpétua et elle, jusqu'à la voiture. Dans le couloir, ils trouvèrent les deux nouveaux députés qui venaient rejoindre leur mère. Il n'est pas dit lequel des deux l'embrassa le premier ; il n'y avait pas de règlement interne dans cette autre Chambre, peut-être le firent-ils tous deux en même temps, Natividade ayant glissé son visage entre le leur, une joue pour chacun. La vérité est qu'ils le firent avec une égale tendresse. Ensuite, ils retournèrent dans la salle.

118

Choses passées, choses à venir

Au moment d'entrer dans la voiture, Natividade découvrit l'église S. José tout à côté, et une partie de la colline du Castelo à quelque distance. Elle s'arrêta net.

— Qu'y a-t-il ? demanda Aires.

— Rien, répondit-elle en entrant et en lui tendant la main. A bientôt ?

— A bientôt.

La vue de l'église et de la colline réveilla en elle toutes les scènes et les paroles qui ont été transcrites dans les deux ou trois premiers chapitres. Tu n'as pas oublié que ce fut au pied de l'église, entre celle-ci et la Chambre, que le *coupé* les attendit, Perpétua et elle.

— Te souviens-tu, Perpétua ? dit Natividade, lorsque la voiture commença à rouler.

— De quoi ?

— Tu ne te souviens pas que c'est ici qu'était restée la voiture, lorsque nous sommes allées voir la métisse du Castelo ?

Perpétua se souvenait. Natividade fit remarquer qu'il devait se trouver tout près, le raidillon qu'elles avaient gravi avec difficulté et curiosité jusqu'à la maison de la métisse, au milieu d'autres gens qui descendaient ou montaient comme elles. La maison était à droite, elle avait un escalier en pierre...

Tranquillise-toi, mon ami, je ne vais pas répéter les pages. C'était elle qui ne pouvait s'empêcher de les évoquer, ni empêcher qu'elles vinssent d'elles-mêmes. Tout ressurgissait avec la fraîcheur d'autrefois. Elle n'avait pas oublié le minois de la métisse, quand son père l'avait fait entrer dans le salon : Entre, Barbara. L'idée qu'elle était maintenant d'un âge mûr et en d'autres lieux, ayant regagné un État qu'elle avait quitté Province, riche alors qu'elle y était née pauvre, ne vint pas à l'esprit de notre amie. Non, tout son être revint à ce matin de 1871. La petite métisse était cette même créature, minuscule et légère, les cheveux attachés sur le haut de la tête, qui regardait, parlait, dansait... Choses du passé.

Alors que la voiture allait longer la plage de Santa Luzia, qui bordait l'Hôtel-Dieu, Natividade eut l'idée, mais seulement l'idée, de retourner et de retrouver la montée du Castelo, de la gravir, pour voir si elle trouvait la voyante au même endroit. Lui raconterait-elle que les deux petits qu'elle allaitait alors, et dont elle avait prédit qu'ils seraient grands, étaient déjà députés et venaient d'occuper leur siège à la Chambre. Quand s'accomplirait-il, leur destin ? Aurait-elle le temps de les voir grands hommes, bien que très vieille ?

La présidence de la République ne pouvait être pour deux, mais l'un aurait la vice présidence, et s'il la trouvait insuffisante, ils échangeraient plus tard leur charge. Les grandeurs ne manquaient pas. Elle se rappelait encore les paroles qu'elle avait entendues de la métisse, lorsqu'elle lui avait demandé quelle espèce de grandeur reviendrait à ses fils. « Choses à venir » avait répondu la Pythie du Nord, d'une voix telle qu'elle ne devait jamais l'oublier. A l'instant même, il lui semble l'entendre, mais ce n'est qu'illusion. Tout au plus les roues de la voiture qui roulent et les pieds des chevaux qui martèlent : Choses à venir ! Choses à venir !

119

Qui annonce les suivants

Toutes les histoires, si tu les coupes en tranches, finissent par un dernier chapitre et par un avant-dernier, mais aucun auteur ne les reconnaît tels, tous préfèrent leur donner un titre propre. Moi, j'adopte la méthode opposée ; j'écris en haut de chacun des chapitres suivants leur titre : sans dire le sujet qui est le sien, j'indique à quel kilomètre de la voie nous nous trouvons. Cela, en supposant que l'histoire est un chemin de fer. La mienne n'est pas à proprement parler cela. Ce pourrait être un canoë, si j'y avais mis des eaux et du vent, mais tu as vu que nous n'avons été que sur terre, à pied et en voiture, et plus soucieux des gens que du sol. Ni train ni bateau, c'est une histoire simple, où les choses sont arrivées et vont arriver ; celles-ci tu les verras dans les deux chapitres qui manquent et qui sont courts.

120

Avant-dernier

Celui-ci est encore un décès. Plus haut, il y eut le trépas de la jeune Flora, maintenant voici la mort de la vieille Natividade. Je la traite de vieille, parce que j'ai lu l'acte de baptême ; mais en vérité, pas plus ses fils députés que ses cheveux blancs ne donnaient à cette dame l'aspect correspondant à son âge. L'élégance, qui était son sixième sens, trompait le temps de telle manière qu'elle conservait, je ne dis pas la fraîcheur, mais la grâce de jadis.

Elle ne mourut point sans avoir eu un entretien particulier avec ses deux fils, — si particulier que son mari lui-même n'y assista pas. Il n'insista pas non plus. C'est la vérité, l'ex-acte vérité. Santos se cachait pour pleurer ; il aurait difficilement pu retenir ses larmes, s'il avait entendu sa femme faire à ses fils ses dernières recommandations. D'autant que ses médecins l'avaient déjà prévenue. Si je n'avais pas vu dans ces officiers de la santé les scrutateurs de la vie et de la mort, j'aurais pu dévier ma plume, et contre la prédiction scientifique, délivrer Natividade. J'aurais commis une action facile et basse, en plus de mensongère. Non, monsieur, elle mourut inéluctablement, quelques semaines à peine après cette session de la Chambre. Elle mourut de typhus.

L'entretien entre elle et ses fils fut si secret que ces derniers ne voulurent le raconter à personne, excepté au conseiller Aires, qui l'avait en partie deviné. Paulo et Pedro avouèrent l'autre partie, en lui demandant le silence.

— N'avez-vous pas juré de ne rien dire ?

— En fait, non, dit l'un d'eux.

— Nous avons seulement juré ce qu'elle nous a demandé, expliqua l'autre.

— Alors, à moi, vous pouvez me le dire. Je serai muet comme un tombeau.

Aires savait que les tombeaux ne sont pas muets. S'ils ne disent rien, c'est parce qu'ils diraient toujours la même histoire, d'où leur réputation de silence. Ce n'est pas une vertu, c'est un manque d'imagination.

Donc, ce que fit la mère, lorsqu'ils entrèrent et fermèrent la porte de la chambre, ce fut leur demander de rester chacun d'un côté du lit et de lui tendre leur main droite. Elle les réunit sans force, et les enferma dans ses mains brûlantes. Puis, la voix mourante et les yeux brillants seulement de fièvre, elle leur demanda une unique et grande faveur. Ils pleuraient et se taisaient, devinant peut-être la faveur.

— Une dernière faveur, insista-t-elle.

— Dites, maman.

— Vous allez être amis. Votre mère souffrira dans l'autre monde si elle ne vous voit pas amis dans celui-ci. Je demande peu ; votre naissance m'a coûté beaucoup, votre éducation aussi, et mon espoir était de vous voir devenus de grands hommes. Dieu ne l'a pas voulu, patience. Moi, ce que je veux savoir, c'est que je ne laisse pas deux ingrats. Allons, Pedro, allons, Paulo, jurez que vous serez amis.

Les jeunes gens pleuraient. S'ils ne parlaient pas, c'est que leur voix n'arrivait pas à sortir de leur gorge. Lorsqu'elle le put, elle sortit tremblante, mais claire et forte :

— Je le jure, maman !

— Je le jure, maman !

— Amis pour toujours ?

— Oui.

— Je ne veux pas emporter d'autres souvenirs. Ceux-là seulement, l'amitié véritable, et qu'elle ne soit plus jamais rompue.

Natividade garda encore leurs mains prisonnières, les sentit tremblantes d'émotion et resta silencieuse quelques instants.

— Je peux mourir tranquille.

— Non, maman, ne mourez pas, l'interrompirent-ils tous les deux.

Il semble que leur mère ait voulu sourire de ces paroles de confiance, mais la bouche ne suivit pas l'intention, et fit plutôt une grimace qui effraya ses fils. Paulo courut chercher du secours. Désorienté, Santos entra dans la chambre, à temps pour entendre son épouse dire quelques mots soupirés et ultimes. L'agonie commença aussitôt, et dura quelques heures. Si l'on comptait toutes les heures d'agonie qu'il y a eu dans le monde, combien de siècles feraient-elles ? Parmi ceux-ci, quelques-uns ont dû être ténébreux, d'autres mélancoliques, beaucoup désespérés, très peu ennuyeux. Enfin, et pour autant qu'elle tarde, vient la mort qui arrache l'agonisant aux pleurs ou au silence.

121

Dernier

Castor et Pollux, tels furent les noms qu'un député donna aux deux jumeaux, lorsqu'ils revinrent à la Chambre, après la messe du septième jour. L'union était telle qu'elle semblait un défi. Ils entraient ensemble, allaient ensemble, sortaient ensemble. Deux ou trois fois, ils votèrent ensemble, au grand scandale de leurs amis politiques respectifs. Ils avaient été élus pour se battre, et voilà qu'ils trahissaient leurs électeurs. Ils entendirent des paroles dures, des réprimandes acerbes. Ils voulurent renoncer à leur charge ; Pedro trouva toutefois un moyen conciliatoire.

— Notre devoir politique est de voter avec nos amis, dit-il à son frère. Votons avec eux. Maman ne nous a demandé qu'une entente personnelle. A la tribune, oui, nul ne nous amènera à nous attaquer l'un l'autre ; dans la discussion et dans le vote, nous pouvons et nous devons diverger.

— Entendu ; mais si un jour tu trouves que tu dois venir de mon côté, viens. Ni toi ni moi n'avons hypothéqué notre jugement.

— Entendu.

Personnellement, il n'y avait pas toujours cet accord. Les contrastes n'étaient pas rares, ni les élans, mais le souvenir de leur mère était si frais, la mort si proche, qu'ils refrénaient tout mouvement, pour autant qu'il leur en coûtât, et vivaient unis. A la Chambre, la dissension politique et la fusion personnelle les rendaient de plus en plus admirables.

La Chambre termina ses travaux en décembre. Lorsqu'elle

reprit au mois de mai suivant, seul Pedro s'y montra. Paulo était parti à Minas, voir une fiancée, disaient les uns, chercher des diamants, disaient les autres, tout simplement en promenade, semble-t-il. Il revint peu après, entrant seul à la Chambre, à l'inverse de l'année précédente où les deux frères montaient les escaliers ensemble, comme soudés. L'œil des amis ne tarda pas à découvrir qu'ils ne vivaient pas en bonne intelligence, un peu plus tard, qu'ils se détestaient. Il ne manqua pas d'indiscret pour demander à l'un et à l'autre ce qui s'était passé dans l'intervalle des deux sessions ; aucun ne répondit. Le président de la Chambre, sur le conseil du chef de la majorité, ayant nommé à la même commission Pedro et Paulo, chacun à son tour, ils allèrent demander qu'on les en dispensât.

— Ce ne sont plus les mêmes, dit le président à la salle du café.

— Plus du tout, confirmèrent les députés présents.

Aires apprit cette conclusion le lendemain, par un député qui était son ami et demeurait dans une des pensions du Catete. Il était allé déjeuner avec lui et dans la conversation, comme le député connaissait les relations d'Aires avec ses deux collègues, il lui raconta l'année passée et la présente, le changement radical et inexplicable. Il raconta aussi l'opinion de la Chambre.

Il n'y avait rien de nouveau pour le conseiller qui avait assisté à l'accord et au désaccord des deux jumeaux. Tandis que l'autre parlait, il remontait le temps et leur vie, recomposant les luttes, les contrastres, l'aversion réciproque, à peine déguisée, à peine interrompue par quelque motif plus fort, mais persistante dans le sang comme une nécessité virtuelle. Il n'oublia pas les prières de leur mère, ni son ambition de les voir devenir de grands hommes.

— Vous qui êtes en relation avec eux, dites-moi ce qui les a fait changer, conclut son ami.

— Changer ? Ils n'ont pas changé du tout ; ils sont les mêmes.

— Les mêmes ?

— Oui, ce sont les mêmes.

— Ce n'est pas possible.

Ils avaient fini de déjeuner. Le député monta dans sa chambre pour achever de se préparer. Aires alla l'attendre à la porte de la rue. Lorsque le député descendit, il y avait comme une découverte dans son regard.

— A moins que, attendez, ne serait-ce pas... Qui sait si ce ne serait pas l'héritage de leur mère qui les a changés ? Peut-être est-ce l'héritage, des questions d'inventaire...

Aires savait que ce n'était pas l'héritage, mais ne voulut pas répéter qu'ils n'avaient pas changé depuis l'utérus. Il préféra accepter l'hypothèse, pour éviter un débat, et partit en caressant sa boutonnière où verdoyait la même fleur éternelle.

Achevé d'imprimer sur les presses de

BUSSIÈRE

GROUPE CPI

à Saint-Amand-Montrond (Cher)
en mars 2005

Cet ouvrage a été composé
par I.G.S. - Charente Photogravure à L'Isle d'Espagnac (16)

N° d'édition : 24104001 – N° d'impression : 050824/1
Dépôt légal : avril 2005

Imprimé en France